100
LEGENDÄRE REISEROUTEN
IN EUROPA

100 LEGENDÄRE REISEROUTEN IN EUROPA

Auf den Spuren berühmter Schriftsteller, Entdecker und Abenteurer

Klaus Viedebantt

BRUCKMANN

INHALT

Seit Jahrhunderten mischen sich in Europa die Völker und Kulturen. So entstand ein einzigartiges Mosaik von Sehenswürdigkeiten und ein Netzwerk historischer Routen. Doch entwickeln Touristiker auch neue Themenstraßen, oft aufgrund historischer Quellen oder regionaler Eigenarten. Alten und neuen Routen zu folgen gehört schließlich zu den beliebtesten Urlaubsformen anspruchsvoller Touristen.

Reise-Zwang und Reise-Lust

Auf den Pfaden der Krieger, Pilger, Händler und Dichter

Würde man in eine Landkarte Europas alle seit alters her genutzten Routen einzeichnen, sähe die Karte wohl aus als hätte man zwei Schnittmusterbögen in sie hineinkopiert. Wo sich freie Flächen zeigen, war Wildnis, wo sich die Linien bündeln, verliefen Wege, die archäologischen Funden zufolge teilweise schon in prähistorischer Zeit als Jagdpfade oder Handelswege benutzt wurden.

Unsere frühen Vorfahren waren oft unterwegs – aus schierer Notwendigkeit. Nomaden, Sammler und Jäger, die den essbaren Früchten und den Wanderungen ihrer Beutetiere folgen mussten. Erst als die Menschen lernten, Pflanzen anzubauen und Haustiere zu halten, wurden sie sesshaft. Doch in der sich arbeitsteilig auffächernden Gesellschaft entwickelten sich Berufe, die das alte mobile Leben wieder aufnahmen: Händler, die Waren über den lokalen Markt hinaustrugen, oder Künstler, die für ihr Schaffen immer wieder neues Publikum suchen mussten. Gerade diese Gruppe erfüllte in den Jahren vor Gutenbergs Buchdruck eine wichtige Aufgabe: Sie brachten Nachrichten aus der weiten Welt mit – als Minnesänger, die von Hof zu Hof reisten, oder als Bänkelsänger, die auf den Gassen »Schröckliches« und Ergötzliches, aber auch schlichten Klatsch verbreiteten.

Freiwillig, wenngleich oft infolge eines Gelübdes, brachen auch Pilger auf – sei es zur kleinen Wallfahrtskapelle im eigenen Land, sei es zur großen Wanderung mit dem Ziel, berühmte Stätten der Christenheit zu erreichen. Die frommen Reisenden waren die erste nicht erzwungene Massenbewegung in der Geschichte des Reisens, sie bewirkten auch eine entsprechende Infrastruktur mit Herbergen und oft prachtvollen Kirchen unterwegs wie am Ziel ihrer Pilgerzüge.

Die erste organisierte Massenmobilität dürfte aber weniger geistlichen als militärischen Zielen entsprungen sein, auch wenn sich beides bisweilen vermischte, etwa auf Kreuzzügen oder bei den Heerzügen der geistlichen Ritterorden. Aber selbst dort dürfte die Mehrzahl der einfachen Soldaten eher unter Zwang als glaubensfest marschiert sein. Herrscher, die ihre Truppen schnell bewegen und Steuereinnahmen sicher zu ihren Schatullen transportieren wollten, ließen denn auch die zuvor wild gewachsenen Handelsrouten zu Straßen ausbauen – die alten Römer waren darin wahrlich Meister.

Die Römer können auch als Ahnen des Reisens um der Gesundheit willen gerühmt werden. Selbst in entlegenen Vorposten bauten sie heiße Bäder; in ihrem Imperium entging keine zuvor nur örtlich genutzte heilsame Quelle ihrer Aufmerksamkeit.

Alle diese Reisen, sei es zu Pferd oder auf Schusters Rappen, folgten immer einem Zweck. Es gab zwar auch Menschen, die aufbrachen, um zu sehen, was hinter dem Horizont liegt, aber das waren nur Einzelne. Das Reisen um des Reisens willen ist ein junger Trend, dessen Anfänge sich frühestens im 18. Jahrhundert finden lassen. Im 19. Jahrhundert wurde das Wandern zur allgemeinen Freizeitbeschäftigung – die Romantik machte den Naturgenuss zum kollektiven Vergnügen – Vorläufer des organisierten Massentourismus, der nach dem Zweiten Weltkrieg zu einem der wichtigsten Wirtschaftszweige weltweit wurde. Weil Strand und Berge allein den individuellen Wünschen nicht mehr gerecht wurden, entstand zum Beispiel die Studienreise, die nicht nur zu historischen Orten führte, sondern bald auch klassischen Routen folgte. Heute sind viele dieser legendären Strecken touristisch so ausgebaut, dass sie sich individuell gut nutzen lassen.

Alter Grenzpfad – legendärer Wanderweg

Der Rennsteig im Thüringer Wald

In Deutschland mangelt es nicht an historischen Wanderwegen, doch nur der Rennsteig ist zum nationalen Mythos geworden. Warum? Vielleicht weil er, als Deutschland in Ost und West geteilt war, für nahezu 50 Jahre nicht durchgehend begehbar war. Nach dem Fall der Mauer in Berlin wurde die 168 Kilometer lange Strecke sofort das Ziel Tausender Wanderer aus Ost und West, die ihn nun in Gänze kennenlernen konnten. Beliebt war die Route auf dem Kamm des Thüringer Waldes, die meistens auf etwa 700 Metern Höhe verläuft, schon lange zuvor. Nachdem der Schriftsteller August Trinius 1890 den alten Grenz- und Kurierpfad beschrieben hatte, mangelte es nicht an Wanderern, die ihre Stiefel schnürten. Schließlich hatte schon hundert Jahre zuvor der Nationalpoet Johann Wolfgang von Goethe die Schönheit des Pfades gerühmt.

Rote Kniestrümpfe, einst Erkennungszeichen wackerer Wanderer, werden auf dem Rennsteig **(oben)** – und nicht nur dort – immer seltener. Dafür wächst die Zahl derer, die mehrtägig ausschreiten, auch das gilt nicht nur im Thüringer Wald. Lange Zeit war der Traditionspfad, auch im Winter **(unten)** beliebt, für viele unzugänglich, daran erinnert nur noch Museales wie die Stasi-Sammlung im Bunkermuseum bei Frauenwald (**links** die Telefonanlage). Jeweils im Mai versammeln sich Rennläufer **(rechts)** am Rennsteig, zum GutsMuths-Lauf über 72, 43 oder 21 Kilometer. Goethe **(rechts außen)** war gemächlicher unterwegs auf dem Rennsteig.

Zum Stasi-Appell ins Bunkermuseum

Verglichen mit dem 17 Kilometer langen einstigen Regierungsbunker der Bonner Republik bei Ahrweiler ist der Stasi-Bunker bei Frauenwald am Rennsteig deutlich kleiner. Aber er war natürlich genauso streng geheim wie sein westliches Pendant.

Heute ist der Stollen beim Hotel »Rennsteighöhe« ein Bunkermuseum, das noch viel von der ursprünglichen Einrichtung zeigen kann. Ein Jahr lang hätte die Stasi-Führung im Kriegsfall hier unterirdisch ausgehalten – bei einem Atomangriff allerdings nur etwa eine Woche. »Gruseltour« nennt das Hotel die Führungen durch den Bunker. Wer noch mehr Gänsehaut wünscht, kann ein »Reality-Erlebnis« buchen: 16 Stunden im Bunker, einschließlich »Wachpersonal«, Übernachtung im einstigen Mannschaftsquartier und »Abendessen à la NVA«. Die Nationale Volksarmee der DDR war allerdings nicht bekannt für kulinarische Höhenflüge.

Auf zwei Füßen oder zwei Rädern

Wer in Hörschel den Rennsteig angeht, taucht seinen Stock kurz in die Werra und nimmt einen kleinen Stein auf, den er erst am Ziel in Blankenstein in die Saale plumpsen lässt. Zwischendurch geht es – vorbei an großen Panoramablicken – durch eine Landschaft, die nicht nur schöne Natur, sondern auch viel Geschichte zu bieten hat. Hier marschierten Napoleons Soldaten der Schlacht bei Jena entgegen, hier wurde lange Gold gefördert. Berühmte Uhrmacher hatten beim Rennsteig ihre Werkstätten, noch heute üben Glasbläser meisterhaft ihr Handwerk aus.
Thüringens Rennsteig, der berühmteste unter vielen gleichnamigen Pfaden, geht aber auch mit der Zeit (wenn das Bild erlaubt ist). Seit 2000 wird er flankiert von einer sportlich anspruchsvollen Strecke für Geländeradfahrer. Und einmal im Jahr sind auch die schnellsten unter den Wanderern, die Langstreckenläufer, auf der Gipfellinie unterwegs. Im Mai finden sich bis zu 15 000 Sportler ein zum Rennsteiglauf. Der Supermarathon führt über 72,7 Kilometer auf bis zu 973 Metern Höhe, der Marathonlauf misst 43,5 Kilometer, der Halbmarathon begnügt sich mit 21,1 Kilometern. Eine etwas bequemere Alternative gewünscht? Wie wäre es mit der Rennsteigbahn und ihren schnaufenden Dampfloks?

»… und verfolgte den sagenumwobenen Höhenpfad des mit Fichten und Buchen bestandenen Kammgebirges, den ›Rennsteig‹, der mit seinen Tiefblicken ins Werratal sich vom Frankenwald gegen Eisenach, die Hörselstadt, erstreckt, so wurde es immer schöner, bedeutender, romantischer …«
Thomas Mann, Doktor Faustus

Zum Lesen und Klicken

Sven Deutschmann/Thorsten Hoyer, Thüringen: Rennsteig. Der Weg ist das Ziel (2008)
Otto Ludwig, Der Rennsteig. Ein Wanderbuch (Neuausgabe 1996)
www.rennsteig.de
www.rennsteiglauf.de

Feuer und Eis im Goldenen Kreis

Islands beliebteste Rundfahrt

Mit einem Bein in Amerika, mit dem anderen in Europa – und mit beiden Beinen am Ort des weltweit ersten demokratischen Landes. Wo? In Island, auf dem Thingvellir, der »Ebene der Volksversammlung«, auf der alle Männer die Gesetze berieten und beschlossen. Das ist nur eine Station auf dem Golden Circle, der per Tagestour Island im Kleinen zeigt: die lebenslustige Hauptstadt Reykjavik, den Gullfoss-Wasserfall und das Geysir-Gebiet mit dem alle fünf bis zehn Minuten ausbrechenden Stokkur. Und unterwegs ist nicht nur von Island-Ponys und ihrer angeborenen Tölt-Gangart die Rede, sondern natürlich auch von Trollen. Schließlich leistet sich Island den einzigen staatlich angestellten Troll-Beauftragten der Welt.

Oben und links: Hätten die Wikinger schon Raketen gehabt, hätten sie aussehen können wie die Hallgrimskirkja, Reykjaviks hochragendes Wahrzeichen. Dem Blick vom 74 Meter hohen Kirchturm geht glücklicherweise ein erhebendes Erlebnis voraus: eine Fahrt im Lift. Von oben bietet sich ein weiter Blick über Islands Hauptstadt. Der Tjörnin, der See in der Stadtmitte, trägt bei zum entspannten Ambiente der »Rauchbucht«, so die Übersetzung des Stadtnamens.

Weiße Gesichter in der Blauen Lagune

Einmal kurz zwischen Europa und Amerika in 40 Grad warmes Wasser abtauchen? Islands bekannteste Thermalquelle, die Blaue Lagune, macht es möglich. Sie liegt nahe dem isländischen Flughafen Keflavik und nicht weit entfernt von der Hauptstadt Reykjavik. Kurioserweise entstand der rund 5000 Quadratmeter große Badesee als ungeplantes Nebenprodukt bei Bohrungen zum Bau eines Thermalkraftwerks. So sammelte sich in einer Lavasenke das wohlig-warme Wasser, dass die Natur in der Tiefe aus zwei Dritteln Meerwasser und einem Drittel Süßwasser mixt. Und als dann noch Kraftwerksarbeiter feststellten, dass der See die Schuppenflechte mindert, hatte die Insel eine neue Attraktion, die inzwischen alljährlich 100 000 Besucher zählt. Überaus werbewirksam ist natürlich auch die himmelblaue Farbe des Wassers, eine Wirkung der Kieselsäure, die den Himmel reflektiert. Wo diese Säure auftritt, gibt es – laienhaft gesagt – meist auch Kieselerde. Und die wiederum ist verantwortlich für die weißlichen Gesichter vieler Badender, die gern bestätigen, dass sie mit bestens restaurierter Haut dem See entstiegen sind.

»Die Leute fragen mich immer nach Eskimos, aber es gibt keine Eskimos in Island.«
Björk, isländische Sängerin, Komponistin und Schauspielerin

Oben: Islands Superstar Björk bei der Arbeit.
Links: Das viel fotografierte »Sonnenboot« an Reykjaviks Ufer ist ein Tribut an die Wikinger-Vorfahren. Jedoch mussten sie hier nicht Hunger leiden, Islands See ist besonders fischreich.

Zum Lesen und Klicken

Jens Willhardt/Christine Sadler, Island (2009)
www.visiticeland.com
www.iceland.org/de (Botschaft Islands)

Tschüss Europa, tschüss Amerika

Als sich Islands Männer 930 auf dem Thingvellir trafen, ahnten sie nicht, dass ihr Parlament gleich auf zwei Kontinenten agierte: Genau unter ihren Füßen verlief die Trennlinie zwischen der europäischen und der amerikanischen Erdplatte. Aus diesem Riss presste sich ständig Magma hoch und drückte die gigantischen Platten auseinander. So ist es bis heute – pro Jahr ein Zentimeter je Richtung. Die Bruchkanten sind gut sichtbar.
An solchen Stellen ist unser Planet besonders aktiv, deshalb ruckelt sich Island immer wieder durch Erdbeben, manche sind durchaus zerstörerisch. Aber das sorgt auch für heiße Quellen, die im nordischen Winter die Häuser heizen, warme Badeseen schaffen und die Glashäuser von Hveragerdi erwärmen, in denen Island seine Tomaten zieht.
Großverbraucher dieser wohltemperierten Gabe von Mutter Natur sind die Einwohner von Reykjavik. Deshalb stehen oberhalb der nördlichsten Hauptstadt der Welt sechs mächtige Warmwasserspeicher, über deren Mitte eine Glaskuppel mit Aussichtsterrasse und Restaurant ruht. Ein Tank birgt ein Museum, die anderen jeweils vier Millionen Liter Heißwasser – genug, um alle Häuser zu versorgen und obendrein Gehwege und Straßen eisfrei zu halten.

3

Rosamunde Pilchers Küsten

Großbritanniens längster Fernwanderweg

Eine Route für Rekordjäger: Der South West Coast Path ist mit 1014 Kilometern Großbritanniens längster Wanderweg. Und einer der schönsten der Welt, schwärmen seine Liebhaber, denn die Strecke von Minehead in Somerset nach Poole Harbour in Dorset folgt der Küste. Land's End, die westlichste Spitze der Insel, liegt ebenso am Weg wie die spektakulären Klippen von Cornwall und Devon – bestes Rosamunde-Pilcher-Land. Entstanden ist ein Großteil der Strecke als Kontrollweg der Küstenwache gegen Schmuggler. Das hat sich zwar erledigt, aber als »National Trail« hat der Pfad immer noch offizielle Ehren. Von den Mythen nicht zu reden: Auf Burg Tintagel soll der sagenhafte König Arthur zur Welt gekommen sein.

Saint Michels »kleiner Bruder«

Wer den Felsen in der Bucht bei Penzance zum ersten Mal sieht, fühlt sich einen Moment lang wie auf der falschen Seite des Ärmelkanals: St. Michael's Mount sieht aus wie eine kleinere Kopie des weltberühmten Mont-Saint-Michel in der Normandie. Das ist kein Zufall, denn die Kapelle auf dem Berg vor Cornwalls Küste wurde nach der Invasion der Normannen auf der britischen Insel als »Filiale« des französischen Benediktinerklosters errichtet. Auch sie war lange Pilgerziel. Das Schloss – bis heute Sitz einer Adelsfamilie – ist ebenso für Besucher geöffnet wie der subtropische Garten dank des Golfstroms. Bei Ebbe ist das Inselchen über einen Damm erreichbar, bei Flut allerdings nur mit der Fähre.

Sehenswertes? Im Südwesten am besten, sagen die Einheimischen. Ihre Beweise? Das Valley of the Rocks in der Grafschaft Devon **(oben)**, die Ruinen des vermeintlichen Artus-Schlosses Tintagel nebst Camelot Castle Hotel hoch darüber **(Mitte)**, und das traditionsreiche Seebad Torquay, wo Tee nicht nur ein Getränk, sondern auch eine Lebensart ist **(links)**.

Zum Lesen und Klicken

Ralf Nestmeyer, Cornwall & Devon (2008)

www.southwestcoastpath.com

Unten: Mit Hund und ländlichem Outfit sieht Rosamunde Pilcher fast aus wie die Queen. Sie ist ja auch die »Queen of Romance«: Ihre Liebesromane verkauften sich millionenfach und Pilcher-Filme sind Quotengaranten – in Deutschland weit mehr als in ihrer Heimat. Aber in Devon und Cornwall hat die Autorin einen – wiederum deutschen – Touristenboom ausgelöst. Sohn Robin folgt literarisch Mom's Spuren.

»Der Teufel kommt nicht nach Cornwall, aus Angst in einer Pastete zu enden.«
Sprichwort, bezogen auf den bisweilen rätselhaften Inhalt der Cornish Pasty

Kunst und Verbrechen

Eine riesige Hand hält im Seebad Minehead eine ebenso überdimensionierte Wanderkarte. Die Skulptur markiert den Startpunkt für den Marsch rings um die südwestliche Landzunge der britischen Hauptinsel – eine Herausforderung, nicht nur in den Distanzen. Es geht ständig auf und ab, und Geografen haben errechnet, wer die ganze Strecke bewältigt hat, hat über 35 000 Meter Höhenunterschied überwunden. Immerhin, 26 719 Stufen erleichtern streckenweise den Aufstieg.

Die meisten Touristen bevorzugen allerdings die flachen Landesteile, sprich: die Strände, etwa in Newquay oder in St. Ives. Dieses kleine Seebad hat sich als Magnet für Maler erwiesen, und das hier wirklich verdiente Prädikat »Künstlerdorf« hat wohl auch dazu beigetragen, dass Londons Tate Modern Museum hier 1993 eine Filiale eröffnete. Torquay hingegen rühmt sich eher der schreibenden Zunft, schließlich wurde hier eine Autorin geboren, die noch heute, viele Jahre nach ihrem Tod, für Bestsellerumsätze sorgt: Agatha Christie. Dabei hat Torquay wenig, was an Mord und Totschlag denken lässt. Dennoch hat die Queen of Crime einige ihrer Fälle in ihrer Heimatstadt angesiedelt – genug Untaten für einen »Agatha-Christie-Spaziergang«.

Auf dem Rückgrat Englands

Auf dem Pennine Way zur schottischen Grenze

Die Fernwanderwege der USA standen Pate, als der britische Journalist Tom Stephenson 1935 einen Langstreckenpfad durch England vorschlug: Und 30 Jahre später wurde der letzte Abschnitt des Pennine Way eröffnet. Des Königreichs erster Fernwanderweg führt über 429 Kilometer von Edale in Derbyshire nach Kirk Yetholm an der schottischen Grenze. Seinen Namen erhielt der Trail von den Pennine Hills, dem »Rückgrat Englands«. Unterwegs geht es durch die Yorkshire Dales und den Northumberland-Nationalpark, auch der Hadrianswall (S. 43) wird gekreuzt. Teilweise läuft der Pennine Bridle Way parallel, auf dem Radler und Reiter die Strecke absolvieren können. Den »Höhepunkt« bildet das 839 Meter hohe Cross Fell.

Rechts: Roms Kaiser Hadrian schuf sein Denkmal im fernen Britannien: den Hadrianswall.

Ein halbes Bier für jeden

Für Alfred Wainwright wurde das Versprechen teuer: Etwa 15 000 Pfund soll er bis an sein Lebensende bezahlt haben, jeweils für ein halbes Pint Bier. Das spendierte er jedem, der des Landes ersten Fernwanderweg schaffte. So hatte es der passionierte Wanderer, Autor und Zeichner angekündigt, als er seinen Führer für die Route vorlegte. Immerhin, der exzentrische Naturfreund konnte es sich wohl leisten, seine Wanderführer sollen sich mehr als zwei Millionen Mal verkauft haben – einige als Faksimiles der handschriftlichen Aufzeichnungen Wainwrights.

Wenn wir schon über Geld sprechen: Nicht nur für ihn, auch für seine Region wirkte der erfolgreiche Wanderpfad wie ein Konjunkturprogramm. Der Pennine Way zieht Jahr für Jahr rund 12 000 Langstrecken-Wanderer an, hinzu kommen etwa 250 000 Tageswanderer. Alle zusammen bringen deutlich mehr als umgerechnet über zwei Millionen Euro in die Kassen entlang der Route. Ein paar Pfund Sterling landen dabei auch in der Schatulle des Kofferservices, der auf dem Pennine Way und anderen Wanderpfaden in Großbritannien schwerere Gepäckstücke in Tagesetappen vorausfährt – immer da, wo sich ein Übernachtungsort über eine öffentliche Straße erreichen lässt.

»Sie werden mich nicht treffen auf dem Pennine Way. Ich hatte genug davon.«
Alfred Wainwright zum Abschluss seines Routenführers über seine letzte Fernwanderung

Zum Lesen und Klicken

Ueli Hintermeister, England: Pennine Way;
Alfred Wainwright, Pennine Way Companion
www.nationaltrail.co.uk/pennineway
www.penninewayassociation.co.uk

Insel des Lebenswassers

Whisky-Pfad rund um eine schottische Insel

Whisky, das ist – Iren bitte weghören – Schottland. Highlands and Islands. Und konzentriert auf der Hebriden-Insel Islay. Acht Brennereien halten dort die Kessel heiß – mit Namen, die nur für Laien gälische Dörfer sind, etwa Bruichladdich, Caol Ila oder Laphroaig. Islays Flaschen werden in alle Welt exportiert. *Uisge beatha*, Lebenswasser, ist für Islay aber auch ein Import-Artikel. Wegen der rauchigen Hochprozenter kommen Tausende Besucher, alle Destillerien bieten Besichtigungen und Proben an. Nur Whisky? Nein, die Insel ist auch übersät mit steinernen Zeugnissen früher Kulturen. Und sie ist dicht besiedelt – zumindest da, wo zur Freude der Vogelbeobachter unzählige Seevögel nisten oder zumindest rasten.

Oben: Auf der Suche nach dem »Angel's share«? Ein Geschwader Barnacle-Gänse in leicht ungeordneter Formation über der Whisky-Insel Islay.

Von Engeln, Schlückchen und Schweinen

Islays Markenzeichen ist der Single Malt. Das bedeutet, der Whisky stammt aus gemälzter Gerste und nur aus einer Destillerie. So schmeckt dem Kenner sein »dram«, sein Glas, am besten, auch wenn er gern nur vom »wee dram«, vom Schlückchen, spricht. Vom »skalk«, dem ersten »dram« am Morgen, spricht man zwar seltener, aber auf Islay ist er natürlich sanktioniert. Und nach einem sauberen Whisky bekommt man natürlich auch keinen »hogshead«, keinen Schweinekopf. Im Gegenteil, solch ein Fass mit 225 bis 275 Litern ist hochwillkommen. Wenn auch während der Jahre der Lagerung einiges im wahrsten Sinne des Wortes verduftet. Mehr als 2,5 Prozent sollen es nicht sein, sagt der Zoll Ihrer Majestät. Angel's share, Anteil für die Engel, nennen das die Kellermeister. Höhepunkt des Jahreslaufs auf Islay ist das einwöchige Malt and Music Festival – selbstverständlich mit Pipers, Dudelsackspielern im Kilt. Kann noch ganz schön kühl sein im Mai. Und zu einem der Tanzabende servieren die Insulaner auch ihre Version des Clootie Dumpling, jenes traditionellen schottischen Nachtischs, der nicht gerade leicht im Magen liegt. Auf Islay kommt auch Single Malt hinein, natürlich nur zur besseren Verdauung. Slainte! Prost!

Zum Lesen und Klicken

Michael Jackson, Malt Whisky
www.islayinfo.com

»Die Insel mit einem Lied im Herzen und Whisky in der Seele.«
Islays Werbezeile

Balanceakt an der Levada

Wanderungen auf Madeira

Einige Routen sind älter als 500 Jahre, aber immer noch gut gepflegt. Kein Wunder, denn die Bauern im regenarmen Süden Madeiras benötigen bis heute Wasser aus den Bergen, das durch die Levadas auf ihre Felder geleitet wird. In Jahrhunderten entstand ein Netz dieser meist schmalen Kanäle, das 2000–5000 Kilometer lang ist – je nachdem, wie man die kleinen Seitenkanäle zählt. Etwa 1400 Kilometer sind als Wanderroute erschlossen, sei es als alter Pfad neben dem Wasserlauf am Berghang, sei es als Balanceakt auf der steinernen Einfassung. Steile Strecken gibt es nicht, da das Wasser immer sanft fließen soll. Meist sind die Wanderer einsam, nur auf den Routen zu den »25 Quellen« oder zum Risco-Wasserfall wird es eng.

Rechts: Kreuzung nach Madeira-Art: Wasserfall von oben nach unten, Levada do Risco von rechts nach links. Bei solchen pittoresken Szenen wird klar, warum Levada-Wanderungen meist länger dauern als es die Streckenlänge erwarten lässt.

Kolumbus, Churchill und Ronaldo

Einst lebte Madeira vom Zuckeranbau – auch Kolumbus war dort im Zuckerhandel aktiv und heiratete in eine einflussreiche Familie ein, ehe er zu seinen Amerika-Reisen aufbrach. Heute füllen Touristen, die das ganzjährig milde Klima der portugiesischen Atlantikinsel schätzen, die Inselkassen. Sie haben berühmte Vorgänger, etwa Österreichs Kaiserin Sisi, die dem Fremdenverkehr jedoch wenig förderlich war: Sie langweilte sich. Ihr Nachfahr Karl I., Österreichs letzter Kaiser, kam gar unfreiwillig – er wurde 1921 nach Madeira verbannt. Ein Jahrhundert zuvor hatte Napoleon Station gemacht, auch er nicht aus freien Stücken: auf dem Weg ins Exil auf St. Helena. All das wurde ausgeglichen durch Winston Churchill, der im mondänen Hotel Reid's oberhalb der Inselhauptstadt Funchal logierte und gerne die Steilküste malte. Seine Landsleute, die Beatles, brachten 1966 ihre Jacht »Vagrant« nach Funchal, wo sie heute als schwimmendes Restaurant viele englische Touristen anzieht. Nichts gegen den Staatsmann und die Pilzköpfe, aber der bekannteste Namen gehört einem Einheimischen: Cristiano Ronaldo. Der Starkicker, dessen Trikot dutzendweise an allen Souvenirständen hängt, wurde in Funchal geboren.

Aufgespritet und dann ab über den Äquator

Anno 1419 entdeckten portugiesische Navigatoren die Insel Madeira, schon 25 Jahre später exportierte die Insel Wein. Der »Madeira« war hochgeschätzt, George Washington schenkte ihn 1776 zur Feier der Unabhängigkeitserklärung aus. Wahrscheinlich war der gute Tropfen schon »aufgespritet«, also mit Weinbrand »verstärkt«. Das ist bis heute ein Kennzeichen echten Madeira-Weins, ähnlich wie bei Portwein und Sherry. Die »Madeirisierung« der Weine ist allerdings ein zufällig entdeckter Prozess: Madeira exportierte seinen Wein natürlich auch in die portugiesischen Kolonien in Indien und Fernost. Als einmal ein Fass ungeplant zurückkam, stellten die Insulaner fest, dass ihr Wein dank der tropischen Temperaturen sehr viel besser schmeckte. Fortan setzten sie ihre besseren Sorten stets der Reise um den halben Globus aus – ein Prozess, der heute durch Erwärmung der Fässer auf Madeira stattfindet.

»Es gibt viele Hotels, es gibt einige gute Hotels, es gibt nur ein Reid's Hotel.«
Prinz Leon de Lignac

Oben: Blick auf das Fischer- und Künstlerdorf Camara de Lobos – Churchill schätzte die Perspektive.

Zum Lesen und Klicken

Burkhard Berger/Manfred Föger, Genusswandern Madeira. Levadas, Pflanzenpracht und wilde Berge (2009)
www.madeiraislands.travel, www.reidspalace.com

Unten: Die Fässer alter Madeira-Weingüter tragen oft englische Namen, weil die Briten frühzeitig ins Weingeschäft einstiegen.

Zu Fuss über die Alpen

Von München nach Venedig

Rund 500 Kilometer zu Fuß in 28 Tagen – das wäre schon eine Leistung, wenn man zwischendurch kein Hochgebirge zu überwinden hätte. Doch der »Traumpfad über die Alpen« überwindet zusätzlich noch die bayerischen Voralpen, das Karwendel, die Zillertaler Alpen und die Dolomiten, bis die Ebene des Veneto erreicht ist. Die Route, die verschiedenen ausgeschilderten Wanderwegen folgt, beginnt am Marienplatz im München und endet am Markusplatz in Venedig. Mit ihr hat sich 1974 der bayerische Bergsteiger Ludwig Graßler einen Traum erfüllt; seither ist die hochsommerliche Alpen-Transversale Kult geworden – und ganz nebenbei ist mit Graßlers Routenführer ein Dauerseller der Alpenliteratur entstanden.

Oben: Gondoliere, Canale Grande und Sonnenuntergang – mehr Venedig geht nicht. Apropos gehen – wer die Serenissima zu Fuß erreicht, hat solche Szenerie verdient.

Liebe und Treue – Edelweiß und Enzian

»Blau blau blau blüht der Enzian, wenn beim Alpenglühn wir uns wiedersehen ...« Wer die schlagerselige blaue Blume in den Alpen wirklich entdecken will, sollte mit Schrittgeschwindigkeit unterwegs sein, denn die Kelchblüten verbergen sich gern im Gras. Es gibt auch gelbe Enziane, doch weil blaue Blüten im Blumenreich relativ selten sind, wurden wohl die blauen Enzian-Arten zur Symbolpflanze der Alpen. Ihre Heilwirkung mag ebenso zur Popularität beigetragen haben – und natürlich der Schnaps, der aus den Wurzeln destilliert wird. Dazu wird allerdings im Gegensatz zu den Flaschenetiketten meist Gelber Enzian verwendet.

Einer Täuschung bedient sich auch die zweite Symbolblume der Alpen, das Edelweiß. Seine wollig-weißen Blüten sind nur Scheinblüten – die echten machen nicht viel her. Doch das hat der Karriere der kleinen Korbblütler keinen Abbruch getan: Alpenvereine, Gebirgsjäger, Touristikbüros, Bergretter und viele andere zieren sich mit dem Heilkraut; in der Schweiz tragen die Generäle das Edelweiß als Rangabzeichen. Die Alpenbewohner wissen, dass die Blume auch dem Liebeszauber dient. Und wenn's geklappt hat, dann empfiehlt es sich, zum Enzian zu wechseln. Das ist nämlich die Blume der Treue. Kein Wunder, dass beide unter Naturschutz stehen.

Oben: Grödnertal und Grödnerjoch gehören zu den besonderen Passagen auf dem »Traumpfad«, auch wenn sie den Alpenüberquerern bisweilen weniger traumhafte Anstrengungen abfordern.

Zum Lesen und Klicken

Ludwig Graßler u.a., Traumpfad München–Venedig
Ludwig Graßler, Zu Fuß über die Alpen (Bildband)
www.muenchenvenedig.de

»Es ist nicht nur das sich selbst gesetzte und schließlich erreichte Ziel, das uns froh und glücklich macht, vielmehr sind es die Erinnerungen an die zahllosen Naturschönheiten dieses Traumpfades über die Alpen und an die Begegnungen mit den Menschen, die dort wandern oder leben.«
Ludwig Graßler, Zu Fuß über die Alpen

Oben: Der Brenner, einmal ohne Auto-Asphalt. Hier hätte es wohl auch dem berühmtesten deutschen Italien-Pilger gefallen. Goethe passierte 1786 den Pass.

Mit dem Pionier auf die erste Etappe

Ludwig Graßler ist mittlerweile hochbetagt. Aber wenn Gesundheit und Wetter es zulassen, ist er immer noch alle zwei Jahre dabei, wenn sich am 8.8. um 8 Uhr erfahrene Bergwanderer auf dem Münchner Marienplatz versammeln. Sie brechen auf zur Traumroute in die Serenissima, die berühmteste Lagunenstadt der Welt. Der »Erfinder« dieses Pfades macht sich meist mit auf den Weg, zumindest bis zum ersten, 32 Kilometer entfernten Etappenziel, seinem Wohnort Wolfratshausen. Fünf Mal hat der einstige Naturschutzreferent die Strecke insgesamt bewältigt, wenn man die Teilstrecken mit Fernsehteams mitrechnet. Nach seiner Pionierwanderung 1974 machte er sich im folgenden Jahr gleich noch einmal auf den Weg, nun mit seinen detaillierten Notizen. Er kennt jeden Steig und jeden schönen Rastplatz. Nach dem schönsten Abschnitt gefragt, antwortet er mit einer Aufzählung – und fast alle Etappen sind dabei.

Graßler hat die Tagesstrecken so angelegt, dass Zeit bleibt, Landschaft und Alpenblumen zu genießen. Die Einzelstrecken sind je nach Schwierigkeitsgrad des Geländes bemessen, so sind beispielsweise für eine nur sieben Kilometer lange Strecke in den Dolomiten acht Stunden Gehzeit eingeplant.

8

Karstgebiet mit reicher Flora

Radtour durch den Burren in Westirland

Für Surfer und Golfer ist das Dorf Lahinch an der Westküste eine der besten Adressen in Irland. Doch immer mehr Urlauber kommen auch mit Fahrrädern. Aus gutem Grund: Hier beginnt der Burren Cycleway – 69 Kilometer durch eine der ungewöhnlichsten Landschaften der Grünen Insel. Stationen sind die bis zu 214 Meter hohe Steilküste der Cliffs of Moher, Doolin, die Hochburg traditioneller irischer Musik, und Lisdoovarna, Irlands einziges Kurbad. Der Burren, ein 250 Quadratkilometer großes Karstgebiet, birgt viele historische Zeugnisse. Noch überraschender ist die Flora dieses scheinbar fast leblosen Kalksteinplateaus – in den Ritzen findet man sowohl mediterrane als auch alpine und sogar arktische Pflanzen.

Rechts: Die Cliffs of Moher sind ein Wahrzeichen Irlands. Kein Urlauber im Burren-Gebiet verzichtet auf die spektakulärste Kante der Insel. Fans des erfolgreichsten Zauberers der Welt kennen die Szenerie aus dem Film »Harry Potter und der Halbblutprinz«.

Benedikts anderes Bistum

Lisdoovarna ist über Irlands Grenzen hinaus bekannt als »Europas größter Heiratsmarkt«, bei dem – meist im September – nach alter Art noch ein »Matchmaker« seines Amtes waltet. Hier vereint sich der Burren Cycleway mit dem 45 Kilometer langen Dolmen Cycleway, benannt nach den markanten Steintischen und -kammern, die einst als Grabkammern der Mächtigen dienten. Der bekannteste Ort auf dieser Route ist Kilfenora. Das kleine Dorf am Südrand des Burren spielte eine wichtige Rolle in der irischen Kirche, davon zeugen die Hochkreuze auf dem Friedhof ebenso wie die Reste der Kathedrale – Kilfenora war einst ein eigenständiges Bistum. Heute wird der Sprengel zwar von Galway aus verwaltet, trotzdem hat das freundliche Nest immer noch seinen eigenen Bischof. Der hat allerdings auch eine andere Aufgabe – er ist zugleich der Bischof von Rom, sprich der Papst. Bislang wurde Kilfenora von keinem Pontifex beehrt, auch nicht von Johannes Paul II., der in Irland immerhin acht Orte besuchte. Wichtiger ist für die Einheimischen gewiss das Burren Centre, das die Entstehung sowie die Tier- und Pflanzenwelt der Region darstellt und entsprechend viele Touristen anzieht.

»Kein Baum, an dem man einen Mann aufhängen, kein Tümpel, worin man ihn ersäufen, keine Erde, in der man ihn verscharren könnte.«
Oliver Cromwell bei der blutigen Rückeroberung Irlands

Zum Lesen und Klicken

Ralf Sotscheck, Gebrauchsanweisung für Irland
www.shannonregiontrails.ie

9

Quer durch Skandinavien

Die jahrhundertealte King's Road

Seit dem 14. Jahrhundert nutzen die Nordländer diese gut 1600 Kilometer lange Route, darunter Könige und Zaren in diplomatischer Mission. Deshalb wird die Verbindung King's Road genannt, auch wenn sie teilweise andere Namen trägt und vorzugsweise Postkuriere oder Kaufleute dem Weg quer durch Skandinavien folgten.
Er begann im geschäftigen Handelshafen von Bergen an Norwegens Küste, führte über die Berge nach Oslo, von dort hinüber ins schwedische Karlstad und schließlich nach Stockholm an der Ostsee. Hier galt es umzusteigen auf Schiffe, um durch das Inselgewirr der Ålands nach Finnland zu segeln, nach Turku und Helsinki. Dort begann die letzte Etappe nach dem russischen St. Petersburg.

Oben: Der Dom von Helsinki überragt den Hafen wie eine moderne Akropolis. Er ist umgeben von einem klassizistischen Ensemble, wie es sonst kaum zu finden ist. Im Sommer werden die Stufen der Freitreppe vor dem Dom zu Finnlands größter Sonnenterrasse. Und: Flirten ist erlaubt!

Zar und Zarah

Vier Länder, drei Hauptstädte, zwei ehemalige Hauptstädte, reichlich Historie und viel eindrucksvolle Landschaft – kein Wunder, dass Touristiker fasziniert sind von der Idee, die alte Straße als Urlauberroute wiederzubeleben. Am weitesten vorangekommen damit ist Finnland – auf seinem Territorium ist die Strecke als erste Ferienstraße des Landes bereits durchgängig ausgeschildert. An moderner Infrastruktur mangelt es auch nicht, auf weite Strecken können Reisende wählen zwischen Auto, Bahn und Schiff. Gute Unterkünfte und Restaurants befinden sich in allen Städten. Für die erste Etappe nach Oslo empfiehlt sich die Bergenbahn, die als eine der schönsten Eisenbahnstrecken Europas gilt. Aber auch manche Etappenziele, die etwas im Schatten der touristischen Werbung liegen, sind überraschende Entdeckungen. Etwa Karlstad am Vänern, Schwedens größtem See – der Geburtsort von Zarah Leander. Oder das finnische Kotka mit der einstigen Fischerhütte des Zaren oder mit dem Museumsschiff »Tarmo«, dem ältesten Eisbrecher der Welt. Schließlich das einst finnische, heute russische Wyborg, das 1922 im Horrorfilm-Klassiker »Nosferatu« als »Visborg« die von der Pest gezeichnete Kulisse bildete.

»The people of Scandinavia share common bonds wrought by their Nordic geography, culture and history. It sets their world apart – and is poised to inspire yours.«
Text des gemeinsamen Touristikbüros der skandinavischen Länder in den USA

Zum Lesen und Klicken

Dorothea Löcker/Alexander Potyka, Trolle, Schnee und Saunakult. Skandinavische Lebensarten
www.visitnorway.com/de
www.visitsweden.com/schweden
www.visitfinland.com

Das Hospiz des Heiligen

Der Große Sankt Bernhard

Schon die Römer zogen hier über die Alpen, wie Reste eines Tempels und eines Rasthauses auf der Passhöhe (2469 m) belegen. Auch Hannibal, als er gen Rom zog? Eher unwahrscheinlich. Aber Napoleon nutzte im Mai 1800 mit 40 000 Mann die alte Route über den Berg, der inzwischen den Namen Großer St. Bernhard trug. Namenspatron war der heilige Bernhard von Menthon, der um 1050 wohl ein Hospiz auf dem Pass gegründet hatte – als Raststätte für Pilger und zur Rettung von Bergopfern. Augustiner führen heute die Herberge und das Museum. Als Verkehrsweg zwischen dem Schweizer Wallis und dem italienischen Aostatal hat der Pass an Bedeutung verloren, seit 1964 der knapp 5,8 Kilometer lange Tunnel eröffnet wurde.

Der Bernhardiner und das Schnapsfass

Groß, langhaarig, mit Branntwein-Fässchen am Hals? Klar, ein Bernhardiner. Einer von den Hunden, die rings um den Großen St. Bernhard verschüttete Lawinenopfer aufspüren und zur Ersten Hilfe mit Hochprozentigem versorgen – seit etwa 1650 oder 1750 gezüchtet und geschult von den Augustinern auf dem Pass.
All das ist im Prinzip richtig, doch im Detail ziemlich daneben. Die rettenden Bernardiner-Hunde von einst waren eher kurzhaarig, und das Fässchen ist Folklore. Letzteres geht zurück auf das Missverständnis eines napoleonischen Soldaten, der das nach Hause schrieb. Die Hundezucht haben die Mönche an eine Stiftung abgegeben mit der Auflage, jeweils im Sommer einige der Hunde auf den Pass zu bringen. Sie sind schließlich eine Touristenattraktion – deshalb gibt es in Martigny am Fuß der Passstraße auch ein Museum für die berühmte Hunderasse. Dort wird selbstverständlich auch der legendäre »Barry« gewürdigt, der Anfang des 19. Jahrhunderts über 40 Menschen gerettet haben soll. Barry steht heute ausgestopft im Naturhistorischen Museum in Bern, natürlich mit Schnaps-Fässchen. Barry lebt aber auch in der Hightech-Welt fort: Ein digitales Gerät zur Suche nach Verschütteten trägt den Namen Barryvox.

Feldherrenpose: Napoleon auf dem St. Bernhard-Pass **(oben)**. Kleiner See auf dem Pass des Großen St. Bernhard **(rechts)**. Dass sich der Übergang über den Alpenkamm im Sommer so schneefrei präsentiert, ist durchaus keine Selbstverständlichkeit.

»… wollen Wir den hl. Bernhard von Menthon als himmlischen Schutzherrn erklären, nicht nur für die Alpenbewohner, sondern auch für alle jene, die dem Bergsport huldigen.«
Papst Pius XI. 1923 in einer apostolischen Botschaft

Zum Lesen und Klicken

Sabine Gruber/Ralph Zade, Piemont & Aostatal. Reisehandbuch
www.verbier-st-bernard.ch
www.gsbernard.ch (fr)

Für Touristen gebaut

Die Großglockner-Hochalpenstraße

In den 1960er-Jahren zierten Aufkleber mit dem großen G inmitten einer bunten Berglandschaft die Scheiben vieler VW-Käfer, Opel und Fords. Bisweilen protzten sogar Kleinwagen mit dem Prestige-Signum der bis zu zwölf Prozent steilen Strecke zu Österreichs höchstem Berg, dem 3798 Meter hohen Großglockner. So hoch reicht die Trasse zwar nicht, doch auch 2506 Meter bringen den Titel der höchsten geteerten Passstraße des Landes. Sie wurde 1935 als Touristenroute erbaut und zieht noch heute jährlich bis zu einer Million Besucher an; insgesamt waren es bisher 50 Millionen. Als Alpenquerung ist die Privatstraße – eine von zwölf österreichischen »Traumrouten« – heute von geringer Bedeutung, vielleicht auch wegen der Mautgebühr.

»Ein Beweis, dass wirtschaftliche Interessen und technischer Verstand eine Landschaft nicht zerstören müssen.«
Friedrich Achleitner, österreichischer Architekturkritiker, über die Großglockner-Hochalpenstraße

Zum Lesen und Klicken

Georg Rigele, Die Großglockner-Hochalpenstraße. Zur Geschichte eines österreichischen Monuments
www.grossglockner.at

Oben: Wie ein überdimensioniertes Wachhäuschen wirkt das Bauwerk am Höhepunkt der Großglockner-Hochalpenstraße.

Verlorener Gipfel und wiedererlangte Steinböcke

Der Erste Weltkrieg machte aus dem großen Habsburger-Reich das kleine Alpenland Österreich. Zu den Verlusten – 1919 im Vertrag von St. Germain festgelegt – gehörte auch der höchste Gipfel, der Ortler in Südtirol. Er trägt seither die italienische Flagge. Umso wichtiger wurde nun Austrias neue Spitze: der Großglockner. Bereits 1922 hatte das staatliche Büro für Fremdenverkehr eine Autostraße in das ehemalige Jagdrevier des Kaisers vorgeschlagen. 1930 war schließlich Baubeginn. Doch erst mit zunehmendem Individualverkehr in den Sechzigerjahren wurde die teure Hochgebirgsstraße in den Nationalpark Hohe Tauern einträglich.
Heute können die Besucher auch wieder Alpensteinböcke in diesem Revier beobachten. Die kletterkundigen Ziegen, deren Männchen bis zu einem Meter lange Hörner tragen und 100 Kilo schwer werden, waren am Großglockner wie fast im gesamten Alpengebiet ausgerottet. Der Grund: Fast alle Körperteile wurden für die traditionelle Medizin, aber auch für den Aberglauben genutzt. Nur in den italienischen Alpen hatte eine Herde überlebt – Ursprung aller heutigen Alpensteinböcke. Mit strengem Naturschutz konnte die inzwischen wieder weitverbreitete Art gerettet werden. Im Sommer steigen Steinböcke bis in 3500 Meter Höhe.

12

Mit fünf Rössern über den Gotthard

Der historische Pass als Ausflugsziel

Warum mieden die Römer den Gotthard-Pass, heute eine der meist befahrenen Alpen-Querungen? Der Übergang selbst war schon zu ihren Zeiten gut zu meistern, doch dann kam die Schöllenen, eine damals unpassierbare Schlucht. Erst als dort im 13. Jahrhundert die erste Brücke entstand, wurde die Gotthard-Route allmählich zur Hauptachse. Inzwischen prägen Autobahn und Bahntunnel den Verkehr auf der historischen Route. Bald wird es noch ruhiger auf der Höhe, denn der 57 Kilometer lange Gotthard-Basistunnel erlaubt es spätestens 2020, Züge mit bis zu 250 Stundenkilometern durch die fast horizontalen Röhren zu jagen. Auf dem 2106 Meter hohen Pass ist dann noch mehr Platz für Touristen in Postkutschen hinter fünf Rossen.

Oben: Kurven sind optisch oft attraktiv, das beweist auch der Straßenverlauf vom Furka-Pass hinab nach Andermatt.

Links: Das Alpenmurmeltier ist ein »typischer Vertreter einer eiszeitlichen Tierwelt«, so das Lexikon. Diese lange Erfahrung veranlasst *Marmota marmota* wohl, im Winter sechs Monate tief unten im Bau zu schlafen.

Teufel, Heiliger und Dichter

»Da soll der Teufel eine Brücke bauen!«, rief der angesichts von Steilwänden verzweifelte Bauherr in der Schöllenen-Schlucht. Der Gehörnte erschien prompt und bestimmte, die erste Seele, die seine Brücke passiere, sei die seine. So geschah es auch – allerdings trieben die Schweizer einen Ziegenbock über den Steg. Seither heißt der Übergang »Teufelsbrücke«.
Die Route hat natürlich auch einen Namenspatron, den heiligen Gotthard oder Godehard. 1230 soll die Kapelle auf dem Pass in seinem Namen geweiht worden sein. Später trug an gleicher Stelle das Hospiz für Rompilger und andere Reisende den Namen des ersten Heiligen Bayerns. Der wundertätige Gotthard wurde zwar unter weiß-blauem Himmel geboren, über des Landes Grenzen hinaus bekannt wurde er jedoch als Bischof von Hildesheim. Das und mehr erzählt das Pass-Museum neben dem heutigen Hotel. Ein anderer Deutscher schrieb ein weiteres Kapitel Gotthard-Geschichte: Der Dichter und Journalist Otto Julius Bierbaum war 1902 der Erste, der den Pass mit einem Auto befuhr – einem acht PS »starken« Cabriolet der Marke Adler. Daraus entstand sein Buch »Eine empfindsame Reise im Automobil«, das als erste deutsche Beschreibung einer Autoreise gilt.

So immer steigend, kommt Ihr auf die Höhen
Des Gotthards, wo die Ew'gen Seen sind
Die von des Himmels Strömen selbst sich füllen
Friedrich Schiller, Wilhelm Tell

Zum Lesen und Klicken

Helmut Stalder, Mythos Gotthard. Was der Pass bedeutet
www.myswitzerland.com

Oben: Der Deibel lauert überall. An der Teufelsbrücke am St. Gotthard hat er aber, so die Legende, seine Absicht, eine Seele einzufangen, verfehlt.

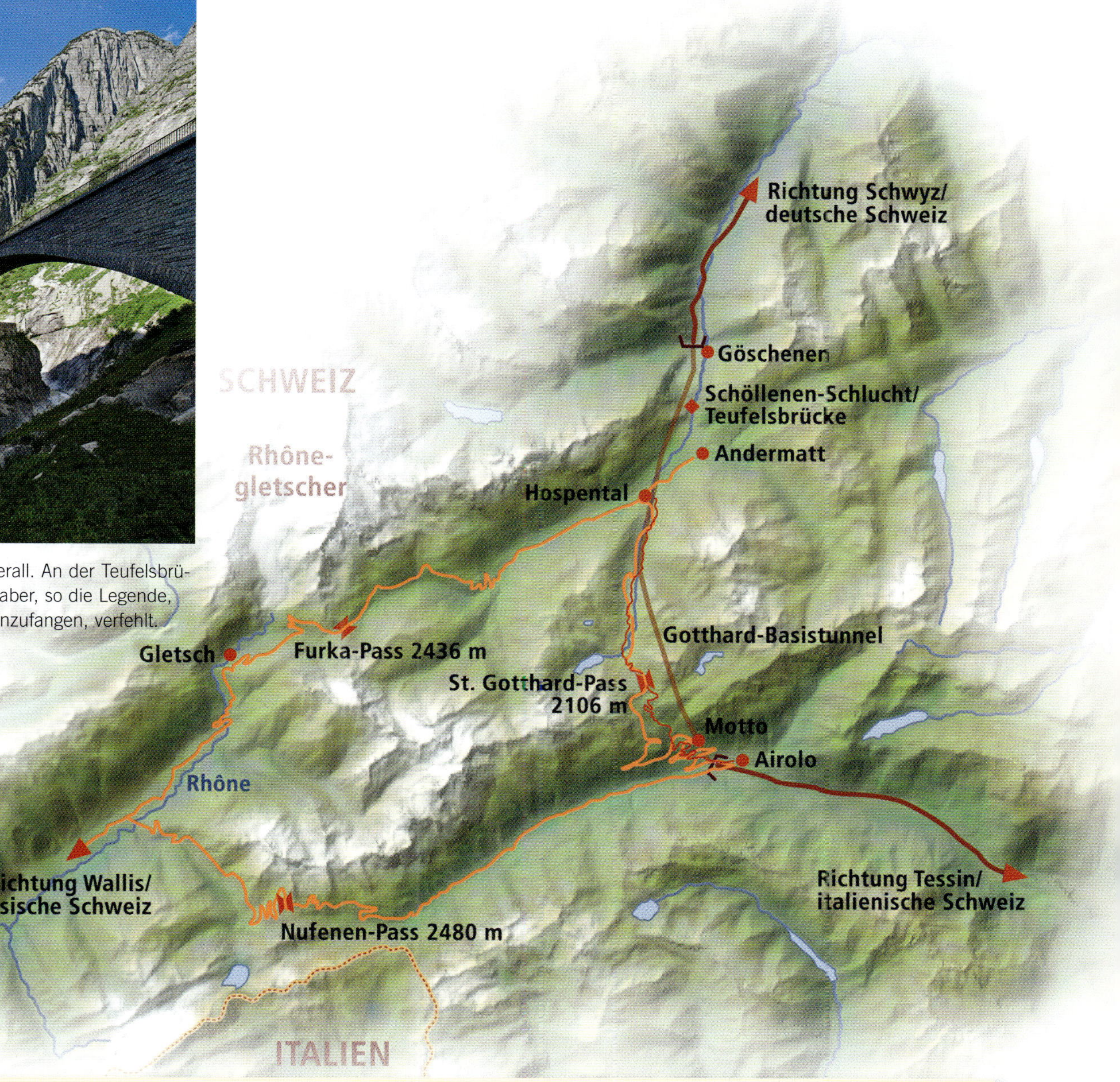

Pass und Post – passt perfekt

Die Ouvertüre zu Rossinis »Wilhelm Tell« stand Pate für das Dreiklanghorn, das die gelben Postbusse auf den Schweizer Alpenstraßen erklingen lassen. Eine Tonfolge, die den Eidgenossen so vertraut ist wie den Briten die Big-Ben-Tonfolge, sind sie doch mehrheitlich Fans ihrer Post-Autos. Doch auch Touristen wissen deren Service zu schätzen, insbesondere touristische Offerten wie die Drei- oder gar Vier-Pässe-Fahrten werden gern gebucht. Ein Klassiker ist die Drei-Pässe-Fahrt von Andermatt über den St. Gotthard, den Nufenen – mit 2480 Metern der höchste befahrbare Pass der Schweiz – und den Furka zurück nach Andermatt. Auf dem Gotthard, einer trubeligen Touristen-Szenerie, trifft der Postbus bisweilen auf seinen Vorläufer, die historische Reisepost, die zahlungskräftige Reisende per Pferdekutsche von Andermatt nach Airolo bringt. Irgendwie würde hier Rossini auch passen, oder?

Über den Brenner nach Italien

Die niedrigste Passage durch die Alpen

Er ist der niedrigste unter den hohen Alpenpässen, was durchaus ein Vorteil sein kann. Weil der Brenner zwischen Tirol und Südtirol auf nur 1374 Metern Höhe liegt, kann er im Gegensatz zu den meisten anderen Übergängen in Europas zentralem Gebirge ganzjährig befahren werden. Kein Wunder, dass diese Passage schon zur Steinzeit genutzt wurde: »Ötzi«, der Mann aus dem Eis, kam vor 5300 Jahren nahe dem Pass um. Die Römer zogen über den Bergsattel, der heute die Grenze zwischen Österreich und Italien markiert; Roms Kaiser Septimus Severus ließ anno 195 sogar schon befestigte Straßen anlegen. Bis heute ist der Brenner eine bevorzugte Reiseroute in das Land, wo die Zitronen blühen.

Oben: Blumenteppich für den Langkofel – die Seiser Alm in den Dolomiten.

Europa-Brücke und Brennerbasistunnel

Es lohnt sich nicht, auf der Passhöhe anzuhalten – der Brenner ist mehr oder weniger vollständig zubetoniert. Doch ansonsten bietet die nur 30 Kilometer lange Bergstraße zwischen Innsbruck und dem italienischen Sterzing viel alpine Pracht. Manche Wegweiser locken in Seitentäler mit klingenden Namen wie Passeiertal, Grödnertal oder Seiser Alm.

Seit die 190 Meter hohe Europa-Brücke bei Innsbruck 1963 eröffnet wurde, brettern viele allerdings daran vorbei auf der Autobahn, die seither die kurvenreiche Bundesstraße ergänzt. Auf ihr bringen viele Motorradfahrer ihre Maschinen auf Touren – und die Gendarmerie liegt mit Radarpistolen auf der Lauer.

Bahnliebhaber kreuzen die Alpen vorzugsweise mit der Brennerbahn, deren Gleise 1867 verlegt wurden. Auf dieser Strecke soll es indessen nach 2020 weniger geschäftig zugehen, falls bis dahin der 55 Kilometer lange Brennerbasistunnel fertig ist. Dann ist ein Kernstück der 2200 Kilometer langen Hochgeschwindigkeitstrasse zwischen Berlin und Palermo vollendet.

Zum Lesen und Klicken

Steffen Bruns, Die Pässe beiderseits der Brenner-Route – vom Saumpfad zum Basistunnel. Eine Verkehrsgeschichte der alpinen Passübergänge

Johann Wolfgang von Goethe, Italienische Reise

www.autobrennero.it

Rechts: Die Europabrücke der Brennerautobahn, mit 190 Metern Höhe die zweithöchste Brücke Europas, hat die Reise gen Süden erheblich erleichtert.

Hexe Martha liebt Harry Potter

Wenn sich irgendwo besonders viele Touristen sammeln, gibt es dafür meist einen guten Grund. Das gilt auch für die Seiser Alm, die über die Brenner-Autobahn zu erreichen ist. Die wohl bekannteste Bergweide der Dolomiten ist mit einer Fläche von 57 Quadratkilometern zugleich die größte Hochalm Europas. Das Hochtal mit den Touristenorten Kastelruth, Seis und Völs hat einen verkaufsträchtigen Namen. Die Popularität dieser Urlaubsregion führte dazu, dass heute viele Beschränkungen für den Individualverkehr gelten. Die Gemeinden versuchen mit verstärktem Naturschutz den zwar einträglichen, aber auch belastenden Massentourismus zu kanalisieren. Das wird die Hexe Martha freuen, die im Gegensatz zu den bösen Schlernhexen ein gute ist, da sie vor allem die Natur schützen will. So sagt es zumindest der Tourismusverband Seiser Alm. Belesen ist die magische Dame überdies: »Sie mag Harry Potter.« Und auch das ist gewiss fremdenverkehrsfördernd.

»[Sie] verbinde in Frieden und Freiheit die Völker Europas.«

Österreichs Bundeskanzler Alfons Gorbach 1963 bei der Eröffnung der Europa-Brücke

14

Nördlichster Punkt Europas?

Das Nordkap – trotzdem eine Attraktion

Wer »Nordkap« googelt, wird auf Norwegens offizielle Tourismusseite verwiesen: »Der nördlichste Punkt des europäischen Festlandes«. Ein Etikettenschwindel. Das Nordkap liegt nicht auf dem Festland, sondern auf der Insel Magerøya. Und selbst dort bildet es nicht den nördlichsten Punkt. Dennoch brechen alljährlich Tausende auf, um an diesen Ort zu gelangen, meist auf der Europastraße 6. Sie beginnt im schwedischen Fährhafen Trelleborg und endet nach 3140 Kilometern in Kirkenes an der norwegisch-russischen Grenze. Wer hingegen im Fährhafen von Oslo auf der E 6 startet, erreicht nach »nur« 1750 Kilometern die magische Felsklippe. Und nichts kann mehr den Blick verstellen auf die Mitternachtssonne …

Oben: Eher in Frankreich als in Trondheim würde man eine Fassade wie die des Nidaros-Doms vermuten.

Oben: Die Insel Magerøya zeigt sich zwar größtenteils im Sonnenschein, aber die entscheidende Landspitze wird vom Nebel verhüllt: das Nordkap. Doch bei solch einem Wetter bleibt der Norweger gelassen: Gleich ist das Kap wieder wolkenfrei. Der gefürchtete Dauernebel sieht anders aus.

Klippengrotte für den Schampus

Zum Nordkap – das ist fast wie ans Ende der Welt, eine mythische Reise für 200 000 Menschen pro Jahr. Und alle, die mit im Auto unterwegs sind, müssen kalkulieren: Reicht die Zeit, um auch ins weltberühmte Fjordland zu fahren? Bergen, Sognefjord, Geirangerfjord, Ålesund – Bilderbuch-Norwegen. Die Route entlang der Küste, auf oft schmalen Straßen und mit vielen Fähren, fordert viel Zeit. Bei Trondheim erreicht auch die zuvor im Landesinneren verlaufende E 6 die Fjorde – fortan wechseln sich Küste und Berge ab. Bei Narvik lohnt ein Abstecher zu den Lofoten, weiter nördlich der Abzweig nach Tromsø.

Das Nordkap, ein eher unwirtlicher, 308 Meter hoher Steinklotz, ist »touristisch voll erschlossen«. Die Nordkaphalle offeriert ein Restaurant mit Meerblick, ein »Kaffeehuset« mit frischen Waffeln, ein Kino mit Film über das Kap zu allen Jahreszeiten – hilfreich bei Nebel –, Souvenirshop, Postschalter, ökumenische Kapelle und eine in die Klippe gesprengte Grottenbar für das traditionelle Glas Champagner. Den Brauch soll übrigens 1861 der deutsche Forscher Carl Vogt begründet haben. Prost! Aber Achtung: Norges Politiet lauert an der Straße vom Kap nach Honningsvåg gern mit ihren Pusteröhrchen!

Oben: Lieblich und harsch, dieser Kontrast macht die Lofoten zu einer der reizvollsten Inselgruppen Europas – und das mindestens hundert Kilometer nördlich des Polarkreises. Den kleinen Ort Reine lässt kaum ein Besucher aus.

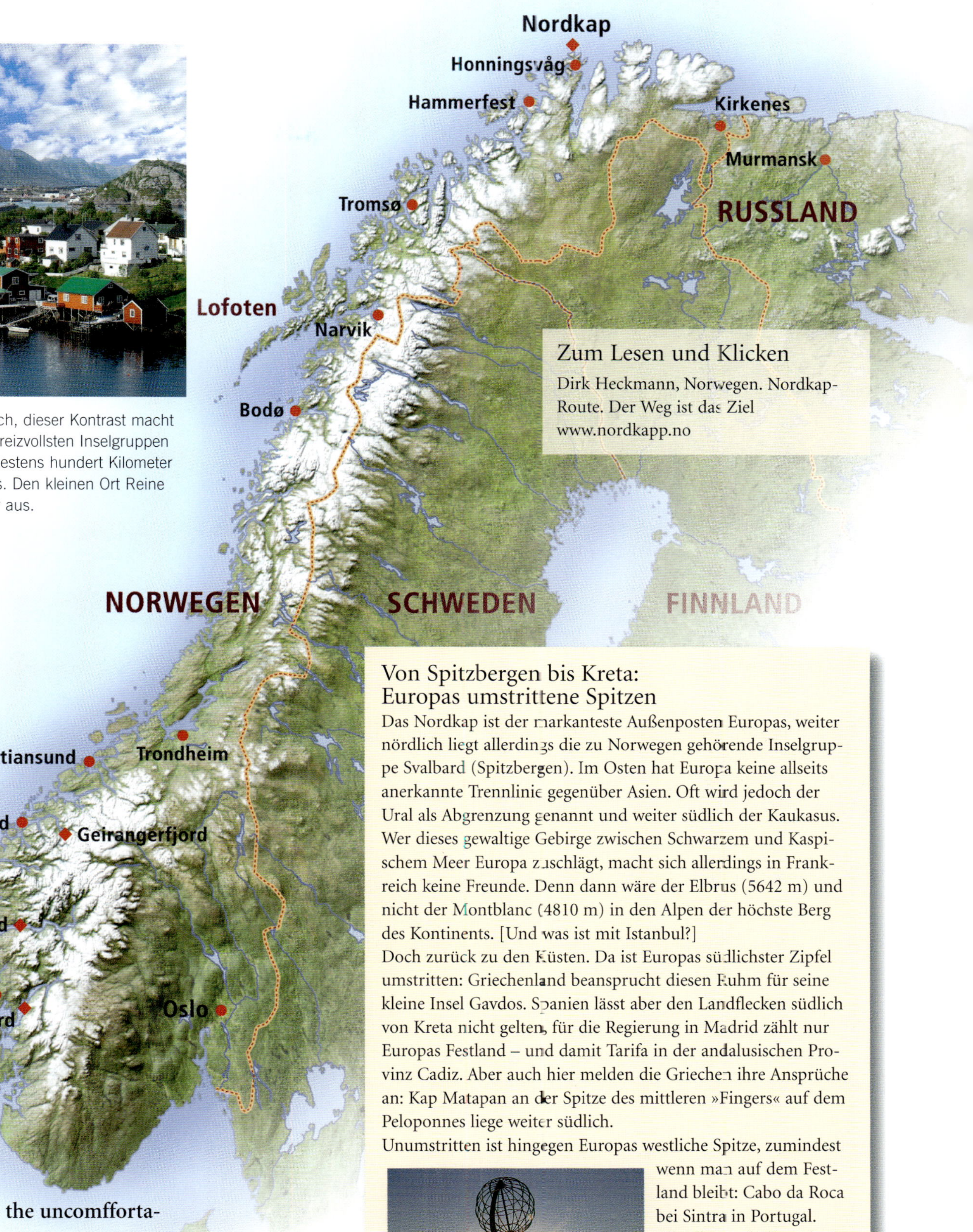

Zum Lesen und Klicken

Dirk Heckmann, Norwegen. Nordkap-Route. Der Weg ist das Ziel
www.nordkapp.no

»I thincke it to bee the uncomfforta-blest country and most inconvenient For the liffe of Man ...«
Peter Mundy, Travels in Europe and Asia (1641)

Von Spitzbergen bis Kreta: Europas umstrittene Spitzen

Das Nordkap ist der markanteste Außenposten Europas, weiter nördlich liegt allerdings die zu Norwegen gehörende Inselgruppe Svalbard (Spitzbergen). Im Osten hat Europa keine allseits anerkannte Trennlinie gegenüber Asien. Oft wird jedoch der Ural als Abgrenzung genannt und weiter südlich der Kaukasus. Wer dieses gewaltige Gebirge zwischen Schwarzem und Kaspischem Meer Europa zuschlägt, macht sich allerdings in Frankreich keine Freunde. Denn dann wäre der Elbrus (5642 m) und nicht der Montblanc (4810 m) in den Alpen der höchste Berg des Kontinents. [Und was ist mit Istanbul?]
Doch zurück zu den Küsten. Da ist Europas südlichster Zipfel umstritten: Griechenland beansprucht diesen Ruhm für seine kleine Insel Gavdos. Spanien lässt aber den Landflecken südlich von Kreta nicht gelten, für die Regierung in Madrid zählt nur Europas Festland – und damit Tarifa in der andalusischen Provinz Cadiz. Aber auch hier melden die Griechen ihre Ansprüche an: Kap Matapan an der Spitze des mittleren »Fingers« auf dem Peloponnes liege weiter südlich.
Unumstritten ist hingegen Europas westliche Spitze, zumindest wenn man auf dem Festland bleibt: Cabo da Roca bei Sintra in Portugal. Allerdings schiebt sich das Kap Bjargtangar auf Island noch etwas weiter vor in Richtung Amerika.

Die Insel der Liebesgöttin

Auf Aphrodites Spuren in Zyperns griechischer Hälfte

Schaumgeboren oder einer Muschel entstiegen? Botticelli entschied sich für Letzteres, als er seine »Geburt der Venus« malte. Dafür wissen zumindest die Zyprioten genau, wo die Göttin der Liebe einst dem Meer entstieg: nahe einem Felsen an ihrer Westküste, unweit des heutigen Páfos. In Palaipáfos, Alt-Pafos, stand das berühmte Heiligtum der Aphrodite. Zypern, das letzte geteilte Land in Europa, ist zwar auch sonst nicht arm an griechischen Göttern der Antike, doch die »Insel der Aphrodite« widmete ihrer Patronin die erste Kulturroute des Landes. Amathus, die Königsstadt, die dem Aphrodite-Kult huldigte, und die Halbinsel Akámas mit den Bädern der Aphrodite sind weitere Stationen der göttlichen Rundfahrt.

Oben: Zypern ist übersät von Zeugnissen der Antike wie dieses Gefäß in der Nähe des Aphrodite-Tempels bei Koúklia. Der Kult um die Göttin der Schönheit und Begierde zog zu den »Aphrodisien« unzählige Pilger an.

»Preisen will ich Aphrodite, die Goldbekränzte, deren Reich das meerumschlungene Zypern ist.«
Homer, Hymnus auf Aphrodite

Zum Lesen und Klicken

Mario Leis (Hg.), Mythos Aphrodite. Texte von Hesiod bis Ernst Jandl
Patrick Schollmeyer, Das antike Zypern – Aphrodites Insel zwischen Orient und Okzident. www.visitcyprus.com

Oben: Der Fischereihafen von Latsi auf der Akamas-Halbinsel profitiert heute als Marina für private Yachten vornehmlich vom wachsenden Tourismus.

Das Geschenk der liebesfrohen Göttin

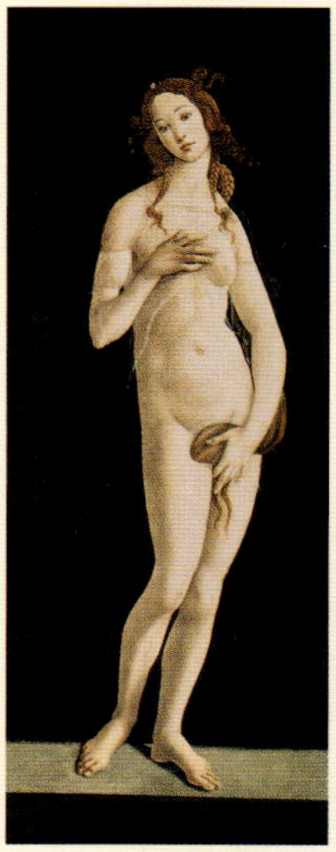

Aphrodite war kein Kind von Traurigkeit. Die mit Hephaistos, dem Gott des Feuers, verehelichte Göttin hatte der Sage nach zahlreiche Liebschaften, beispielsweise mit dem Kriegsgott Ares, der so zum Vater des Liebesboten Eros wurde. Mit Hermes zeugte sie Hermaphrodit, später ein männlich-weiblicher Zwitter. Ausgerechnet Aphrodite – die Venus der Römer – wurde zur Beschützerin der Ehe. Und der Prostitution. Den Titel verdankt sie wohl dem Umstand, dass sich alle Frauen von Páfos einmal im Aphrodite-Tempel einem zahlenden Freier hingeben mussten. Wer die Aphrodite-Route durch Zypern nimmt – die sich an der Nordküste in Richtung Nikosia zur Rundfahrt verlängern lässt –, erlebt auch andere bedeutende Zeugnisse griechischer Kultur. Etwa die Grabungsstätte Káto Páfos, ein Weltkulturerbe, wo Mosaiken Lust und Leid unter Göttern und Menschen schildern. Die Insel-Patronin ließ sich auch gern mit Sterblichen ein, etwa mit dem Athener Adelsspross Akámas, mit dem sie in der Badegrotte bei Latsi turtelte. Göttervater Zeus orderte sie daraufhin erzürnt zurück auf den Olymp. Die flotte Göttin hinterließ wenigstens ein Geschenk: Wer in ihrer Quelle badet, wird jünger und schöner. Ohne Garantie!

Mord am Altar zu Canterbury

Pilgerwege zu Thomas Becket

Mit gezogenen Schwertern drangen 1170 Ritter in die Kathedrale von Canterbury ein und ermordeten Erzbischof Thomas Becket. Binnen Kurzem wurde das Grab des späteren Heiligen zum Pilgerziel. So entstanden mehrere Pilgerwege, der bekannteste war der Pilgrims' Way von Winchester nach Canterbury. Wer der schon in prähistorischer Zeit genutzten Route folgen will, muss sich meist über verkehrsreiche Straßen quälen. Deshalb empfehlen britische Wanderclubs, den parallel verlaufenden St. Swithun's Way von Winchester nach Farnham (55 km) und von dort den North Downs Way (245 km) einzuschlagen. Die grüne südenglische Landschaft präsentiert sich hier mit hübschen Dörfern und freundlichen Pubs.

Oben: Die Glasmalerei zeigt Bischof Thomas Becket mit seinem Freund und Widersacher, König Heinrich II., der wohl unwissentlich den Befehl zum Mord an Becket gab. Zumindest verstanden vier Ritter den Monarchen so und streckten Becket vor dem Altar nieder.

Autopiste statt Pilgerpfad

Die Grafschaften Hampshire, Surrey und Kent liefern die reizvolle Kulisse für Wanderer, die alten Pilgerpfaden zur Kathedrale von Canterbury folgen wollen. Der attraktivste Weg beginnt an der Kathedrale von Winchester, die mit Relikten des heiligen Swithun selbst ein Pilgerziel war. An der ersten Strecke bis Farnham liegt auch Chawton, wo das Haus von Jane Austen heute ein viel besuchtes Museum ist.

Das Ziel der Pilger von einst und der Touristen von heute, Canterburys mächtige Kathedrale, ist das Zentrum der Anglikanischen Kirche seit ihrer Gründung 1529. Hier wurde 1413 König Heinrich IV. bestattet, der Titelheld eines der Dramen Shakespeares.

Die Pilgerzüge nach Canterbury bilden den Rahmen eines der berühmtesten Werke englischer Literatur, der »Canterbury Tales« von Geoffrey Chaucer. Er starb um 1400 und hinterließ nur ein Fragment dieses Buches. Es beschreibt allerdings eine andere Route – seine gar nicht immer frommen Pilger starten in Southwark bei London. Unterwegs erzählen sie sich nach dem Vorbild von Boccaccios »Decamerone« Geschichten unterschiedlicher Art. Das ginge heute wohl kaum, denn die Strecke entspricht weithin dem Verlauf der ziemlich lauten Autopiste A2.

Zum Lesen und Klicken

Ueli Brunner, Auf dem Pilgrims' Way nach Canterbury
www.pilgrimsway.net
www.nationaltrail.co.uk

Links: Die Kathedrale von Canterbury gilt – nicht zuletzt dank ihres fast 72 Meter hohen Hauptturms – als eine der eindrucksvollsten Kathedralen der Insel. Sie ist bis heute ein populäres Pilgerziel.

»Bete, wenn immer Du reist auf den Straßen von Kent, sorge dafür, dass Dein Kutscher nüchtern bleibt.«
Der Schriftsteller Horace Walpole 1752 in einem Brief an den Philologen Richard Bentley

Geschichte verändert Länder und Erdteile. Am deutlichsten wird das meist an verschobenen Grenzen, im Fall Europas erfreulicherweise auch an verschwundenen. Sie sind natürlich noch da, die Staatsgrenzen, doch als Reisender bemerkt man sie in weiten Teilen des Kontinents nicht mehr. Das ist allerdings nicht so neu, wie es scheint. Schon im Imperium Romanum und im Reich Karls des Großen waren weite Teile Europas geeint. Geblieben sind legendäre historische Routen.

Gepflasterte Geschichte

Historische Routen aus allen Epochen

»Geschichte schreiben ist eine Art, sich das Vergangene vom Hals zu schaffen«, notierte der stets zitierfähige Goethe. Die ironische Bemerkung des Dichters und Staatsmanns änderte nichts daran, dass er selbst sehr geschichtsinteressiert war und selbst eine lange Fahrt zu den Monumenten der Antike unternahm. Davon später mehr unter dem Stichwort Kultur. Viele der hier vorgestellten Touren ließen sich unter mehreren Stichworten platzieren.
Das gilt für viele Routen wie die Reichsstraße 1 oder die Autobahn Hamburg bis Basel. Beide sind ein historisches wie auch ein militärisches und wirtschaftliches Thema. Die AVUS in Berlin hat mit Historie und mit Technik zu tun, dasselbe gilt für den Bahndamm nach Sylt. Die griechische Kolonisierung des Mittelmeers markiert eine Epoche der Geschichte, aber auch wichtige Ereignisse auf den Zeitschienen von Kultur und Architektur. Und wenn eine Strecke das Wort »Via« im Namen trägt, weiß man: Hier waren Cäsar, Nero & Co. am Werk. Die alten Römer hätten fraglos den Titel »größte Straßenbauer aller Zeiten« errungen, hätte ihn jemand vergeben. Wo immer sie Pflaster für ihre Legionäre verlegten, folgten die Händler, bisweilen mit Kultur im Gepäck. Wer in Berlin oder entlang der einstigen innerdeutschen Grenze unterwegs ist, besucht nicht nur Zeugnisse der Zeitgeschichte, sondern erlebt auch praktischen Naturschutz. Selbst eine Reise von Portugals Küste nach Fatima ist nicht nur eine Pilgerfahrt, sondern auch eine Tour auf den Spuren der Tempelritter. Und manchmal möchte man, sozusagen unterwegs in historischer Mission, einem früheren israelischen Politiker beipflichten: »Die Geschichte lehrt, dass sich Menschen und Nationen erst dann klug verhalten, wenn alle anderen Möglichkeiten erschöpft sind.«

Oben: Die Via Appia war eine der wichtigsten Straßen des Imperium Romanum.

17

Reichsstrasse 1

Einst Deutschlands längste Straße

Sie ist wie ein Querschnitt durch Deutschlands Historie, die Reichsstraße 1 von Aachen bis Eydtkuhnen an der Grenze zu Litauen – 1392 Kilometer, von denen heute über 600 Kilometer in Polen und Russland liegen. Der heutige deutsche Teil, die Bundesstraße 1, ist erst seit dem Fall der Mauer 1989 wieder durchgehend befahrbar. Die 778 Kilometer lange Route führt durch Düsseldorf, das Ruhrgebiet, durch Hameln, Hildesheim und Braunschweig nach Magdeburg, über Potsdam und Berlin, schließlich durch das Oderbruch nach Küstrin-Kietz an der polnischen Grenze. Meist folgt auch die heutige Strecke einem alten Handelspfad, der vom belgischen Nordseehafen Brügge bis zum russischen Nowgorod reichte.

Geradezu wie eine Postkarten-Schönheit präsentiert sich die Bundesstraße 1 bei Magdeburg **(oben)**. Die Querspange durch Deutschland folgt verschiedenen alten Handelswegen. Die größte Stunde der »Reichsstraße 1« in jüngerer Geschichte erlebte die Trasse, als 1989 nach dem Mauerfall auch die DDR-Grenzen geöffnet wurden **(links)**. Heutzutage ist vom einstigen Eisernen Vorhang kaum noch ein Zeugnis geblieben.

Die B 1 – Love Parade und Todesstreifen

Oft vierspurig und mit blauer Autobahn-Nummer, bisweilen noch als schmale Allee, gesäumt von großen Bäumen: Die Bundesstraße 1 hat viele Gesichter. Sie ist keine typische Ferienstraße, denn oft muss sie mit Stau und Abgas kämpfen. Es ist kein Zufall, dass an dieser Straße bei Essen Deutschlands erste Lärmschutzwände errichtet wurden. Im Revier hat die Trasse auch ihre erste Totalsperrung erlebt, aus gutem Grund: Dortmund zelebrierte 2008 auf zwei Kilometern die Love Parade.

Bei Helmstedt war zu Zeiten der Teilung Deutschlands die Fahrt zu Ende; wer weiter wollte, musste auf die parallele Autobahn wechseln und sich an der DDR-Grenze bei Marienborn oft schikanösen Kontrollen unterziehen. Vom Eisernen Vorhang blieb an der Bundesstraße nichts, an der Autobahn entstand eine Gedenkstätte.

Potsdam markiert mit Sanssouci die prachtvolle Seite des preußischen Erbes. Die Glienicker Brücke, auf der die Großmächte ihre Agenten austauschten, erinnert an die Zeit des Kalten Krieges. Und am Potsdamer Platz in Berlin blickten Staatsbesucher und Touristen von einer Plattform fassungslos in die urbane Öde am Ost-Berliner Todesstreifen. Heute pulsiert hier wieder das Hauptstadt-Leben.

Zum Lesen und Klicken

Patricia Clough/Dietmar Zimmer, Aachen–Berlin–Königsberg. Eine Zeitreise entlang der alten Reichsstraße 1

www.johannesbackes.de/b1 (Foto-Auswahl B1)

»Die Landwege ergänzten den Verkehr über See, und der Fernhandel ließ an den Häfen und an Kreuzungen, Furten und Brücken ansehnliche Zeugnisse bürgerlicher Baukultur entstehen.«
Transit. Brügge–Novgorod. Eine Straße durch die europäische Geschichte. Ausst.-Kat. Ruhrlandmuseum Essen 1997

18

Vom Main zur Donau

171 Kanalkilometer quer durch Franken und Niederbayern

Wer heute am Main-Donau-Kanal wandert oder radelt, kann sich kaum vorstellen, dass diese Wasserstraße in den 1970er-80er-Jahren ein Zankapfel deutscher Politik war. Noch heute bedauern Umweltschützer den Verlust von Feuchtgebieten, andere Kritiker ärgert die geringe Transportleistung. Letzteres freut die Urlauber und die Flusskreuzfahrer. 171 Kilometer misst die Strecke von Bamberg am Main bis Kelheim an der Donau, 16 Schleusen und eine 406 Meter hohe Wasserscheide eingeschlossen. Der 1992 nach 32 Jahren Bauzeit eröffnete Kanal erlaubt Schiffen freie Fahrt von Rotterdam bis zum Schwarzen Meer. Umgerechnet 2,3 Milliarden Euro hat er gekostet – und fast 20 Prozent davon galten Naturschutzmaßnahmen.

Oben: Altes Rathaus, Bamberg.
Links: Das Altmühltal gibt den Schiffern auf dem Rhein-Main-Donau-Kanal einen wahrhaft entspannenden Arbeitsplatz.

Zum Lesen und Klicken

Lothar Schnabel/Walter E. Keller, Radeln und Wandern an Ludwigskanal und Main-Donau-Kanal – zwischen Bamberg und Kelheim
www.main-donau-kanal.de

Vom schlichten Treidelkahn zum noblen Flusskreuzer

Mag der Main-Donau-Kanal auch heftig umstritten gewesen sein, so war er doch nicht der erste Wasserweg auf dieser Strecke. Karl der Große ließ schon 793 beim Altmühltal einen kurzen Kanal graben, der sich aber nicht bewährte. König Ludwig I., dem Bayern das Oktoberfest verdankt, war der nächste Monarch, der eine Verbindung schuf – nach zehn Baujahren eröffnete er 1846 den Ludwig-Donau-Main-Kanal. Die aufkommende Eisenbahn verhagelte jedoch den Schiffern das Geschäft; der Kanal wurde immer unwirtschaftlicher und 1950 schließlich geschlossen. In Kelheim erinnert ein historischer Hafen an diese Tage, in Burgthann informiert ein Kanal-Museum über die Wasserstraße. Dort wie auch in Mühlhausen wird bisweilen ein Pferd angespannt, um wie einst einen Kahn und seine Passagiere ein Stück weit zu treideln.
Apropos Reisen: Der moderne Kanal mag nicht alle Frachterwartungen erfüllen, touristisch ist er jedoch ein Erfolg. Von den rund 120 Kreuzfahrtschiffen auf der Donau machen immer mehr einen Abstecher in Richtung Main. Mit dem Naturpark Altmühltal, der Mittelalter-Metropole Nürnberg, dem Weinland Franken und der Altstadt von Bamberg, als UNESCO-Weltkulturerbe geadelt, bietet die Strecke ja auch viel.

»Alfons-Goppel-Prestige-Tümpel«
Die Kabarettisten Dieter Hildebrandt und Gerhard Polt über die Kanalpolitik des damaligen bayerischen Ministerpräsidenten

19

Die legendäre Berliner AVUS

Geblieben ist ein Stück Stadtautobahn

Wer heute, von Drewitz kommend, auf der Autobahn 118 in Richtung Berlin unterwegs ist, erinnert sich vielleicht, dass hier früher eine Transitautobahn durch die DDR das West-Berliner Gebiet erreichte. Motorsport-Freunde wissen jedoch, dass auf der anschließenden fast schnurgeraden Piste durch den Grunewald die zeitweise schnellste Rennstrecke der Welt verlief – die Avus. Zehn Kilometer mit Schleifen an den Enden. Auf der Piste entstanden zwischen 1921 und 1998 Weltrekorde und Legenden, hier ließen aber auch junge Männer ihr Leben. Geblieben sind eine verfallende Tribüne, eine Skulptur mit zwei Motorrad-Rennfahrern und das runde turmartige Mercedeshaus für die Rennrichter, heute ein Motel.

Oben: Rudolf Caracciola war einer der großen Namen im Mercedes-Rennstall, 1926 gewann er auf der AVUS den ersten »Großen Preis von Deutschland«.

Oben: Fritz von Opel stellte 1928 auf der AVUS mit der zweiten Version des Opel-Raketenwagens einen Geschwindigkeitsrekord von 228 km/h auf. 24 Pulverraketen trieben seinen Wagen damals an. Die lange Gerade bot sich für solche Versuche an.

Zum Lesen und Klicken

Axel Kirchner, Die Avus – Deutschlands legendäre Rennstrecke. Acht Jahrzehnte Motorsport

Oben: Karl Kling gehörte zu den Fahrern, die nach dem Krieg mit den Mercedes-»Silberpfeilen« beeindruckten, auch auf der AVUS.

Motorsport als politische Demonstration

Die Automobil-Verkehrs- und Übungs-Straße, kurz AVUS, entstand, weil Deutschlands Autobauer um 1909 der europäischen Konkurrenz nicht standhalten konnten. So entstand die Idee einer Versuchsstrecke für hohe Geschwindigkeiten, die allerdings kriegsbedingt erst 1921 Gestalt annahm. Jeder durfte die Privatstraße benutzen, allerdings nur gegen die satte Gebühr von zehn Mark. Europas erste nur für Autos zugelassene Straße diente von Anfang an als Rennstrecke. Schon beim ersten »Großen Preis von Deutschland« 1926 kamen – auch wegen der schlechten Piste – vier Menschen um. Namen wie Rudolf Caracciola, Manfred von Brauchitsch, Hermann Lang, Bernd Rosemeyer oder Karl Kling sind untrennbar mit der AVUS verbunden. 1959 fand noch ein »Großer Preis von Deutschland« auf der Grunewald-Geraden mit der steilen Nordkurve statt – als Demonstration der Zugehörigkeit West-Berlins zur Bundesrepublik. Danach war die Ära der Berliner Grands Prix endgültig vorüber, doch bis in die 1990er-Jahre gab es noch Tourenwagenrennen. 1990 kam es dabei zu einem Resultat, das Sportgeschichte schrieb: Dieter Quester überschlug sich mit seinem BMW und rutschte auf dem Dach über die Ziellinie. Das reichte für Rang drei.

Rechts: Mit ihren Stromlinien-Karosserien fuhren die Mercedes-Rennwagen in den 1930er-Jahren die schnellsten Runden. Hier überholen Manfred von Brauchitsch und Herrmann Lang (Nr. 37) in der Südkurve der AVUS einen Audi-Piloten. Lang wurde vor mehr als 400 000 Zuschauern damals der Gewinner des Rennens.

»Dann erreicht er die Box. Er hat immer noch keine Ahnung, wie das Rennen ausgegangen ist, da wird ein großer Lorbeerkranz gebracht. Der Konstruktionschef von Daimler-Benz, Dr. Ferdinand Porsche, erscheint und gratuliert. Jetzt ist klar: Rudolf Caracciola hat den Grand Prix 1926 auf der AVUS in Berlin gewonnen.«
Kalenderblatt, Deutsche Welle

Rechts: Tourenwagen rasten 1996 noch einmal über die AVUS, Anlass war das 75. Jubiläum der ersten deutschen Motorsport-Piste. Der Jubel war zugleich ein Abgesang an die AVUS-Rennstrecke. Nach kleineren Rennen kam 1998 das endgültige Aus. Zur Erinnerung bleibt aber eine Verfolgungsjagd in »Octopussy«, mit der die AVUS auch zu James Bond-Ehren kam.

Unterwegs auf der HaFraBa

Die erste Fern-Autobahn der Welt

Die Autobahnen sind ein globales Markenzeichen Deutschlands, weil es dort kein Tempolimit gibt – theoretisch zumindest. Die Deutschen gelten auch als Erfinder der Autobahn. Richtig, wenn man die kurze, mautpflichtige Avus von 1921 mitzählt. Oder die »Kraftwagenstraße« von 1932 zwischen Bonn und Köln. Aber die Planer der ersten Langstreckenpiste, der HaFraBa–Hamburg–Frankfurt–Basel –, schauten eher auf ein italienisches Vorbild. Die Pläne wurden von den Nazis aufgegriffen. 1935 eröffneten sie mit Pomp die Trasse Frankfurt–Darmstadt. Heute ist die später »Hansestädte–Frankfurt–Basel« genannte Strecke im Norden mit der A 7 und ansonsten mit der A 5 identisch – eine der großen Rollbahnen Deutschlands.

Oben: Das kleeblattförmige »Frankfurter Kreuz« wurde zum Vorbild für viele Autobahnkreuze. Es musste schon mehrfach aus- und umgebaut werden – ein Schicksal, das es mit dem Flughafen teilt.

Mutter aller Raststätten

Als der Verkehr 1935 auf dem ersten Abschnitt der Reichsautobahn, der alten HaFraBa-Route, endlich floss, eröffnete an der Abfahrt Darmstadt eine Tankstelle, die auch einen »Aufenthaltsraum« für zehn Reisende hatte. Es war die Mutter aller Autobahn-Raststätten, in denen heutzutage allein in Deutschland pro Jahr rund 500 Millionen Menschen einkehren. Etwa alle 60 Kilometer bietet sich dazu die Gelegenheit. Nicht alle Gäste verlassen die Restaurants zufrieden, doch die Tests der Autoclubs beweisen: Es wird stetig besser. Inzwischen gibt es sogar eine Raststätte (Gruibingen/A 8), die nach fernöstlicher Feng-Shui-Lehre erbaut wurde.
Auch die Keimzelle aller deutschen Autobahnkreuze – und aller Leitplanken – liegt an der traditionsreichen HaFraBa-Linie: 1956 wurde das Frankfurter Kreuz dem Verkehr übergeben. Verkehrsminister Seebohm glaubte, diese Novität werde den Verkehr »auf Jahrzehnte hinaus« meistern. 46 000 Autos rollten damals pro Tag über das neue Kreuz. Heute, nach millionenschwerem Ausbau, sind es weit mehr als 300 000. Hinzu kommen im Tunnel unter dem Kreuz etwa 170 Züge. Und darüber starten oder landen täglich rund 1300 Flugzeuge fast im Minutentakt. Das ist einzigartig in Europa.

Zum Lesen und Klicken

Maxwell G. Lay, Die Geschichte der Straße. Vom Trampelpfad zur Autobahn
www.autobahn-online.de
www.tank.rast.de

»Nachdem Sie einmal Karussell gefahren sind, finden Sie sich eine Etage höher und in der gewünschten Richtung.«
Frankfurter Allgemeine Zeitung 1956 zur Eröffnung des Frankfurter Kreuzes

Rechts: Die Arbeiten am ersten Teilstück der neuen Autobahn – Frankfurt bis Heidelberg – beginnen 1935. Die Nazis erkannten schnell den propagandistischen Wert der Arbeitsplätze durch das Programm, sie sahen aber ebenso den militärischen Nutzen der schnellen Verbindungen.

Der Mauerweg in Berlin

160 Kilometer begehbare Geschichte

Von 1961 bis 1989 war West-Berlin, wenn auch nur an wenigen Stellen von Wasserläufen gesäumt, eine Insel. Die Mauer, mit der die DDR ihre Bürger an der Flucht hinderte, markierte die Grenze. Das einst mit Schießbefehl bewachte Bollwerk ist Geschichte – quasi begehbare Geschichte, denn Berlins Senat hat einen gut 160 Kilometer langen »Mauerweg« ausgeschildert. Er folgt meist dem einstigen Kolonnenweg der DDR-Grenztruppen oder dem Zollweg der West-Behörden. An mehr als 40 Stellen informieren Tafeln über die einstige Grenze, an der wohl mehr als hundert Menschen umkamen – die genaue Zahl der Opfer ist unbekannt.

Oben: Es gibt heute nur noch wenige Reste der Berliner Mauer, die übrigens mit ihren hohen Kosten für Erhalt und Bewachung auch zum wirtschaftlich mitbedingten Zusammenbruch des DDR-Regimes beitrug.

Zum Lesen und Klicken

Berliner Mauer-Radweg, bikeline Radtourenbuch
www.berlin.de/mauer
http://mauerweg.com/

»Mr Gorbachev, tear down this wall!«
US-Präsident Ronald Reagan 1987 am Brandenburger Tor

Die Mauer als längste Galerie der Welt

»Wo ist die Mauer?«, lautet eine der meistgestellten Fragen ausländischer Berlin-Besucher. Einst weltbekannt als Symbol der Trennung zwischen Ost und West ist sie nach ihrem überraschenden Fall in der Nacht vom 9. auf den 10. November 1989 fast völlig verschwunden – in Einzelsegmenten auf Museen in aller Welt verteilt und in Betonbrocken millionenfach an Touristen vertickt. Letzteres natürlich immer mit der treuherzigen Auskunft »alles echt«! Der bekannteste Mauerrest ist die East-Side-Gallery entlang der Spree unweit der Oberbaumbrücke – mit 1,3 Kilometern das längste erhaltene Stück der einstigen Grenzbetonierung. Nach dem Ende der DDR wurde die Mauer von 118 Künstlern aus 21 Ländern bemalt.

Bei so viel Beton vergisst man leicht, dass die deutsche Hauptstadt von ausgedehnten Wald- und Seengebieten umgeben ist. So müssen die Mauerweg-Touristen beispielsweise zwischen Wannsee und Kladower Ufer an Bord eines Ausflugsschiffes gehen, denn hier verlief die Grenze mitten im Wasser.

Grünes Band für Luchs und Biber

1393 Kilometer Natur zwischen Ostsee und Bayern

Am 9. November 1989 fiel die Mauer in Berlin – bereits am 9. Dezember trafen sich Naturschützer aus beiden Teilen Deutschlands und beschlossen, ein »Grünes Band« von der Ostsee bis Bayern zu schaffen. Entlang der innerdeutschen Grenze hatte sich nämlich seit dem Zweiten Weltkrieg ein einzigartiger Naturraum gebildet: östlich, weil das Land Sperrgebiet wurde, westlich, weil alle Straßen Sackgassen waren und dort nur noch wenige Menschen lebten. Heute steht ein knappes Drittel dieser 1393 Kilometer langen und 177 Quadratkilometer messenden Zone unter Naturschutz – ein Revier, in dem mehr als 600 vom Aussterben bedrohte Tier- und Pflanzenarten nachgewiesen sind, unter ihnen Luchs und Biber.

Zum Lesen und Klicken

Dieter Kreutzkamp, Mitten durch Deutschland. Auf dem ehemaligen Grenzweg von der Ostsee bis nach Bayern
http://innerdeutsche-grenze.info
www.erlebnisgruenesband.de

Oben: Die Werra, einst von DDR-Grenzern scharf bewacht – heute eine ländliche Idylle –, ist ein Beispiel, wie der Naturschutz teilweise am Fall der innerdeutschen Grenze profitierte. Die Natur lockt nun auch Touristen an, was die Bereitschaft erhöht, das »Grüne Band« weiterhin zu schützen.

»Es war wie ein Fanfarenstoß, als der frühere sowjetische Präsident Michail Gorbatschow die Schirmherrschaft über das Grüne Band übernahm. Das war 2002.«
Dieter Kreutzkamp, Mitten durch Deutschland

Oben: Als Naherholungsgebiet hat sich der Streifen am früheren Eisernen Vorhang schnell etabliert. Auch die Bundesländer haben für ihre Regionen eigene Programme entwickelt, die schrittweise miteinander verzahnt werden sollen. Tourismusexperten sagen, aufgrund der Kombination von Natur und Geschichte könne das »Grüne Band« Gäste aus ganz Europa anziehen.

Vom Kolonnenweg zum Wanderpfad

Es ist noch viel zu tun am ehemaligen Todesstreifen zwischen West und Ost. Naturschützer sind im Wettlauf mit Geschäftsleuten, die den inzwischen wertvollen Grund kommerziell nutzen wollen. Touristen werden als Verbündete gesehen bei dem Versuch, dieses Naturerbe zu bewahren. So soll ein möglichst durchgehender Wander- und Radweg entstehen, meist auf dem ehemaligen Kolonnenweg, auf dem einst die DDR-Grenzer unterwegs waren.

Auf dem Grünen Band haben sich bereits »Erlebnisregionen« mit touristischen Angeboten entwickelt: an der Elbe, im Harz, im thüringischen Eichsfeld und rings um die Höhen von Thüringer Wald und Frankenwald. Dort offerieren Hotels zum Beispiel Wildgans-Beobachtungen, Trekking mit Eseln, Wildkräutersuche oder Floß- und Seilbrückenbau – Programme, die vom Bundesamt für Naturschutz unterstützt werden.

Aus dem deutschen Projekt entstand bald ein größeres: das Grüne Band Europa. Am gesamten ehemaligen Eisernen Vorhang soll eine Naturzone entstehen. Länger als 8500 Kilometer zog sich diese Linie durch den Kontinent – von der Eismeerküste in Nordnorwegen bis zur türkischen Grenze am Schwarzen Meer.

Links: Michail Gorbatschow war der entscheidende Mann beim Fall der deutsch-deutschen Grenze, der ja eine Folge des Endes der Sowjetunion war. Als Generalsekretär der Kommunistischen Partei in der UdSSR begann er mit »Glasnost« (Offenheit) und »Perestroika« (Umbau) eine neue Politik, die 1990 mit dem Friedensnobelpreis belohnt wurde. Ob Gorbatschow gegenüber der verknöcherten DDR-Führung wirklich gesagt hat »Wer zu spät kommt, den bestraft das Leben«, ist indes nicht genau belegt.

Vom Schwarzen Meer bis Marseille

Griechische Kolonien rund ums Mittelmeer

Eine Griechenlandreise rund ums Mittelmeer? Kein Problem, schließlich haben die antiken Griechen zahllose Kolonien im Mittelmeerraum gegründet, bis hin zum Schwarzen Meer. Sie folgten dabei dem Vorbild der Phönizier und wollten wie diese Handelsposten errichten, um vom wachsenden Seehandel zu profitieren. Oft wird auch der Wettbewerb der griechischen Stadtstaaten untereinander der Grund für neue Kolonien gewesen sein. Bisweilen wohl auch mangelndes Agrarland, Arbeitslosigkeit oder Überbevölkerung in der Metropolis, der Mutterstadt. Die Entscheidung über Ziel und Zeitpunkt der Auswanderung trafen aber nicht nur Politiker und Feldherren, sondern auch das Orakel – oft das berühmte Orakel von Delphi.

»Dies ist die Darlegung der Forschung von Herodot aus Harlikanass, damit die Taten der Menschen nicht durch die Zeitläufe vergehen, damit die großen und bewundernswerten Taten nicht ruhmlos vorübergehen, die auf der einen Seite von den Griechen und auf der anderen Seite von den Barbaren an den Tag gelegt wurden ...«
Herodot im Vorwort zu seinen »Historien«

Zum Lesen und Klicken

Hermann Bengtson, Griechische Geschichte. Von den Anfängen bis in die römische Kaiserzeit
www.greek-world.de

Ein Erbe mit großen Namen

In zwei Phasen suchten sich die Griechen neue Siedlungsplätze: im 11. Jahrhundert v. Chr., als vor allem die Ägäis-Inseln und die Küste Kleinasiens das Ziel waren, und dann zwischen 750 und 580 v. Chr. Bei dieser »Großen Griechischen Kolonisation« strebten die Siedler an die Schwarzmeerküsten, aber auch nach Nordafrika, auf die Iberische Halbinsel, nach Gallien (Südfrankreich) und vor allem nach Sizilien. Überall beeinflusste ihre Kultur die Einheimischen, besonders sichtbar ist das bis heute auf Sizilien, wo viele klassische Tempel zu den großen Sehenswürdigkeiten zählen.
Byzanz, das spätere Konstantinopel und heutige Istanbul, ist die erfolgreichste griechische Gründung – sie war als Hauptstadt von Byzanz und vom Osmanischen Reich Zentrum von Weltmächten. Marseille und Nizza sind weitere große Namen in den griechischen Geschichtsbüchern. Tripolis erscheint dort sogar zwei Mal – sowohl im Libanon wie auch in Libyen. An Nordafrikas Küste hinterließen die Hellenen eine Kolonie, die noch heute diesen Status hat und deshalb zum Streitfall wurde: Ceuta ist eine spanische Kolonie auf marokkanischem Boden, ebenso das nahe Melilla.

Oben: Wo die Griechen am Mittelmeer größere Siedlungen gründeten, bauten sie auch bald Tempel mit ihren charakteristischen Säulenreihen. Die Ruinen des Herkules-Tempels und andere klassische Bauten in Agrigent auf der Insel Sizilien sind dafür ein gutes Beispiel.

24

Auf den Spuren römischer Legionäre

Der Hadrianswall zwischen Nordsee und Atlantik

Die Nordgrenze des römischen Imperiums zog sich quer über die britische Hauptinsel, unweit der heutigen Trennlinie zwischen England und Schottland. Newcastle an der Nordsee und Solway Firth am Atlantik waren ihre Außenposten. Dazwischen ließ Kaiser Hadrian anno 112 n. Chr. eine Befestigung errichten – erst einen Erdwall, dann eine bis zu fünf Meter hohe Mauer nebst großen Toren, Wachtürmen und Kasernen. Das militärische Bollwerk ist heute Weltkulturerbe. Die Reste der 113 Kilometer langen Wehranlage säumen einen der beliebtesten Wanderwege Großbritanniens: den 135 Kilometer langen »Hadrian's Wall Path National Trail«. Parallel verläuft ein Radweg zwischen Newcastle und Carlisle.

Oben: Kastelle Housesteads am Hadrianswall (Roms Nordgrenze).

Nächtliche Fackelkette für das Welterbe

Kurz nach dem Bau des Hadrianswalls verschoben die Römer ihre Grenzfestungen 160 Kilometer weiter nach Norden: Der Antoninuswall war zwar mit 60 Kilometern Länge zwischen den Küsten deutlich kürzer, wurde aber dennoch nach nur 20 Jahren wieder aufgegeben. Die Relikte dieser Grenze zählen heute als Teil des europäischen Limes zum Weltkulturerbe – Terrain für historische Wanderungen auf dem Antonine Way.
Mehr Besucher zieht allerdings der Hadrianswall an. Deshalb hat sich entlang dieser Linie auch eine dichte touristische Infrastruktur gebildet – von einigen Museen über die sommerliche Buslinie am Wall bis zu Firmen, die Wanderern ihr Gepäck von Etappe zu Etappe transportieren. An Unterkünften mangelt es nicht, allein die Jugendherbergen sind mit fünf Adressen präsent. Der Pennine Way (S. 5) berührt den Pfad entlang des Hadrianswalls.

Über 500 Freiwillige haben im März 2010 den Wall nächtens erstmals mit Gasfackeln erleuchtet – ein Spektakel, das Tausende anzog und die Reisesaison frühzeitig beginnen ließ. Es soll zur Tradition werden. Manche Gäste kleiden sich sogar als römische Legionäre – die Organisatoren hoffen, dass auch daraus ein fotofreundlicher Brauch wird.

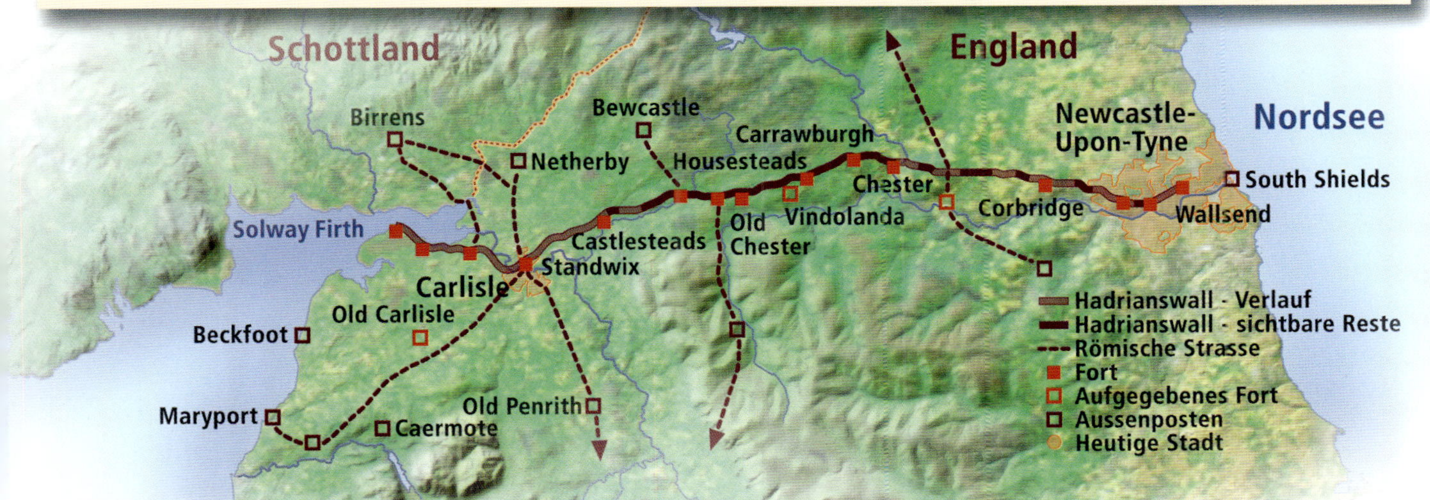

Zum Lesen und Klicken

Ulrike Katrin Peters/Karsten-Thilo Raab, England. Hadrian's Wall Path
www.nationaltrail.co.uk/hadrianswall
www.hadrians-wall.org
www.antoninewall.org

»Hadrian begab sich nach Britannien; auch hier ordnete er viele Verbesserungen an. Er errichtete eine Mauer von über 80 Meilen Länge, um die Römer von den Barbaren zu trennen.«
Cassius Dio, Scriptores Historiae Augustae, Hadrian 11.2

900 000 Autos per Bahn zur Insel

Der Hindenburgdamm verbindet das Festland mit Sylt

Eine »Eisenbahn durch das Meer« nannte Florida einst seine längst von einem Hurrikan zerstörte Bahnlinie zur Insel Key West. Aber Norddeutschland hat noch eine – allerdings kürzere – Eisenbahn durch das Meer: die Strecke vom Festland nach Sylt. Gut elf Kilometer rollt sie über den zehn Meter hohen Hindenburgdamm hinüber zur bekanntesten deutschen Insel. Genau sind es nur noch rund acht Kilometer, weil durch den Damm und den veränderten Gezeitenstrom neues Land entstand. Rund 900 000 Autos werden jährlich befördert, in der Hauptsaison im Halbstundentakt. Mehr erlaubt das eine Gleis nicht, es gibt aber Pläne für einen doppelgleisigen Ausbau, der allerdings auch einen dreistelligen Millionenbetrag erfordert.

Links: In der Luftaufnahme zeigt sich, dass sich an beiden Enden des Hindenburgdamms Land ansammelt und dann Salzwiesen bildet. Deutschlands einziger Seedamm dieser Länge wird regelmäßig kontrolliert.

Hindenburg als ungeplanter Pate

Die deutsch-dänische Grenze hat mehrere Umzüge hinter sich, mal gen Süden, mal gen Norden. Die heutige Linie entstand nach dem Ersten Weltkrieg und zwei Volksabstimmungen 1920. Dadurch war Sylt von seiner gewohnten Zufahrt via Dänemark abgeschnitten. So entstand der Plan eines Bahndamms durch die Nordsee. Der Bau begann 1923, aber nach vier Monaten zerstörte eine Sturmflut alles Erreichte. Der Neubau wurde etwas weiter nördlich errichtet und 1927 von Reichspräsident Hindenburg eröffnet. So entstand der ursprünglich nicht geplante Name.

Seit 1932 gibt es Autoverladungen, und seither ist die Bahn für das wichtigste Gewerbe der Insel, den Tourismus, von noch größerer Bedeutung. Für viele Urlauber beginnen die Ferien bereits bei der Überfahrt, denn vor allem auf dem Oberdeck der doppelstöckigen Waggons – die Reisenden bleiben in ihren Autos sitzen – hat man eine hervorragende Aussicht auf das Wattenmeer. Der Weg neben dem Gleis ist allerdings meist menschenleer, denn er ist Noteinsätzen vorbehalten.

Zum Lesen und Klicken

Jan Kirschner, Auf Schienen durch die Nordsee – 75 Jahre Hindenburgdamm
www.syltshuttle.de
www.sylt-web.de

Rechts: Nördlicher kann man in Deutschland nicht kommen als auf dem Lister Ellenbogen. Da es für Schiffe eine Fahrrinne zwischen Sylt und der dänischen Insel Rømø gibt, weist der Leuchtturm den rechten Weg.

»Die Festlichkeiten am Tag der Dammeinweihung am 1. Juni 1927 – Reichspräsident Paul von Hindenburg persönlich gab sich die Ehre – wurden von einem tragischen Unfall überschattet: Einer der ersten Züge erfasste auf dem Damm einen Streckenläufer und schleifte die Leiche bis nach Klanxbüll mit.«
Sylter Tragödien – die Schattenseiten der Sonneninsel

26

Fátima und Maria

Vom Ort maurischer Bekehrung zum Wallfahrtsziel

Wegen ihrer Liebe zu einem christlichen Ritter wechselte im 12. Jahrhundert die maurische Fürstentochter Fátima ihren Glauben und nannte sich fortan nach Christenart Oureana. Das Städtchen Fátima wurde zu einem der wichtigsten Pilgerorte der katholischen Welt. Hier zeigte sich 1917 die Jungfrau Maria insgesamt sechs Mal – zunächst drei Hirtenkindern, bald darauf aber Tausenden von Gläubigen – meist am 13. des Monats. Religion und Rittertum, Kirchen und Templer-Burgen prägen denn auch die Rundfahrt von Lissabon über Peniche, Óbidos und Bathala nach Fátima und zurück via Ourém – eine Region, in der sich die salzige Brise des Atlantiks mit dem würzigen Duft der Wälder im Inland vermischt.

Oben: Die Basilika ist das Wahrzeichen von Fátima. Der Wallfahrtsort unterhält Partnerschaften mit den Pilgerstätten Altötting, Lourdes, Tschenstochau und Mariazell.

Vier Millionen Wallfahrer im Jahr

Ausländische Fátima-Pilger kennen das Fischerstädtchen Peniche kaum, die Portugiesen strömen aber auch hier zusammen: der Senhora dos Remédios in der gleichnamigen Kirche wird Wunderkraft nachgesagt. Ohne Wunder, aber mit viel Geschichte präsentiert sich in Atouguia da Baleia die Templer-Kirche São Leonardo: Kreuz und Schwert bildeten in Portugals Historie oft ein Paar.
Eine Route der Entdeckungen: In der Burg von Óbidos richtete Portugal erstmals hinter historischen Mauern eine Pousada, ein staatliches Hotel, ein. In Caldas da Rainha entstand im 15. Jahrhundert das erste Hospital, das mit heißen Quellen heilte. In Aljubarrota empfiehlt sich ein Besuch bei der Senhora das Areias, denn die Madonna ist geschätzt als Helferin bei der Suche nach verlegten Schlüsseln. Das Kloster von Batalha erinnert an Marias Hilfe auf dem Schlachtfeld, die Spaniens Vorherrschaft beendete. Schließlich Fátima, alljährlich das Ziel von vier Millionen Pilgern. Die Basilika ist längst zu klein geworden, sie wurde 2007 durch die Dreifaltigkeitskirche für 9000 Gläubige ergänzt. Doch das Ziel aller ist eine kleine Kapelle an der Stelle, an der die Gottesmutter – so glauben die Marienpilger – erstmals erschien.

Zum Lesen und Klicken

Eckhart Nickel, Gebrauchsanweisung für Portugal
www.rt-leiriafatima.pt (engl./franz.)

»Nur ein Narr sagt, es gibt keinen Gott.«
»Die Heilige von Fátima«, Spielfilm von 1952

Staatsgründer mit Bibel und Schwert

Rundfahrt durch das einstige Deutschordensland

Es war ein erstaunlich moderner Staat, den der Deutsche Orden ab 1226 im heutigen Ostpreußen und darüber hinaus gründete – mit eigener Post, geringen Steuern und kluger Ansiedlung deutscher Bauern. Doch zuvor hatten die Ordensritter die einheimischen »Heiden« mit dem Schwert »bekehrt«. Sie gründeten rund 1500 Dörfer, 90 Städte und 60 Ordensburgen. Die bekannteste Stadt ist Königsberg (heute Kaliningrad), unter den Festungen ragt die Marienburg heraus. Die größte Ziegelburg der Welt ist ein idealer Startort für eine Reise auf den Spuren der Ritter mit dem schwarzen Kreuz auf weißem Grund. Sie führt durch Landstriche in Polen, Russland und Litauen, von denen einige noch aussehen wie vor Zeiten.

Oben: Der Dom ist heute wie einst das beherrschende Bauwerk im polnischen Fromborg, das früher Frauenburg hieß. Im Hintergrund ist das Frische Haff zu erkennen, dessen Wasser durch die Frische Nehrung von der Ostsee getrennt wird.

Stationen des Deutschen Ordens – Marienburg, Königsberg, Tannenberg

Vom Flughafen der Stadt Danzig (Gdańsk) – Besitz der Kreuzritter von 1308 bis 1454 – sind es nur etwas mehr als 60 Kilometer bis zur Marienburg (Malbork). Der Blick vom jenseitigen Ufer der Nogat lässt die Größe der Anlage erkennen, das Innere gibt einen Eindruck vom strikt organisierten Alltag der Ritter, deren Hochmeister hier von 1309 bis 1457 residierten. Auch im nahen Elbing (Elbląg) errichtete der Orden eine Burg, in Frauenburg (Frombork) baute er eine mächtige befestigte Kathedrale, in der später Kopernikus arbeitete. Nach kurzer Fahrt ist die russische Grenze erreicht. Die Europastraßen 28/77 führen nach Königsberg (Kaliningrad), von 1466 an Sitz des inzwischen machtlosen Hochmeisters. Ein Abstecher über die Kurische Nehrung führt nach Litauen, wo es sich lohnt, landeinwärts bis Kaunas zu fahren. Dessen Burg widerstand allen Versuchen der Deutschordensritter, Litauen zu erobern. Zurück nach Polen und nach Grunwald bei Hohenstein (Olsztynek). Dort, auf dem Schlachtfeld von Tannenberg, wurden die Ritter von polnischen und litauischen Heeren 1410 vernichtend geschlagen – ein weiterer Krieg mit Polen bedeutete schließlich 1466 das Ende des Deutschordensstaates.

Zum Lesen und Klicken

Christofer Herrmann, Burgen im Ordensland. Deutschordens- und Bischofsburgen in Ost- und Westpreußen. Ein Reisehandbuch (2006)
Bernhard Pollmann, Masuren und Ermland (2009)
www.deutscher-orden.de

»Der Reiz Polens liegt in seiner Verschiedenartigkeit, seinen ewigen Kontrasten, wie auch seine Vergangenheit aus ruhmreichen und tragischen Karten besteht.«
Pierre Francastel, französischer Soziologe

28

Unterwegs auf der Hohen Strasse

Kaufleute, Soldaten und Pilger

Die Hohe Straße zwischen dem Rhein und Schlesien trägt auch den Namen Via Regia, denn sie ist Teil der gleichnamigen historischen Fernstraße, die einst von Santiago de Compostela bis nach Kiew und ins baltische Wilna reichte. Der Abschnitt zwischen Mainz und Görlitz war ein bedeutender Wirtschaftsweg, verband er doch die Messestädte Frankfurt/Main und Leipzig. Aber auch Truppen waren auf ihr unterwegs. Pilger nutzten die Via Regia als Teil des Jakobsweges oder suchten göttlichen Beistand in Köln oder Aachen.

Oben: Ehe die Krämerbrücke in Erfurt nach italienischem Vorbild mit Wohnungen und Geschäften errichtet wurde, war hier schon immer ein Treffpunkt der Kaufleute, denn in der Nähe führte die Via Regia durch eine Furt in der Gera.

Unten: Die Dominsel mit der Heiligkreuzkirche im polnischen Wroclaw, dem früheren Breslau.

Unterwegs mit königlichem Schutz

Im Heiligen Römischen Reich gab es eine Reihe von Wegen mit dem lateinischen Namen Via Regia. Solche »königlichen Straßen« standen unter dem besonderen Schutz des Herrschers. Die Route von Mainz nach Görlitz und weiter ins heute polnische Schlesien stammt zumindest in Teilstrecken wohl schon aus dem 8. und 9. Jahrhundert. Urkundlich erwähnt wurde sie erstmals 1252 als »strata regia«. Die Strecke, eine der Europäischen Kulturstraßen, verläuft über Frankfurt/Main, Hanau, Fulda, Eisenach, Erfurt, Leipzig und Bautzen nach Görlitz und weiter nach Breslau. Vom Rhein bis an die Neiße sind es mit dem Auto etwa 720 Kilometer.

Historiker vermuten, dass die Ursprünge des Handelsweges im Kriegshandwerk liegen: Fränkische Heere sind wohl im 6. Jahrhundert auf dieser Route nach Osten vorgestoßen, als sie Thüringen eroberten. In Friedenszeiten waren die Straßen wegen der Zölle wichtige Geldquellen für die auch damals schon chronisch leeren Staatskassen.

»Anfangs schützten kaiserliche Geleitreiter die Handels- oder Reisegespanne vor Straßenräuberei, im Spätmittelalter wurden dann kostengünstigere Geleitbriefe ausgestellt. Das Reisen über diese Geleitstraßen wurde ab dem Mittelalter zunehmend teurer, da die fürstlichen Landeigentümer an ihren Landesgrenzen Zollstellen einrichteten und Wegzölle erhoben.«
Christine Bub, www.altstrassen-in-hessen.de

Zum Lesen und Klicken

Norbert Ohler, Reisen im Mittelalter
www.via-regia.org

29

Griechenland ganz klassisch

Von Athen über den Peloponnes und wieder zurück

Wer mit Goethe im Sinn »das Land der Griechen mit der Seele suchen« möchte, begibt sich am besten auf eine Rundreise durch das klassische Griechenland. Athen, die mythenreichen Stätten auf der Halbinsel Peloponnes und Delphi sind Stationen, die den Olymp der Götter und die Wiege der Demokratie gleichermaßen nahebringen. Mykene, Epidauros, Sparta und Olympia haben die Halbinsel fest in den Geschichtsbüchern verankert. Aber auch die Moderne zeigt sich auf der Rundreise: Bei Patras, der drittgrößten Stadt des Landes, führt die 2883 Meter lange Charilaos-Trikoupis-Brücke, die zweitlängste Schrägseilbrücke der Welt, hinüber zum Festland. Eine Route von 950 Kilometern, ein gutes Programm für eine Woche.

Oben: Die Charilaos-Trikoupis-Brücke bei Patras wird auch Rio-Andirrio-Brücke genannt.

»Wundersame Dinge geschehen einem in Griechenland – wundersame, gute Dinge, die sonst nirgends auf der Welt geschehen können. Irgendwie steht Griechenland unter dem besonderen Schutz des Schöpfers – man glaubt, Ihn wohlwollend nicken zu sehen.«
Henry Miller, Der Koloss von Maroussi (1940)

Zum Lesen und Klicken

Gustav Schwab, Sagen des klassischen Altertums. Vollständige Ausgabe.
http://hetairoi.de/Downloads/Zeittafel-Klassik.pdf

Viele Burgen und ein Heiligtum

Beim Wort »Akropolis« denken wohl die meisten Menschen – Griechen ausgenommen – an Athen. Aber im Land der Hellenen hatte einst jede größere Stadt eine Akropolis, eine »Oberstadt«. Auf gut zu verteidigender Höhe entstand die Burg, dort war meist auch der Ort, wo die Heiligtümer sicher schienen. Folglich entstanden oft prachtvolle Tempel – der Parthenon in Griechenlands Hauptstadt ist das bekannteste Beispiel. Aber eine Rundfahrt durch Griechenlands klassische Landschaften macht auch bekannt mit manch anderer Akropolis.
Delphi hatte keine Akropolis, denn es war ein Heiligtum für Apoll. Im Namen des Gottes der Künste entwickelte sich sein Tempel zum wichtigsten Orakel des Landes: Die Priesterin Pythia saß auf einem Dreifuß über einem Erdriss, dem in der bis heute vulkanisch aktiven Landschaft Gase entströmten. Ihre so entstandenen Prophezeiungen interpretierten dann die Hohenpriester – oft in mehrdeutiger Weise. Das soll den legendären König Krösus ins Unglück gestürzt haben. Ob er die Perser angreifen solle, fragte er das Orakel. »Du wirst ein großes Reich zerstören«, lautete der Spruch. Krösus zog zu Felde und wurde vernichtend geschlagen. Er hatte ein großes Reich zerstört – sein eigenes.

Prachtbauten am Goldenen Ring

Bilderbuch-Russland rund um Moskau

»Russland ist kein Staat, es ist eine Welt«, lautet ein Sprichwort aus der Zarenzeit. Wohl wahr – das größte Land der Erde hat unendlich viele Facetten. Es sieht am Pazifik anders aus als am Eismeer oder am Kaspischen Meer. Aber das Bilderbuch-Russland, das Land der Kirchen, Klöster und goldenen Zwiebeltürme, ist ein Symbol für das Riesenreich. Der »Goldene Ring« nahe der Hauptstadt Moskau macht es möglich, diese Welt vergleichsweise bequem zu erkunden. Die Städte Sergijew Possad, Pereslawl-Salesski, Rostow, Jaroslawl, Kostroma, Iwanowo, Susdal, Wladimir und eine Handvoll anderer Orte sind dank der Nähe zur Kapitale stets relativ wohlhabend gewesen – und das sieht man ihren Prachtbauten an.

Oben: Der Kreml von Rostow in der Oblast Jaroslawl ist dank der Kirchen und Paläste eine der Sehenswürdigkeiten am Goldenen Ring.

»Russland ist ein Rätsel innerhalb eines Geheimnisses, umgeben von einem Mysterium.«
Sir Winston Churchill

Zarengold, Roter Stern und Schöner Platz

Die russische Hauptstadt ist der Start- und Zielort des Goldenen Rings, und die beste Einstimmung bietet der Moskauer Kreml mit dem Roten Platz. Der Kreml, wohl im 11. oder 12. Jahrhundert als Bollwerk entstanden, war die Keimzelle der Stadt. Im Kreml regierten einige der Zaren und alle Sowjetführer. Heute ist der fast 28 Hektar große Komplex Sitz des russischen Präsidenten. Schon die Zaren machten einen Teil der Festung und der Paläste zu Museen. Sie sind nun die meistbesuchte Attraktion Moskaus, insbesondere die Schätze in der Rüstkammer. Einst waren auch die Kathedralen hinter den bis zu 19 Meter hohen Mauern ein beliebtes Pilgerziel, das endete aber mit der Herrschaft der Kommunisten. Auf fünf der 20 Türme an der Kremlmauer leuchtet immer noch der riesige rote Sowjetstern, der einst den zaristischen Doppeladler ablöste. Der Rote Platz vor der Ostmauer verdankt seinen Namen allerdings weder den Kommunisten noch den roten Ziegelmauern, die italienische Baumeister einführten. Es ist ein »Schöner Platz« – schön und rot ist dasselbe Wort in der russischen Sprache. Und er ist wirklich schön: mit der bunten Basilius-Kathedrale, dem historischen Kaufhaus GUM und dem Historischen Museum.

Zum Lesen und Klicken

Andrea Hapke/Evelyn Scheer, Moskau und der Goldene Ring (2005)
www.russlandjournal.de/russland/goldener-ring

Auf kaiserlicher Route

Die Via Claudia Augusta verbindet Donau und Adria

Der römische Kaiser Claudius ließ nach einem Plan seines Vaters, dem Feldherrn Drusus, einen Alpenpass öffnen und anno 46/47 n. Chr. eine Straße bis an die Donau bauen, um den Handel zu fördern. Die damit 2000 Jahre alte Via Claudia Augusta hatte gleich zwei Startorte: Ostiglia in der Po-Ebene und Altino nahe Venedig. Heute ist die historische Trasse zu neuem Leben erweckt – als touristische Route für Radler, Wanderer und Postkutschen-Passagiere. 520 Kilometer über die Alpen, wohl organisiert mit Gepäcktransport, Bussen für Radfahrer an den Tiroler Pässen und Rückholbussen in Italien. Und rund 170 Wirte haben sich entlang der Strecke darauf eingerichtet, für Bett und Brot der Reisenden zu sorgen.

Oben: Radlerrast vor berühmter Szenerie: Der Reschensee ist bekannt für den Kirchturm von Graun. Er blieb erhalten als letztes sichtbares Zeichen des Dorfes, das bei der Aufstauung des Sees völlig überflutet wurde.

Links: Der gut 1500 Meter hohe Reschenpass bildet nicht nur die Grenze zwischen Tirol und Südtirol, sondern er ist auch eine Wasserscheide: Nördlich fließt alles via Inn und Donau ins Schwarze Meer, südlich alles zum Mittelmeer. Die Nord-Süd-Verbindung hat erst durch die Brenner-Autobahn an Bedeutung verloren.

Mit den alten Römern zu neuen Gästen

Die Beweise sind in Fels gemeißelt: Zwei Meilensteine – einer in der Nähe von Meran, der andere bei Belluno in Venetien – bezeugen die Geschichte der Via Claudia Augusta und das Ziel der Straße bei Augsburg jenseits der Alpen. Landsberg, Schongau und Füssen sind die bayerischen Stationen. Reutte in Tirol, der Fernpass (1212 m) und Landeck markieren die Strecke in Österreich. Über den Reschenpass (1504 m) ist das italienische Südtirol erreicht, weiter geht es via Vinschgau, Meran und Bozen nach Altino bei Venedig. Die Alternativroute führt über Verona nach Ostiglia am Po.

Die Straße über das Gebirge sorgte für eine schnelle Entwicklung zuvor abseits gelegener Regionen: Aus Pferdewechsel-Stationen wurden Herbergen, die sich zu Dörfern und Städten entwickelten. Als die Via Claudia Augusta im 2. Jahrhundert als Fernstraße an Bedeutung verlor, weil die neue Strecke über den niedrigeren Brenner günstiger war, behielt sie dennoch lokale Bedeutung, insbesondere für die Alpentäler. Als der Tourismus dort immer wichtiger wurde, besannen sich Gemeinden in drei Ländern ihres gemeinsamen Erbes und revitalisierten mit EU-Hilfe 2002–05 die alte Römerroute.

Zum Lesen und Klicken

bikeline- Radtourenbuch Via Claudia Augusta
www.viaclaudia.org
www.roemerstrasse-via-claudia.de

Kaiserliche Befehle, Steuergelder und Marmorblöcke

Die Via Claudia Augusta hatte auch den Status eines »cursus publicus«, einer staatlichen Kurierstraße, die für die Herrschaft über das riesige Imperium Romanum überaus wichtig war. Junge Männer, die zu Fuß unterwegs waren oder als Reiter in regelmäßigen Abständen die Pferde wechseln konnten, trugen die Anweisungen Roms in die Provinzen und die Berichte von dort zurück. Die sorgfältig ausgewählten Kuriere führten in der Regel ein Dokument mit sich, das sie als berechtigt auswies, den kostenlosen Pferdedienst und die Übernachtungsmöglichkeiten in Anspruch zu nehmen. Aber auch wichtige Transporte, etwa Steuer- oder Zolleinnahmen, liefen via »cursus publicus«. Selbstverständlich wurden die Straßen- und – wo es sich anbot – auch die Wasserwege zugleich für Warenlieferungen aller Art genutzt. So erreichten beispielsweise wertvolle Baumaterialien, etwa Marmor aus Carrara, die Zentren des Reichs. Vielfach wurden die römischen Verbindungslinien für die »Postkurse« des Mittelalters übernommen.

»Tiberius Claudius Caesar Augustus Germanicus, Pontifex Maximus, bekleidet mit der tribunicia potestas zum sechsten Mal, designierter Konsul zum vierten Mal, Kaiser zum elften Mal, Vater des Vaterlandes, hat die Via Claudia Augusta, die sein Vater Drusus nach Öffnung der Alpen durch Krieg hatte trassieren lassen, ausgebaut vom Fluss Po bis zum Fluss Donau auf einer Länge von 350 Meilen.«
Römischer Meilenstein von Rabland bei Meran

Rechts: Bozens Altstadt spiegelt den Handel eines Orts wider, in dem die Routen zum Reschen und Brenner zusammentreffen.

Von der Adria zum Bosporus

Noch heute wichtig – die Via Egnatia

Gnaeus Egnatius, Roms Prokonsul im Mazedonien des 2. Jahrhunderts v. Chr., ahnte wohl kaum, dass er sich einen Platz in der Geschichte sicherte, als er eine Straße von der Adria bis an den Bosporus in Auftrag gab. Ihm ging es darum, seine Truppen schnell bewegen zu können. Doch die 1120 Kilometer lange Via Egnatia wurde bald zur Hauptachse zwischen den Metropolen Rom und Byzanz (heute Istanbul). Und als die Griechen 2009 ihre teilweise parallel zur Römertrasse verlaufende Autobahn Egnatia Odos eröffneten, war ein Gutteil des Paneuropäischen Verkehrskorridors Nr. 8 verwirklicht. Andere Abschnitte zwischen Durrës (Albanien) und den Bosporusbrücken sind aber noch schlichte Landstraßen.

Oben: Ein Stück der Via Egnatia blieb bei Philippi in Griechenland erhalten. Apostel Paulus nutzte die Lage für eine neue Gemeinde.

Heerstraße mit schnellem Anschluss an Rom

Die albanische Hafenstadt Durrës, der westliche Brückenkopf der Via Egnatia, hat sich nach dem Sturz des stalinistischen Regimes 1990 zu einem geschäftigen Fährhafen entwickelt. Mehrere Linien führen über die südliche Adria – hier setzten einst schon römische Heere und Kaufleute über. Die Via Appia (S. 54) garantierte den direkten Anschluss an die Via Egnatia am jenseitigen Ufer. Durrës hat sich dank seiner Strände und seines großen römischen Amphitheaters auch touristisch entwickelt.

Ohrid am gleichnamigen See ist das bekannteste Touristenziel Mazedoniens. Der See an der Via Egnatia ist einer der ältesten und mit 289 Metern auch einer der tiefsten der Welt. Griechenlands zweitgrößte Stadt, Thessaloniki, ist zwar reich an Geschichte, aber kaum ein Touristenziel. Eine Ausnahme bilden Besucher aus der Türkei: Ihr Staatsgründer Mustafa Kemal Atatürk wurde 1881 in der damals osmanischen Stadt geboren, sein Geburtshaus ist heute ein Museum. Kavala kennen viele Griechenland-Reisende als Fährhafen für Thassos und Samothrake. Weniger bekannt ist, dass Kavala auch eine Beziehung zu einem fremden Staatschef hat: Hier wurde 1769 Muhammad Ali Pascha geboren, der Begründer des ägyptischen Königshauses.

Zum Lesen und Klicken

Werner Heinz, Reisewege der Antike. Unterwegs im Römischen Reich
www.viaegnatiafoundation.eu

»Sie waren ein Netz von Verkehrswegen, welches das ganze Römische Reich umspannten. Vorrangig wurden sie aus politischen und militärischen Gründen erbaut, um Provinzen und andere dem Reich angegliederte Gebiete schnell und leicht erreichbar zu machen.«
Stichwort »Römischer Straßenbau« bei www.antikefan.de

Geheimgang der Päpste

Fluchtroute zwischen Vatikan und Engelsburg

Nur 800 Meter lang und doch eine der ungewöhnlichsten historischen Routen der Alten Welt: der Passetto di Borgo, ein massives Bauwerk zwischen dem Vatikan und dem Castel Sant'Angelo am Tiber. Auf den ersten Blick eine mächtige zinnenbewehrte Stadtmauer, doch der Name Passetto sagt es: In der Mauer verbirgt sich ein Geheimgang. Papst Nikolaus III. ließ ihn 1277 einbauen, durch den die Päpste bei Gefahr sicher und unerkannt in die Engelsburg fliehen konnten. Alexander VI. musste 1494, Clemens VII. 1527 diesen Weg nehmen. Im 16. Jahrhundert ließ Paul III. in der eher kargen Engelsburg einige Räume standesgemäß ausstatten. Er hat sie nie benutzen müssen. Heute ist die Festung Nationalmuseum.

Oben: Der Passetto di Borgo, der Fluchtweg der Päpste, ist in der langen Mauer verborgen. **Links:** Der Deutsche Friedhof im Vatikan ist fast ein Geheimtipp.

Zum Lesen und Klicken

Michael Collins, Der Vatikan. Geschichte, Kunst und Leben in der Heiligen Stadt
www.radiovaticana.org/tedesco/Vatikanlexikon

In Schieflage auf die Kuppel

Der Passetto im Mauerinneren kann im Gegensatz zum Castel Sant'Angelo nur selten besichtigt werden. Es gibt aber einen anderen ungewöhnlichen Gang, der jedermann täglich offen steht: der Weg hinauf in die Kuppelspitze des Petersdoms. Die erste Etappe ist bequem: ein Aufzug bis zur Dachterrasse des Doms und zum Umgang am inneren Fuß der Kuppel, mit faszinierendem Blick hinab zum Hauptaltar. Dann folgen 320 Stufen hinauf zur Laterne der 43,20 Meter hohen Kuppel. Zwischen innerer und äußerer Schale der Kuppelkonstruktion geht es in entsprechender Schieflage hinauf, wo ein atemberaubender Blick auf die Ewige Stadt, den Petersplatz und den Passetto für die Strapaze des Aufstiegs belohnt.
Auch das kleinste Land der Welt, den Vatikan, kann man von hier überblicken: links die Vatikan-Museen, im Rücken die vatikanischen Gärten und zur Rechten der Campo Santo Teutonico. Der Deutsche Friedhof ist dem Augenschein zum Trotz nicht Teil des Vatikanstaats, jedoch nur über dessen Territorium zu erreichen. Deshalb sind der Kirchhof und die kleine Kirche an den meisten Vormittagen zugänglich, wenn man die Schweizer Gardisten am Tor rechts neben dem Petersdom fragt.

»Vor einigen Jahren flog ich gemeinsam mit meiner Frau in den Urlaub nach Rom. Während einer Tour durch den Passetto beschrieb uns die Führerin den Ort als Fluchtweg des Papstes, für den Fall, dass Feinde ihn angreifen sollten. Als ich mich erkundigte, welche Feinde der Papst denn eigentlich habe, gab sie mir eine kurze historische Einführung in verschiedenste Gruppierungen, die der katholischen Kirche über all die Jahrhunderte nicht wohlgesinnt waren.«
»Illuminati«-Autor Dan Brown im Interview mit www.filmreporter.de

34

Hauptstrasse des Imperiums

Die Via Appia von Rom nach Brindisi

Das ausgebaute Straßennetz des Römischen Reichs maß gegen Ende der Kaiserzeit rund 290 000 Kilometer. Die 540 Kilometer der Via Appia zwischen Rom und Brindisi gehörten fraglos zu den wichtigsten. Sie erschloss nicht nur den Süden Italiens, sie war auch der erste Abschnitt der Route nach Griechenland. Jenseits der Adria schloss die Via Egnatia (S. 52) nach Byzanz an. Den Bau hatte 312 v. Chr. der Censor Appius Claudius Caecus verfügt; Kaiser Trajan ließ 144 n. Chr. eine Abkürzung über Bari bauen. Ein großer Teil der historischen Strecke ist von der modernen Staatsstraße 7 verdeckt, doch Teile der Via Appia Antica sind erhalten und werden als Touristenattraktion gepflegt, auch in Rom.

Oben: Straßen wie die Via Appia ermöglichten es Kaufleuten und Feldherren gleichermaßen, Waren oder Kriegsgerät auch bei schlechter Witterung schnell und relativ komfortabel zu transportieren.

Links: Das Amphitheater im früheren Capua an der Via Appia war nicht viel kleiner als das besser erhaltene Kolosseum in Rom, auf vier Etagen bot es rund 60 000 Zuschauern Platz. Hier startete der Gladiator Spartacus 73 v. Chr. mit 70 anderen Todgeweihten seinen berühmten Aufstand.

Zum Lesen und Klicken

Ivaana Della Portella u.a., Via Appia. Entlang der bedeutendsten Straße der Antike
www.cosmopolis.ch/geschichte/100/via_appia_d0100.htm

Apostel, Kreuzigungen und Pomp-Gräber

Nicht nur Petrus, auch der Apostel Paulus reiste auf der Via Appia nach Rom, wo er sich vor der Stadt bei Tres Tabernae – vermutlich eine Kurierstation 18 Kilometer vor der Stadt – mit römischen Christen traf. Jahre zuvor erlebte die berühmte Straße ihre vielleicht dunkelste Stunde: 73 v. Chr. hatte der ehemalige Gladiator Spartacus einen Sklavenaufstand begonnen, der erst zwei Jahre später niedergeworfen wurde. Rund 6000 Sklaven überlebten die letzte Schlacht und wurden entlang der Via Appia zwischen Capua und Rom gekreuzigt.

Die Notwendigkeit dieser Straße hatte sich bereits kurz nach Fertigstellung des ersten Abschnitts bewiesen: In den Samnitischen Kriegen konnten die Römer schnell Truppen in die Schlacht werfen und diese für sich entscheiden. Unabhängig von der strategischen Bedeutung der Straße nutzten sie die Römer schon bald, um an ihr Gräber anzulegen. Und weil stets viele Menschen auf der Via Appia unterwegs waren, konnten sich hier reiche Familien mit pompösen Grabmälern präsentieren. Das bekannteste Beispiel ist das turmartige Grab der Caecilia Metella, das im Hintergrund des berühmten Bildes »Goethe in der römischen Campagna« (1787) von Heinrich Tischbein die Landschaft prägt.

Rechts: Das repräsentative Schild ist weit jünger als die Straße, drei Jahrhunderte vor Christus hieß sie natürlich nur Via Appia. Aber der geschichtsträchtige Name passt zum »längsten Museum der Welt«, wie die Route wegen der zahlreichen antiken Ruinen zu beiden Seiten genannt wird. Wegen ihrer besonderen Bedeutung für das Römische Reich wurde die Strecke schon in der Antike als »Regina Viarum«, als Königin der Straßen bezeichnet.

Alle Wege führen nach Rom

Die Römer entwickelten im Straßenbau eine Meisterschaft, der die Ingenieure noch heute Respekt bezeugen. Roms Fernstraßen lagen stets auf bis zu ein Meter tiefen Straßenbetten aus groben Felsbrocken, kleineren Steinen und Sand- oder Erdschichten. Darauf kamen – zumindest in Italien – flache Steine als Pflasterung. Die Fahrbahnen waren gewölbt, damit der Regen ablaufen konnte. Sie hatten oft eine Standardbreite für ein Fuhrwerk von 1,20 Metern und Ausweichstellen; in Italien gab es überdies zwei- und dreispurige Straßen. In Gebieten, in denen Schneeverwehungen drohten, waren die Straßen bisweilen auf Dämmen geführt, damit der Schnee neben der Fahrbahn blieb. Die Fernstraßen verliefen, wo immer es ging, schnurgerade und ausgerichtet von einem auf den nächsten sichtbaren Punkt. Sie hatten in regelmäßigen Abständen Rasthäuser und Herbergen. Die Fernstraßen waren direkt oder indirekt auf die Hauptstadt orientiert: »Alle Wege führen nach Rom.«

»Die Via Appia wird allgemein als Königin der Fernstraßen bezeichnet.«
Publius Papinius Statius, römischer Dichter im 1. Jahrhundert n. Chr.

Vorwärts marsch! Die gebräuchlichste Formulierung organisierten Reisens hat vermutlich auch die längste Tradition. Wo immer Völker übereinander herfielen, ging es mit dem Marschbefehl los. Feldzüge waren frühe Formen der Pauschalreise: Für Unterkunft und Verpflegung war meist gesorgt, manchmal gab es sogar Sold. Häufiger musste und muss aber auch bezahlt werden – mit Leib und Leben. Heerzüge hinterlassen breite Spuren.

Elefanten am Berg

Die Routen der Heerführer, Händler und Sport-Heroen

Kriegsentscheidend waren Hannibals Elefanten nicht – die meisten überlebten den Zug über Pyrenäen und Alpen nicht. Doch die gewaltigen Tiere machten den römischen Soldaten Angst und erfüllten damit einen wichtigen Zweck ähnlich den Drachenköpfen am Bug der Schiffe, mit denen die Wikinger auf ihre Raubzüge gingen. Dass es am Ende auf die Kampfkraft der Truppen und auf das strategische Geschick der Feldherren ankam, zeigten andere Kriegszüge, denen heute auch »Schlachtenbummler« folgen, wie etwa Cäsars Eroberung Galliens, Napoleons europäische Feldzüge oder die Rückeroberung Spaniens und Portugals von den maurischen Besatzern durch christliche Ritter. Immer ging es dabei um Macht, aber auch um Märkte. Handelswege wie die norddeutsche Salzstraße, die mittelalterliche Via Publica und die Bernsteinroute von der Ostsee zur Adria funktionierten nur, wenn Herrscher für die Sicherheit der Kaufleute und ihrer Waren sorgten. Selbstlos gewährten sie den Schutz allerdings nicht – sie sicherten so ihre Straßenzölle, eine wichtige Einnahmequelle für die meist leeren fürstlichen Schatullen. Wo es diesen Schutz nicht gab, etwa auf hoher See, organisierten ihn die Händler selbst, meist als Ratsherren ihrer Städte. So wurde die Hanse der Seeräuber Herr, und Piraten wie Klaus Störtebeker gingen kopflos in die Geschichte ein.

Um viel Geld und Ruhm, der sich seinerseits gut versilbern lässt, geht es auch bei den Rittern unserer Tage, den Sportstars. Alljährlich ziehen zwei flächendeckende Wettbewerbe halb Europa in ihren Bann, die inzwischen eher historisch bedeutsame Rallye Monte Carlo und die trotz aller Doping-Vorfälle immer noch begeistert verfolgte Tour de France. Nachdem die Formel-1-Piloten und die Turbo-Radler die Pisten geräumt haben, versuchen die Amateure es ihnen gleichzutun.

Oben: Ruine der schwungvollen römischen Brücke bei St. Thibery in Frankreich.

3P

Der Held Karthagos

Hannibal zog mit Kriegselefanten über die Alpen

Hannibal ist einer der wenigen historischen Feldherren, die sich zumindest in Europa ins kollektive Gedächtnis eingeprägt haben. Warum gerade dieser Heerführer aus Karthago? Weil er 218 v. Chr. eine ganze Armee über die Alpen geführt hat mitsamt 37 Kriegselefanten. Militärs setzen andere Akzente. Für sie ist der General aus Karthago ein strategisches Genie, der Roms Legionen, die größte Kriegsmaschinerie ihrer Zeit, mehrfach vernichtend schlug. Die Schlacht bei Cannae dient heute noch zur militärischen Schulung. Erst durch einen langen Abnutzungskrieg konnte Hannibal besiegt werden. Der im Zweiten Weltkrieg erfolgreiche US-General Patton soll sich für eine Reinkarnation Hannibals gehalten haben.

Oben: Val d'Isere in Frankreichs Alpen, eine bekannte Skistation, lag an einem Alpenpfad, den auch Hannibal nutzte. Heute verläuft hier die höchste befahrbare Passstraße der Alpen über den 2770 Meter hohen Col de l'Iseran.

»Hannibal ante portas«

Wer Hannibals legendärem Feldzug über Europas größte Gebirgskette folgen möchte, tut sich schwer. Forscher rätseln, wo er den Alpenkamm überquert hat. Römische Quellen weichen diesbezüglich voneinander ab. Wahrscheinlich zog Hannibal im Rhônetal ein Stück stromauf und folgte dann dem Tal der Isère. Genauer sind die Wege der Streitmacht innerhalb Italiens zu verfolgen, die bis an die Stiefelspitze reichten. Sie führten an Rom vorbei – Hannibal beließ es bei einem Scheinangriff. Damals entstand der Schreckensruf »Hannibal vor den Toren«. Historiker vermuten, ihm fehlten Soldaten und geeignetes Kriegsgerät, um die Hauptstadt zu erobern. Sein Schwachpunkt war wohl ohnehin die logistische Versorgung der Truppen. Er konnte seinen grandiosen Sieg bei Cannae nicht in weitere Erfolge ummünzen und musste schließlich Italien wieder verlassen. Seine Heimat hatte ihn zurückgerufen, weil Karthago inzwischen von einem römischen Heer bedroht wurde. Hannibal unterlag 202 in der Schlacht von Zama, da seine bislang stärkste Waffe, die nubischen Reiter, zuvor die Seiten gewechselt hatte. Karthago war als Großmacht am Ende – Rom der Beherrscher des Mittelmeers.

»Der denkwürdigste aller Kriege … die je geführt wurden.«
Livius über den Zweiten Punischen Krieg

Oben: Eine Säule erinnert an eine der zentralen Schlachten der Antike, die Kämpfe von 216 v. Chr. bei Cannae in Apulien. Hannibals karthagisches Heer schlug dabei die zahlenmäßig überlegenen römischen Legionen dank einer Strategie, die heute noch in Militärakademien zum Lehrstoff gehört. Hannibal half der Sieg nicht, es fehlte seiner Armee unter anderem an Nachschub aus Nordafrika. Cannae wurde 1083 von den Normannen zerstört.

Zum Lesen und Klicken

Pedro Barcelo, Hannibal
www.livius.org

Die Panzer der Antike

Hannibal war nicht der erste Oberbefehlshaber, der trainierte Kriegselefanten einsetzte. Das geschah, folgt man altindischen Texten, bereits im 8. bis 4. Jahrhundert v. Chr. in Indien. Viele asiatische Länder bis hin nach China griffen die Taktik auf. Auch Alexander der Große stand Elefanten gegenüber, und 326 schreckte der mazedonische Kriegsheld an der Grenze des ostindischen Königreichs Magadha zurück – seine ermatteten Soldaten wollten nicht kämpfen angesichts von 6000 Kriegselefanten. Hannibal gelangte im Zweiten Punischen Krieg nur mit wenigen Elefanten nach Italien, viele überlebten nicht die harten Bedingungen in den Alpen. Anfangs ließen sich auch die Römer von den Panzern der Antike vertreiben, später entwickelten sie Gegenmaßnahmen: Pfeil- und Speerhagel, Feuerbälle und andere Tricks, mit denen sie die Tiere in Panik versetzten. Oder die Römer ließen, wie in Hannibals letzter Schlacht, die Giganten diszipliniert und schadlos durch ihre zur Seite weichenden Schlachtreihen hindurchtrampeln. Damit war der Haupteffekt der Elefanten, die gegnerischen Reihen in Schrecken und Auflösung zu versetzen, dahin. Doch erst die Erfindung der Kanone beendete das Kapitel Kriegselefanten. Sie lebten fort in zahllosen Darstellungen von Hannibals Alpenüberquerung – wenn auch meist falsch. Karthagos Tiere waren relativ kleine afrikanische Elefanten. Doch die größeren asiatischen Elefanten machen eben mehr her.

Die Eroberung Galliens

Caesar auf dem Weg zur Alleinherrschaft

Er war machtgierig, brutal und skrupellos. Und ein hervorragender Heerführer. Gaius Iulius Caesar gewann die meisten seiner Schlachten. Seine berühmtesten Feldzüge unternahm er im 1. Jahrhundert v. Chr., als er Prokonsul (Gouverneur) von Gallien war. Mit mehreren militärischen Kampagnen eroberte er das heutige Frankreich und drang nach England vor. Diese Epoche beschreibt er in seinem siebenbändigen Werk »De bello Gallico«. Diese »Commentarii« fanden in Rom aufmerksame Leser und halfen mit, Cäsar den Weg an die Spitze des Imperiums zu bahnen. Sie sind bis in unsere Tage wegen ihrer präzisen, einfachen Sprache Anfangslektüre im Lateinunterricht und eine wichtige Quelle für Historiker.

Zum Lesen und Klicken

Caesar/Marieluise Deissmann, Der Gallische Krieg
Paul-Marie Duval, Gallien. Leben und Kultur in römischer Zeit
www.comedix.de/lexikon (Hintergrund zu Asterix)

Oben: Zu Roms gallischen Relikten gehören auch Amphitheater in Lyon für bis zu 10 000 Menschen, die heute noch genutzt werden.

»Gallia est omnis divisa in partes tres …«
Der allen Lateinschülern vertraute erste Satz von Caesars »De bello Gallico«

Fast fünf Jahrhunderte römische Herrschaft

Insgesamt zehn Jahre herrschte Caesar als Prokonsul in Gallien, eine Zeit, in der er sich die wirtschaftliche Basis für seine weitere politische Karriere schuf – durch Kriegsbeute und Abgaben der Besiegten. Zugleich verstärkte er seine militärische Machtbasis: Er verfügte am Ende seines Prokonsulats über zehn gut geschulte Legionen. Mit einer Legion marschierte er 49 v. Chr. zum Staatsstreich gen Rom.
In Gallien hatte er zuvor unter den Stämmen, die für ihre Freiheit kämpften, blutige Exempel statuiert. Insgesamt soll, so schrieb Plutarch ein Jahrhundert später, eine Million Gallier umgekommen und eine weitere Million versklavt worden sein. Allerdings empfiehlt sich Skepsis gegenüber solchen Zahlen, die oft Propaganda der Kriegsherren waren und dann von Autoren übernommen wurden. Cäsar halfen solche Angaben, Alleinherrscher zu werden und – wenn er den Titel auch noch nicht annehmen konnte – das römische Kaisertum zu begründen. Der deutsche Titel Kaiser ist ebenso von seinem Namen abgeleitet wie der des russischen Zaren. Gallien blieb bis ins 5. Jahrhundert hinein unter Roms Herrschaft, wovon bis heute Amphitheater, Aquädukte und zahlreiche andere antike Bauten zeugen.

37

In der Ferne schuften

Die Schwabenkinder und die Armut

Bittere Armut war früher auf vielen Höfen in den Alpen ständiger Hausgenosse. Die kargen Böden brachten nicht genug Ertrag, um alle Familienmitglieder zu ernähren, zumal auch noch Pacht und Abgaben zu leisten waren. So entschlossen sich viele Familien, ihre Kinder den Sommer über zum Arbeiten ins Bodenseegebiet zu schicken. »Schwabengehen« hieß das – ein mühevoller Marsch über die noch winterlichen Berge. Manche dieser meist zwischen fünf und 14 Jahre alten Schwabenkinder wurden dann auf »Kindermärkten« als Haus- und Hofhilfen verkauft. Manche mussten wie Sklaven leben, auch sexuelle Übergriffe gab es. Andere hatten Glück, konnten einen Beruf erlernen und bekamen so die Chance für ein besseres Leben.

Oben: Hofstatt in Baden-Württemberg: Die Region gehörte zu den Zielen der Arbeit suchenden »Schwabenkinder«, die, von Armut getrieben, vor allem aus Vorarlberg, Tirol, Südtirol und von den Berghöfen der Schweiz kamen. Viele sahen die Eltern in ihrem Leben nie wieder.

Mit der Schulpflicht kam das Ende

Der achtjährige Bauernjunge Kaspar wird von seinem Vater schweren Herzens zum »Schwabengehen« geschickt. In Ravensburg gerät er als Kindersklave in die Hände eines tyrannischen Bauern. Nach einiger Zeit gelingt es ihm zu fliehen. Gemeinsam mit seiner Leidensgenossin Magdalena, die von ihrem Dienstherrn geschwängert wurde, schlägt er sich nach Amerika durch. So der hochgelobte Film »Schwabenkinder« von Jo Baier, der auf realen Geschehnissen beruht. Im 18. und 19. Jahrhundert schickten arme Bergbauern in Tirol, Vorarlberg und der Schweiz ihre Kinder zur Arbeit nach Oberschwaben. Kindermärkte gab es etwa in Ravensburg, Tettnang, Wangen, Friedrichshafen und Überlingen.
In ihrer Heimat wurden die Schwabenkinder von der Schulpflicht freigestellt; in Württemberg waren ausländische Kinder von der Schulpflicht ausgenommen. Auf Druck der um ihre billigen Arbeitskräfte fürchtenden Bauern blieb das so bis 1921. Mit der Schulpflicht kam auch der Kinderhandel allmählich zum Ende.

»Wie jedes Frühjahr, so kommen auch heuer am 28. März die Tiroler Hütekinder in Friedrichshafen durch den ›Hütekinderverein‹ zum ›Verkauf‹.«
Der Landarbeiter, 1913, Nr. 5

Zum Lesen und Klicken

Elmar Bereuter, Die Schwabenkinder. Die Geschichte des Kaspanaze (Roman)
www.alpic.net

38

Der Kaiser von Europa

Aufstieg und Fall eines Korsen

Niemand hat nach der römischen Epoche und nach Karl dem Großen Europa mehr verändert als Napoleon Bonaparte. Gestützt auf seine Armeen unterwarf er den größten Teil des Kontinents und machte sich zum Kaiser, nachdem er zuvor mit der gegen den Adel gerichteten Französischen Revolution Karriere gemacht hatte. Wer Napoleons Spuren folgt, reist von Schlachtfeld zu Schlachtfeld: Austerlitz, Jena und Auerstedt, Friedland (Ostpreußen), Wagram und Borodino sind einige seiner siegreichen Stationen. Doch der Rückzug aus Moskau läutete Napoleons Ende ein, hierfür stehen Schlachtfelder wie Beresina, Leipzig, Paris und schließlich Waterloo. Napoleon wurde schließlich auf die entlegene Insel St. Helena verbannt, wo er 1821 starb.

Oben: Das Panorama in Waterloo zeigt auf einem Rundgemälde die letzte Schlacht Napoleons, in der 1815 General Wellington siegte.

Wie Hannibal und Alexander der Große

Napoleon war kein guter Redner. Das hat seine politische Laufbahn anfangs behindert. Doch wenn er vor Soldaten sprach, begeisterte er sie. Vor der Italien-Kampagne 1796/97, seinem ersten Feldzug, motivierte er sein seit Monaten unbezahltes Heer: »Reiche Provinzen, große Städte werden in Eure Hände fallen; dort werdet Ihr Ehre, Ruhm und Reichtümer finden.« Er siegte, auch wegen einer Taktik, die er noch oft erfolgreich anwendete: Er griff verbündete Heere einzeln an. Und er hatte offensichtlich bei Vorbildern wie Alexander dem Großen und Hannibal, dessen Alpenübergang er wiederholte, erfolgreich militärische Strategie studiert.

Wie viele Mächtige überschätzte er sich aber in späteren Lebensphasen. Der zunehmend kritikresistente Herrscher hatte bislang alle Misserfolge überwinden können, etwa den Ägypten-Feldzug (1798–1800), mit dem er trotz siegreicher Gefechte Großbritanniens Dominanz im Mittelmeer nicht verhindern konnte; schließlich wurde er von englischen Truppen besiegt. Admiral Horatio Nelson hatte zuvor schon bei Abukir die französische Flotte vernichtet – was sich übrigens 1805 mit der neuen Flotte bei Trafalgar wiederholte. England blieb für Napoleon zeitlebens unbesiegbar.

»Ich wollte, es wäre Nacht oder die Preußen kämen.«
General Wellington 1815 in einer kritischen Phase der Schlacht von Waterloo

Zum Lesen und Klicken

Johannes Willms, Napoleon. Eine Biografie
www.napoleon-online.de

Oben: Den Arc de Triomphe du Carrousel ließ Napoleon 1807–09 in Paris zur Erinnerung an seine Siege errichten. Das Tor ist deutlich kleiner als der berühmtere Triumphbogen auf den Champs-Élysées, der von hier aus zu sehen ist. Die Quadriga ist die Kopie einer Plastik vom Markusdom in Venedig, die Napoleons Heer 1798 geraubt hatte. Das Original wurde später zurückgegeben.

Nationalbank und Zivilrecht

Als Napoleon 1799 zum Ersten Konsul seines Landes gewählt wurde, leitete er Reformen ein, die sich bis heute auswirken – nicht nur in Frankreich. Dort ist allerdings die zentralistische Ordnung der Staatsverwaltung unverändert spürbar. Auch die Verkehrsinfrastruktur des Landes ist auf Paris ausgerichtet. Der Code civil, das von Napoleon erlassene Zivilrecht, ist heute noch in weiten Teilen Frankreichs gültig. Da es überdies auf die von Napoleon dominierten Staaten Europas übertragen wurde, gibt es auch in vielen anderen Ländern Spuren dieser Gesetzgebung. In Deutschland spiegelte sich das noch nach dem Zweiten Weltkrieg im Regionalrecht einiger deutscher Bundesländer wider.

20

KRIEGER UND HÄNDLER

Die weiten Reisen der Wikinger

Ein ganzes Zeitalter ist nach ihnen benannt worden – das 9. und 10. Jahrhundert gilt in Europa als Wikingerzeit. Aus den 790er-Jahren stammen die ersten Berichte von Überfällen und Plünderungen der Nordmänner. Im 11. Jahrhundert hatten sich viele Wikinger an den Stätten früherer Attacken niedergelassen und sich mit den Einheimischen vermischt. Ein Beispiel ist – schon am Namen zu erkennen – die Normandie, aus der 1066 die Normannen zur Eroberung Englands aufbrachen. In der Hochzeit der Wikinger erreichten ihre flinken Langboote Island, Grönland und Amerika, die Küsten Westeuropas, das Mittelmeer und über die Wolga das Kaspische Meer. Sie waren nicht nur als Krieger, sondern oft auch als Händler unterwegs.

Oben: So sahen sie aus, die hochseetüchtigen Langschiffe der Wikinger. Dank vieler archäologischer Funde können sie, wie das Beispiel zeigt, gut rekonstruiert werden.

Wikinger waren nicht gehörnt

Das Bild der Wikinger hat sich gewandelt. Einst galten sie als furchterregend und grausam, doch im 18. Jahrhundert mischte sich ihr Image mit dem wachsenden Mythos des Nordens, wie er sich beispielsweise in Wagners Musik widerspiegelt. Das setzte sich fort in der populären Kultur bis hin zur weltweit erfolgreichen Comic-Serie »Hägar der Schreckliche«, der einen eher verfressenen als blutrünstigen Gaudi-Wikinger vorstellt. Natürlich trägt er einen Helm mit Hörnern, wie ihn die Wikinger bestenfalls zu rituellen Anlässen aufgesetzt hätten. Ihre Kampfhelme waren aus hartem Leder – die der Häuptlinge aus Metall –, doch stets ohne Gehörn. Richtig ist hingegen die Darstellung der Wikinger mit Streitäxten. Sie hatten zwar auch Schwerter, nutzten aber wohl als Nahkampf-Spezialisten bevorzugt Äxte, eine in dieser Zeit eher ungewöhnliche Waffe. Die Seetüchtigkeit ihrer bei Kriegs- und Eroberungszügen eingesetzten Langboote demonstrierten 2007 die Dänen, als sie in Roskilde ein Boot originalgetreu nachbauten und mit der »Sea Stallion« in sechs Wochen nach Dublin segelten. Das Vorbild des »See Hengst«, das in der Hafeneinfahrt von Roskilde geborgen wurde, war nachweislich aus irischem Holz erbaut worden.

Links: Norstead ist ein nachgebautes Wikingerdorf an der Küste von Neufundland bei L'Anse aux Meadows. Archäologen hatten vor Jahren die Fundamente einer Wikinger-Siedlung freigelegt. Die Nordmänner waren wohl die ersten Europäer in Amerika.

Rechts: Die Nordamerikaner lieben »lebende Museen«. Darunter verstehen sie alte oder originalgetreue Nachbildungen historischer Anlagen, in denen Menschen in entsprechenden Kostümen so tun, als lebten sie in dieser vergangenen Zeit. Norstead an der kanadischen Ostküste ist ein Beispiel. Hier gehen die »Einheimischen« ihrem Tagewerk so nach wie wahrscheinlich ihre Vorgänger. Das waren jene Wikinger, die zuvor schon Siedlungen in Grönland angelegt hatten und danach mit ihren Booten bis nach Amerika gelangt waren.

»Diese Seeräuber, die sich untereinander Winchingi nennen … zahlen dem dänischen König Tribut.«
Adam von Bremen (ca. 1050 – ca. 1085), Domherr und Geschichtsschreiber

Zum Lesen und Klicken

Arnulf Krause, Die Welt der Wikinger
www.destinationviking.com (engl.)
www.wikinger.org

Rechts: Eisberge prägen heute das Bild Grönlands, auch wenn mit der globalen Erwärmung die eisfreien Gebiete auf dem Festland spürbar wachsen – so, wie es wohl in der Epoche der Wikinger schon einmal war.

In Langschiffen bis Kanada

Die Wikinger geben den Forschern immer noch Rätsel auf. Warum zum Beispiel sind sie aus Skandinavien in die Ferne aufgebrochen? Vermutlich, weil die geringen Ackerflächen die wachsende Bevölkerung nicht mehr ernähren konnten. Und es war einfacher, Klöster und Orte auszuplündern als dichte Wälder für Ackerflächen zu roden. An nautischen Kenntnissen mangelte es den Wikingern ebenso wenig wie an der Kunst des Schiffbaus. Ihre Langschiffe waren mit Rudern und Segeln seetüchtig – dank ihres geringen Tiefgangs konnten sie mit ihnen weit ins Feindesland vordringen, beispielsweise bis nach Paris. Die Knorrs hingegen waren als Handelsschiffe breiter und langsamer.
Die drei skandinavischen Wikingerstämme orientierten sich in verschiedene Himmelsrichtungen: Die Schweden segelten und ruderten in südöstliche Richtung, in die baltischen Länder und ins heutige Russland. Die Norweger nahmen Kurs auf die Inseln im Nordatlantik, die Orkneys, Shetlands, Färöer, auf Irland, Island, Grönland und Neufundland vor dem kanadischen Festland. Die Dänen nahmen England, die Küste von Friesland bis zur Bretagne ins Visier. Wikinger waren spezialisiert auf den Sklavenhandel, als Söldner waren sie auch gefragt.

Die Reconquista in Spanien

Die Vertreibung der Mauren aus Europa

Reconquista bedeutet auf Spanisch »Rückeroberung« – der Begriff bezeichnet meist die Jahrhunderte dauernde Rückeroberung der von den Mauren besetzten Iberischen Halbinsel durch christliche Heere. Muslimische Heere waren 711 bei Gibraltar gelandet und hatten binnen weniger Jahre fast die ganze Halbinsel erobert. In drei Perioden wurden sie schließlich über das Mittelmeer zurückgedrängt. Dabei gab es nicht immer klare Frontlinien: Maurenfürsten kämpften gegen ihresgleichen, und bei den christlichen Heeren war es genauso – beide Seiten bedienten sich überdies Söldnern der anderen Religion. Ein Glaubenskrieg wurde dies erst später.

»Die schmalen Straßen, eher Gassen, sind sehr gut darauf eingerichtet, im Sommer Schatten zu spenden, wenn die Hitze fast unerträglich ist. Sie sind ein unverändertes Relikt der maurischen Herrschaft, unter der Córdoba ein erfolgreicher Rivale von Bagdad und Damaskus war.«
Augustus Hare, Wanderings in Spain, 1873

Spaniens islamisches Erbe

»Errichten wir eine so große Kirche, dass die Nachwelt uns für verrückt erklärt« – so soll der Auftrag für den Bau der damals größten Kirche der Welt, der Kathedrale von Sevilla, gelautet haben. Das Wahrzeichen der Stadt ist aber die Giralda, einst Minarett der Mauren, dann Glockenturm der Bischofskirche. Muslimische Handwerker errichteten nach der christlichen Rückeroberung auch den benachbarten Alcázar-Palast.
Das goldene Zeitalter Andalusiens war geprägt von maurischen Baumeistern. Die Alhambra in Granada und die Mezquita in Córdoba, eine der prächtigsten Moscheen des Islams, sind weitere weltberühmte Beispiele. Auch der Spaniens Mittelalter prägende Mudéjarstil ist durch maurische Stilelemente charakterisiert.
Die Wissenschaften erblühten ebenfalls während der muslimischen Epoche, in der islamische Mathematiker, Geografen, Astronomen und Ärzte die Forschung anführten. Und wenn heute Spaniens Reitschulen edle Rösser vorführen, stammen deren Vorfahren aus Arabien. Die iberische Kochkunst wurde durch arabische Gewürze und Rezepte verfeinert, insbesondere die Süßspeisen sind oft maurisches Erbe. Selbst die Sprache zeugt von dieser Epoche – rund 20 Prozent des Spanischen sollen arabischen Ursprungs sein.

Zum Lesen und Klicken

André Clot, Das maurische Spanien. 800 Jahre islamische Hochkultur in Al-Andalus
Washington Irving, Erzählungen von der Alhambra
www.reconquista.wisis.de

Links: Am Felsen von Gibraltar setzten die islamischen Heere über, als 711 die Eroberung der Iberischen Halbinsel begann. Bis 1492 sollten die Mauren in Spanien bleiben, die Reconquista (Rückeroberung) hatte bereits im Jahr 718 begonnen.

Fast 800 Jahre muslimische Herrschaft auf der Iberischen Halbinsel

Die unübersichtlichen Fronten während der Reconquista, die überdies von langen friedlichen Zeiten unterbrochen war, lässt sich für eine Übersicht auf einige Daten konzentrieren: 718, sieben Jahre nach Beginn der Invasion, hatte das iberische Muslimreich seine größte Ausdehnung erreicht: Fast ganz Spanien, Portugal und einige französische Grenzgebiete waren besetzt. 722 errangen christliche Kämpfer in Covadonga den ersten größeren Sieg über die Besetzer und gründeten das Königreich Asturien. Um 800 vertrieben die Franken die Mauren aus den Pyrenäen. 1086 begann die Phase, in der die Muslime neue Truppen aus Nordafrika heranführten und wieder Geländegewinne verzeichneten. Gegen 1130 war die Hälfte der Halbinsel doch wieder unter spanischer Kontrolle. Der christliche Sieg in der Schlacht bei Las Navas de Tolosa 1212 leitete schließlich das Ende der Mauren in Spanien ein. 1236 fiel Córdoba, zwei Jahre darauf verpflichtete sich der letzte maurische Herrscher auf der Halbinsel, der Emir von Granada, zum Tribut an den König von Kastilien. Faktisch war dies das Ende der Reconquista, formell geschah dies, als sich 1492 auch das Emirat Al-Andalus (Granada) den katholischen Königen ergab.

Oben: Blick vom 426 Meter hohen Gibraltar-Felsen auf den Hafen des britischen »Überseegebiets« und die gegenüberliegende nordafrikanische Küste. Die 300 bis 900 Meter tiefe Straße von Gibraltar, die an der engsten Stelle nur 14 Kilometer breit ist, wird täglich von etwa 300 Handels- und Passagierschiffen durchfahren. In der Antike war es schwierig, hinaus in den Atlantik zu fahren, weil es eine starke Strömung ins Mittelmeer hinein gibt und vorwiegend auch Westwind herrscht.

Zwischen Brüssel und Prag

Via Publica – Achse des Handels

Wie alt die Via Publica zwischen Brüssel und Prag ist, wissen selbst Historiker nicht genau. Immerhin können sie mit der ersten urkundlichen Erwähnung anno 839 dienen. Die Route ist in einem von Kaiser Ludwig dem Frommen unterzeichneten Diplom genannt, was auf ihre schon damals große Bedeutung hinweist. Sie verknüpfte wichtige Handelsplätze wie Köln, Frankfurt/Main, Würzburg, Nürnberg und Regensburg miteinander. Die Strecke wurde auf kaiserliches Geheiß 1515 von Generalpostmeister Lamoral von Taxis als Poststraße eingerichtet – ein profitables Geschäft. Dabei entstanden mehrere Postämter – das Amt in Frankfurt etablierte 1616 sogar einen Neben-Postkurs über Fulda, Suhl und Erfurt nach Leipzig.

»Als nun der erste Morgen anbrach, kam der Baumeister und trieb einen Hahn über die Brücke vor sich her und überlieferte ihn dem Teufel. Dieser aber hatte eine menschliche Seele gewollt, und wie er sich also betrogen sah, packte er zornig den Hahn, zerriss ihn und warf ihn durch die Brücke, wovon die zwei Löcher entstanden sind, die bis auf den heutigen Tag nicht können zugemauert werden, weil alles in der Nacht wieder zusammenfällt, was tags daran gearbeitet ist.«

Brüder Grimm, Sage vom Brickegickel auf der Alten Brücke in Frankfurt

Die Straße der sechs Steinbrücken

In Deutschland ist die Nachfolgerin der Via Publica, die rund 800 Kilometer lange Bundesstraße 8, noch heute eine wichtige Route. Auf geografische Gegebenheiten muss eine moderne Straße weniger Rücksicht nehmen als historische Wegführungen. Die Via Publica war deshalb auch eine typische »Altstraße«, was nichts mit ihrer langen Geschichte zu tun hat. Der Begriff stammt vom italienischen Strada alta, Höhenweg. Früher war es leichter, auf den Bergrücken zu marschieren als im meist dicht bewaldeten oder versumpften Tal – sicherer war es oben überdies. Erst bei den Zielorten oder bei Furten stieg man von der Höhe herab, durchquerte die Furten oder ließ sich übersetzen. Größere Orte nutzten auch hölzerne Stege. Nur wichtige Handelsplätze mit regem Fuhrverkehr hatten eine der im Mittelalter seltenen teuren Steinbrücken. Es gab nur rund 30. Auf der Via Publica erleichterten sechs dieser Übergänge die Reise – Beleg für die Bedeutung dieser Straße –, darunter einige der ältesten Deutschlands: die Lahnbrücke in Limburg (1341), die Mainbrücken in Frankfurt (vor 1276), Würzburg (1133) und Kitzingen (vor 1300), die Steinerne Brücke in Regensburg (1146) und die Innbrücke in Passau (1143).

Unten: Die Steinerne Brücke in Regensburg entstand zwischen 1135 und 1146, über sie zog 1147 schon das Kreuzfahrerheer des französischen Königs Ludwig VII.. Die Brücke diente in dieser Epoche auch Dresden, Prag, Avignon und London als Vorbild.

Zum Lesen und Klicken

Norbert Ohler, Reisen im Mittelalter
http://de.wikipedia.org/wiki/Bundesstraße_8

42

Die Hanse – Grossmacht des Nordens

Vom Kaufmannsklub zum Städtebund

In ihrer Blütezeit vom 12. bis 15. Jahrhundert war die Hanse die vorherrschende Macht im Norden, obwohl sie nur ein Bündnis ohne Herrschaftsstrukturen war. Die Hanse entstand aus gemeinsamen Interessen von Kaufleuten, aus denen eine Union von Städten wurde, die vornehmlich kommerzielle Ziele hatten. Gut 70 Städte trugen den Bund, etwa 130 waren angegliedert. Der Ostseeraum bildete das Kerngebiet mit Lübeck als inoffizieller Hauptstadt. Dort liefen die Handelsströme zwischen Ost und West und dem Hinterland zusammen, das Geschäftsfeld reichte von Flandern und England bis Norwegen und Russland. Nach der Entdeckung Amerikas 1492 verlagerte sich der Handel nach Westen auf den Atlantik – der Anfang vom Ende der Hanse.

Oben: Koggen-Besuch in Lübeck: Die maritimen »Arbeitspferde« der Hansestädte machten deren Erfolg erst möglich, sie trugen die Frachten von Nowgorod bis London.

Wuchern mit dem historischen Pfund

Es dürfte wenig Piraten geben, denen der Feind ein Denkmal setzt: Klaus Störtebeker steht in Bronze am Hamburger Hafenrand – der Freibeuter, welcher der Hansestadt einst arg zusetzte. Sie hat ihn dafür geköpft. Ein Schädel, der vielleicht der Seine war, galt als besonderes Stück im Hamburg-Museum – bis er 2010 geklaut wurde.
Andere Hanse-Partner zeigen dafür zweifelsfreie Exponate aus der Epoche der Koggen, allen voran Bryggen, das ehemalige Hanse-Viertel in Bergen in Norwegen. 1360 hatte die Hanse dort ein Kontor errichtet, aus dem schnell ein eigenes Viertel mit mehr als 200 Holzhäusern für deutsche Kaufleute wurde. Das Quartier ist zwei Mal abgebrannt, aber immer wieder originalgetreu errichtet worden. Eines der Häuser birgt heute ein Museum, das den einstigen Alltag zeigt.
Natürlich bereichert auch Lübeck, die »Königin der Hanse«, sein touristisches Angebot mit Erinnerungen an das Goldene Zeitalter. Genauso wuchern andere Hansestädte mit ihrem historischen Pfund, selbst kleinere wie Stade, das eine Führung »Auf den Spuren der Hanse« anbietet. Den Teilnehmern treten acht Personen in historischen Gewändern gegenüber und erzählen vom Leben damals.

»Nachdem der Lübsche Burgemeister Alexander von Soltwedel die drei Königreiche Dänemark, Schweden und Norwegen bezwungen (wie denn auf seinem Leichstein zu S. Marien die 3 Kronen eingehauen stehn): hat er im Jahr 1241 den alten, berühmten Hansabund gestiftet, um die Straßen zu Wasser und zu Lande von den verwegenen Dieben und Räubern zu reinigen, und mit gewappneter Hand die Feinde des Reichs zu dämpfen.«
Ernst Deecke, Lübische Geschichten und Sagen (1852)

Zum Lesen und Klicken

Rolf Hammel-Kiesow, Die Hanse
www.hanse.org (Für die Neugründung von 1980)

Die Route für das weisse Gold

Auf der Alten Salzstraße von Lüneburg nach Lübeck

Jahrhundertelang war Salz, da unverzichtbar für die Konservierung von Fisch und Fleisch, das »weiße Gold«. Und Lüneburg saß auf einem Salzstock, der die Stadt und den Lübecker Salzhandel reich machte. Doch die wertvolle Ware musste von Lüneburg zum Hafen von Lübeck gelangen. Das sind Luftlinie zwar nur 70 Kilometer, doch die Pfade der Alten Salzstraße summierten sich auf über 100 Kilometer und waren beschwerlich. Ein Fuhrwerk brauchte fünf Wochen. Mit dem Bau des Stecknitzkanals 1398 verlor die Straße viel von ihrer Bedeutung. Zu Wasser ließ sich die profitable Fracht schneller befördern. Die heutige »Alte Salzstraße«, eine touristische Route, berührt die Originaltrasse nur an einigen Punkten.

Oben: Das Schwarze Haus ist einer der attraktivsten Renaissancebauten in Lüneburg, auch wenn sein erster Besitzer nicht als Salzsieder, sondern als Brauer zu Wohlstand gekommen war. Heute residiert hier standesgemäß die Industrie- und Handelskammer. Der Backsteinbau wurde einst der Mode gemäß mit Farbe überstrichen, dann mussten die Fugen sorgfältig nachgezogen werden – was auch damals nicht ganz billig war.

Oben: Mölln lag etwa auf halber Strecke der ertragreichen Salzstraße zwischen Lüneburg und Lübeck. Wegen dieser strategisch günstigen Lage und der hohen Zolleinnahmen war die Stadt lange umstritten zwischen Lübeck und dem Herzogtum Lauenburg, sie wechselte auch mehrfach den Besitzer. Für die Hafenstadt an der Ostsee war es wichtig, den Wasserweg auf der Trave für den Salztransport zu kontrollieren. Eine Gemeinsamkeit mit Lübeck stellt auch das gotische Rathaus dar, beide sind die einzigen Städte in Schleswig-Holstein aus dieser Stilepoche. Mölln schmückt sich auch mit einem Denkmal für Till Eulenspiegel. Der Schalksnarr soll angeblich hier nach 1350 gestorben sein; ob er aber je existierte und wer er überhaupt war, ist unter Historikern jedoch umstritten. Wie auch immer: Mölln hat sich auch ein Eulenspiegel-Museum zugelegt.

Drei Routen an die Ostsee

Die Knochen der »Salzsau«, die in einer Laterne im Lüneburger Rathaus hängen, erinnern an die goldene Zeit der Stadt: Eine weiße Wildsau verblüffte Jäger, bis sie die Salzlake entdeckten, in der sich ihre Beute zuvor gewälzt hatte. Historisch eine fragwürdige Legende, aber das Salz war wirklich da. Bald brannten die Feuer unter den Siedepfannen rund um die Uhr. Sie brauchten ständigen Holznachschub – so entstand die zuvor dicht bewaldete Lüneburger Heide. Einer der alten Lüneburger Salzspeicher beherbergt heute das Salzmuseum und ist ein guter Ausgangspunkt für die Reise auf historischer Fährte. Eine Alternative zur Autoroute »Alte Salzstraße« ist der knapp 100 Kilometer lange Radweg gleichen Namens. Er führt meist am Elbe-Lübeck-Kanal entlang, der 1900 den Stecknitzkanal ersetzte. Damals spielte Salz nur noch eine Nebenrolle. Bei Lauenburg und Witzeeze sind Schleusen der historischen Wasserstraße erhalten. Lauenburg und Mölln – Letzteres verdiente einst kräftig am Salzzoll – liegen an der Hauptroute. Bei Witzeeze zweigt die Nebenroute (110 km) zu den Lauenburgischen Seen ab. Auch in Lübeck erinnern alte Salzspeicher an die Epoche des weißen Goldes. Sie beherbergen heute ein Modehaus – Handel im Wandel.

Salz als Kurmittel

Skandinavien musste im Mittelalter für eines seiner wichtigsten Handelsgüter, die Heringe, viel Salz einkaufen, denn nur so konnte das leicht verderbliche Gut haltbar gemacht werden. Lüneburg war damals der wichtigste Lieferant, der Name »Trave Salz« wies hin auf seine Herkunft aus dem Hafen von Lübeck. Dessen Kaufleute verdienten mindestens ebenso gut wie die Produzenten – bis die französische und die iberische Konkurrenz auf die angestammten Märkte der Hansestadt drängte. Ihr Baiensalz war zwar qualitativ nicht so gut wie das aus Lüneburg, jedoch preiswerter, da kostengünstiger zu gewinnen.
Lüneburg musste sein Salz als flüssige Sole aus dem Salzstock in der Erde gewinnen und dann in Siedepfannen wieder trocknen. Die Salzhersteller am Atlantik hingegen leiteten das Meerwasser in flache Erdbecken an der Küste und ließen es dann von der Sonne austrocknen. Das Verfahren wird dort immer noch angewendet, während Lüneburg die kommerzielle Salzproduktion 1980 eingestellt hat. Die Sole aus dem von Grundwasser umflossenen Salzstock wird aber noch für das Solebad und das Kurzentrum genutzt.

Oben: Lauenburg war eine wichtige Station der Alten Salzstraße, zum einen, weil in der Nähe die Elbe überquert werden konnte, zum anderen, weil der große Strom vor allem für Lüneburg auch zusätzliche Handelschancen eröffnete. Das Elbschifffahrtsmuseum schildert den Handelsweg zwischen Böhmen und der Nordsee.

Zum Lesen und Klicken

Jean-Claude Hocquet, Weißes Gold. Das Salz und die Macht in Europa von 800 bis 1800
www.hlms.de (Herzogtum Lauenburg)
www.lueneburg.de
www.luebeck.de/tourismus

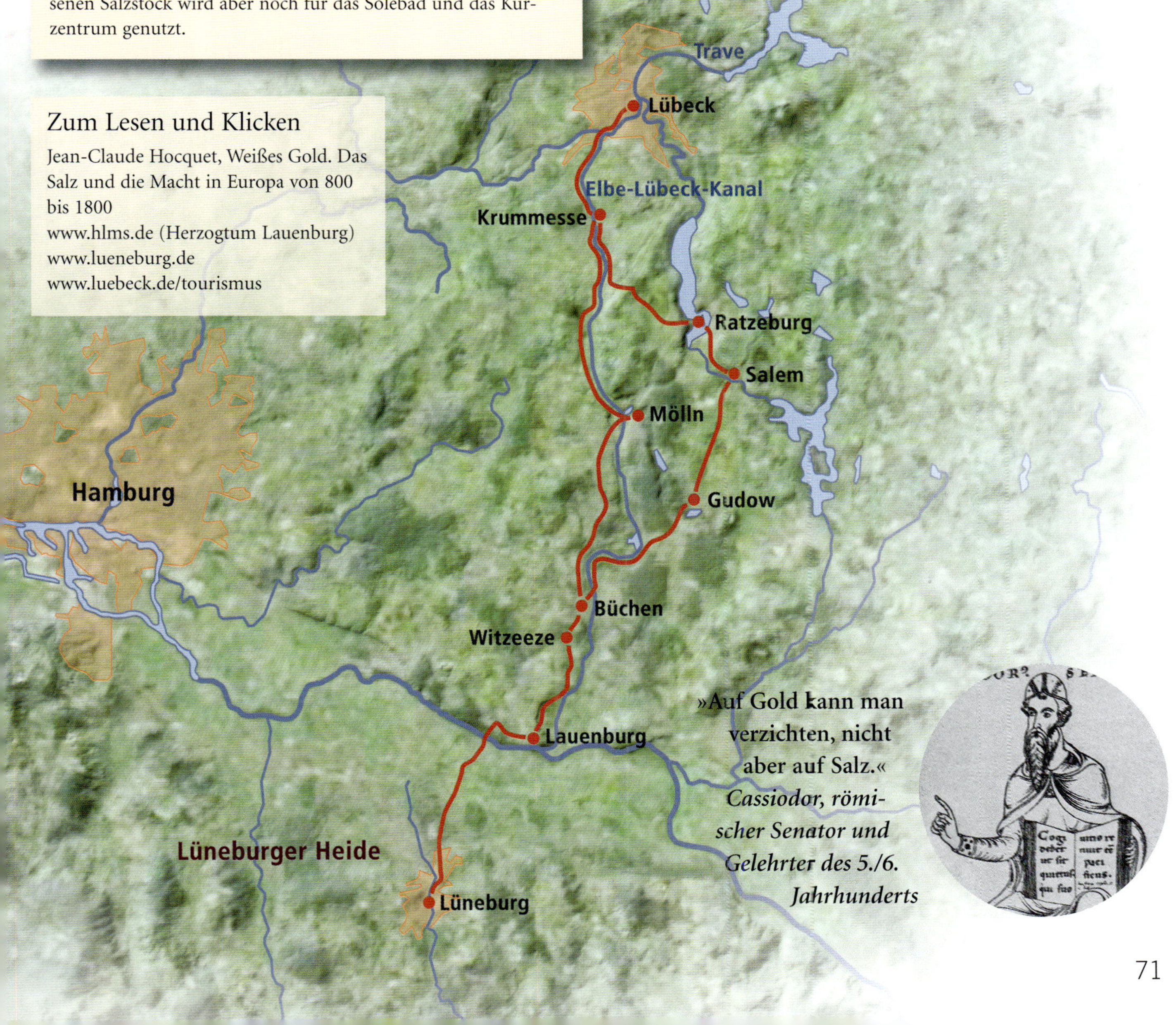

»Auf Gold kann man verzichten, nicht aber auf Salz.«
Cassiodor, römischer Senator und Gelehrter des 5./6. Jahrhunderts

Hightech auf der Rotweinroute

Neue Attraktion für Bordeaux und Toulouse

Der Airbus A 380 wird in Toulouse zusammengebaut, seine Teile kommen aus verschiedenen Ländern Europas. So werden auch die kleineren Airbus-Modelle montiert, dabei fliegen große Spezialjets die Sektoren herbei. Beim größten Passagier-Flugzeug der Welt ist das nicht mehr möglich. Die Bauteile reisen auf dem Wasserweg an – für die letzte Etappe stehen Lastwagen bereit. Die Flugzeugbauer benutzen dabei eine alte Handelsroute. Zugleich haben sie einem beliebten Urlaubsgebiet im Südwesten Frankreichs, der Region Bordeaux mit den teuersten Rotweinlagen der Welt, eine neue Attraktion beschert: die Airbus-Schiffe auf Gironde und Garonne sowie die nächtlichen Lkw-Karawanen nach Toulouse.

»Diese Sonderkonvois fahren nur bei Nacht, und das auf einer speziell für ihre Höhen- und Breitenbedürfnisse umgebauten Strecke. (…) Diese Transporte wurden nicht nur bei den Anwohnern schnell ein beliebtes Schauspiel, es gibt Menschen, die von weither anreisen, um sich das anzusehen.«
Michel Fraile und Michel Polacco, in: A 380

Oben: Fast bis ans Ufer der Gironde reichen die Weingärten, in denen Trauben reifen, woraus einige der teuersten Weine gekeltert werden. Viele der Weingüter haben Probierstuben, einige bieten – zumindest für Gruppen – Touren durch ihre Keller an. Näheres weiß die Touristinformation in Bordeaux.

Zum Lesen und Klicken

Achim Figgen/Karl Morgenstern/Dietmar Plath, A 380. Geschichte, Technik und Erprobung des Mega-Airbus
www.flugzeuginfo.net
www.airbus.com (engl)
www.eads.com

Millimeterarbeit und Schneckentempo

Gut 70 Kilometer sind es von Bordeaux per Wasserweg über Garonne und Gironde bis zum Atlantik. Dennoch können Hochseeschiffe bis in die Stadt fahren – eine beliebte Kreuzfahrer-Route. Aber auch die großen Teile des Airbus A380, die fast 40 Meter langen Flügel und der über acht Meter hohe Rumpf, reisen auf diesem Weg. Sie kommen auf der »Ville de Bordeaux«, einem der Schiffe, die Airbus eigens bauen ließ. Es gleitet vorbei an berühmten Weinlagen wie Mouton-Rothschild oder Chateaux Margeaux. Bei Bordeaux werden diese übergroßen Bauteile auf speziell konstruierte Flussschiffe umgeladen. Und dann muss der Kapitän Maßarbeit leisten: Wenn der Wasserstand der Garonne stimmt – Ebbe und Flut reichen bis Bordeaux –, steuert er einen bestimmten der 17 Bögen der historischen Pont de Pierre an. Dann geht es 40 Kilometer stromauf bis Langon, wo die Flugzeugteile auf spezielle Lastwagen verladen werden. 240 Kilometer sind es bis Toulouse, meist nur mit Tempo 25 km/h. Wenn der Wind zu stark ist, müssen die Wagen ganz anhalten. Solche Kolonne ist zwei bis drei Tage unterwegs – genauer gesagt: Nächte. Am Tag wären die Monster ein Hindernis. Aber auch nachts sammeln sich jedes Mal Touristen an der Strecke.

45

Frankreichs »Grosse Schleife«

Etappen der Tour de France

Die Tour de France ist nach Fußball-Weltmeisterschaft und Olympischen Spielen das drittgrößte Sportereignis der Welt. Und das trotz aller Dopingskandale, die das Radrennen seit seinem Beginn 1903 begleiten. Allerdings wurden 1904 die ersten vier der Gesamtwertung aus anderem Grund ausgeschlossen – sie waren unterwegs umgestiegen in die Eisenbahn. Heute sind die Teams auf den etwa 20 Etappen über 3000–4000 Kilometer ständig unter Kontrolle, auch weil fast überall Zuschauer stehen. Viele von ihnen versuchen sich später selbst an Abschnitten der »Großen Schleife«, vor allem am 2115 Meter hohen, gefürchteten Col de Tourmalet, einem der vier »heiligen Berge« der Tour, an denen sich die Spreu vom Weizen trennt.

Oben: Königsetappe: Das Peleton der Tour de France auf dem Anstieg zum 2115 Meter hohen Col du Tourmalet. Auf der »Großen Schleife« sind, vor oder nach den Profis, auch fast immer sportive Urlauber mit ihren Rädern unterwegs.

Mörderischer Anstieg zum Tourmalet

»Ihr seid Mörder! Ja, Mörder!«, schrie der spätere Tour-Sieger Octave Lapize, als er sich 1910 den Col de Tourmalet oder den nächsten Aufstieg hinaufquälte – ohne Gangschaltung und auf meist ungepflasterten Pfaden. Lapize ist das oft fotografierte Denkmal auf der berühmtesten Passhöhe der französischen Pyrenäen gewidmet. Helden wie er begründeten den Ruhm der ersten echten Etappenfahrt, die ausgerechnet eine Zeitschrift namens »L'Auto« erfand.
Ähnlich legendär wie Lapize ist Eugène Christophe, dem 1913 bei der Abfahrt vom Col de Tourmalet die Gabel brach. Er lief, da keinerlei Hilfe erlaubt war, 14 Kilometer bis St.-Marie de Campan, wo er in einer Schmiede eigenhändig seine Radgabel schweißte. Als er dennoch eine Strafminute aufgebrummt bekam – ein Bub hatte den Blasebalg getreten –, reagierte er mit einer legendären Schimpfkanonade. Solche Probleme kennen fitte Urlaubsradler, die in St. Marie de Campan die Ostflanke des Tourmalet oder in Luz St. Sauveur den Westanstieg angehen, kaum noch. Bis zu 14 Prozent Steigung sind zu bewältigen, bis zu 1404 Meter Höhenunterschied wollen auf jeweils etwa 20 Kilometern gemeistert sein. Für die Strapazen gibt es aber prächtige Bergpanoramen zu sehen.

Zum Lesen und Klicken

Hubert Dahlkamp/Ralf Schröder, Nicht alle Helden tragen gelb. Die Geschichte der Tour de France
Kristian Bauer, Tour de France. Die härtesten Anstiege: Die Top-Pässe der Tour zum Selberfahren
www.letour.fr (engl/franz.)

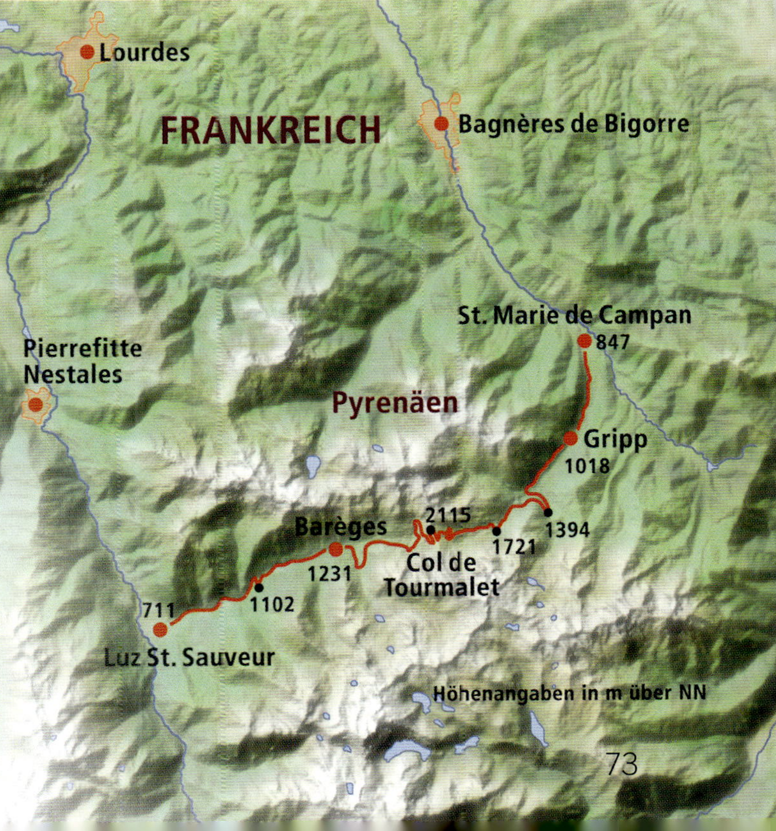

»Wissen Sie, das Glück ist wie die Tour de France. Man wartet so lange, und dann rast es vorbei.«
»Die fabelhafte Welt der Amélie«, Film von Jean-Pierre Jeunet

Diamanten des Nordens

Die historische Bernsteinstraße

Bernstein war schon in vorgeschichtlicher Zeit als Schmuck begehrt, folglich war er auch eine gefragte Handelsware: Schon früh entwickelten sich Handelsrouten von der Ostsee, wo der meiste Bernstein gefunden wurde, bis Italien, dessen Kaufleute die Preziosen in die antike Welt trugen. Die Händler nutzten stets die sichersten Wege nach Süden – meist entlang der Flüsse. Populär war die Route von St. Petersburg durch das Baltikum, Polen, Böhmen, Österreich und Ungarn an die Adria. In Norditalien endete die Route entweder in Aquileia oder Venedig. Diese »Bernsteinstraße« wird seit einigen Jahren touristisch wiederbelebt.

Nordische Türme: Die Petrikirche neben den Schwarzhäupter-Häusern **(oben)** und der Dom **(rechts)** in der Altstadt des lettischen Riga sind – wie auch in anderen baltischen Städten – Zeugnisse alten Reichtums. Den haben sich die Handelsstädte mit vielerlei Waren erworben, die bekannteste ist der Bernstein. Er wurde schon in der Steinzeit zu Schmuck verarbeitet und hat bis heute nichts von seiner Ausstrahlung auf die Damen eingebüßt. Bernstein, der aus Schleifabfällen zusammengeschmolzen wird, gilt auch als echt, es gibt aber auch Fälschungen aus Kunststoff. Experten können sie aber schnell als solche erkennen.

Zum Lesen und Klicken

Jörn Barfod, Bernstein. Entstehung, Gewinnung und Verarbeitung
www.scinexx.de (wissenschaftliche Bernsteinfunde mit Einschlüssen)

Bernstein-Museen und Welterbe-Stätten

Auf drei Hauptrouten zogen einst die Bernstein-Kaufleute durch Kontinentaleuropa: Von Dänemark nach Hamburg und dann entweder via Holland, Belgien und Frankreich nach Marseille oder entlang der Elbe in Richtung Österreich und Italien. Die populärste Route war indes die Verbindung von Russlands Ostseeküste an die Adria. Dazu hat sicher beigetragen, dass die Römer schon im 1. Jahrhundert eine Reichsstraße von Aquileia nach Carnuntum an der Donau unweit von Wien anlegten. An der Strecke liegen heute mehrere Welterbe-Stätten, etwa die Marienburg/Malbork und die Altstadt von Thorn/Toruń, sowie einige Bernstein-Museen wie die Sammlung in Königsberg oder im litauischen Palanga mit der größten Kollektion der Welt. Auf einer ähnlichen Trasse verläuft die Euro-Velo-Route Nr. 9 von Danzig nach Pula in Kroatien. Ihre Stationen sind unter anderem Posen/Poznań, Brünn/Brno, Wien, Maribor, Ljubljana und Triest – die Strecke hat eine Gesamtlänge von 1930 Kilometern.

Das Bernsteinzimmer im Katharinenpalast

Eigentlich ist Bernstein gar kein Stein. Das Baumharz, das in Jahrmillionen fest, aber nicht kristallisiert wurde, ist immer noch brennbar. Forscher schätzen Bernsteinfunde mit Insekten und anderen Einschlüssen. Zu Schmuck wird Bernstein seit der Steinzeit verarbeitet. Ihm wird ferner eine heilende und vielfach auch magische Kraft zugeschrieben: Im Stück soll er Fieber mindern und Babys beim Zahnen helfen, zermahlen bei Problemen mit nahezu allen inneren Organen wirken. In esoterischen Kreisen wird Bernstein auch als Mittel gegen Hexen und Trolle geschätzt.

Das berühmteste Kunstwerk aus dem teuren Material ist das Bernsteinzimmer. Preußens König Friedrich I. gab es für das Berliner Stadtschloss in Auftrag, sein Nachfolger, der Soldatenkönig Friedrich Wilhelm I., schenkte es 1716 Zar Peter dem Großen. Es wurde zuerst im Winterpalast in St. Petersburg, dann im Katharinenpalast im nahen Puschkin installiert. Deutsche Truppen raubten es 1941 und schafften es ins Königsberger Schloss. Dort verschwand es, als die Rote Armee 1945 einmarschierte. Seither ist das Zimmer Gegenstand endloser Spekulationen – aufgetaucht sind aber nur einzelne Bernstein-Paneele. Sie wurden in die Rekonstruktion des Bernsteinzimmers im Katharinenpalast eingebaut, die durch eine Spende der deutschen Ruhrgas AG möglich wurde. Seit 2003 ist es zugänglich.

»Der Bernstein in seiner wechselnden Farbigkeit ist ein Sinnbild der deutsch-russischen Kulturbeziehungen. Im Moment strahlen sie wie die Wände in einem warmen Licht. Das war nicht immer so.«

Die »Zeit« 2003 über das rekonstruierte Bernsteinzimmer

Römer und Riesling

Die Moselweinstraße – historisch und kulinarisch

Die älteste Stadt Deutschlands, die älteste Brücke und – nach eigenen Angaben – das größte Riesling-Anbaugebiet Deutschlands: Die Moselweinstraße hat viel zu bieten. Trier und seine Römerbrücke liefern die historischen Rekorde und die Mosel das Band, das alles verbindet. Wie eine trunkene Ballerina tanzt sie durch ihr Tal, weinselig und kurvenreich wie eine Diva. Die Römer sahen es prosaischer. Für sie war der Fluss ein Transportweg zur Versorgung ihrer Garnisonen. Wein war dort eine begehrte Ware. Deshalb kreuzten Weinschiffe auf dem 544 Kilometer langen Strom – ein Grabmal in Neumagen zeigt solch ein Schiff. Es wurde zum Vorbild für einen Neubau, auf dem Touristen seit 2007 römisch schippern können.

Oben: Blick von der Marienburg bei Zell hinab ins Moseltal. Wie überall am Strom sind die Südhänge mit Rebstöcken überzogen.

Oben: Bei Bremm bildet die Mosel eine Schleife, die selten ohne Schiffe zu sehen ist. Die Mosel gilt nach dem Rhein als die wichtigste Schifffahrtsstraße Deutschlands. Die steile Flanke des Bremmer Calmont (links im Bild) ist auch ein beliebtes Kletterrevier.

Steile Ufer voller Trauben

Mal am linken, mal am rechten Ufer folgt die Moselweinstraße den Windungen des Flusses von Perl an der französischen Grenze bis zur 242 Kilometer entfernten Mündung in den Rhein bei Koblenz. Dazwischen liegen enorm steile Weinberge und kleine Winzerorte mit großen Namen. Allein schon Trier, die 2000 Jahre alte Stadt am Strom, wäre eine Reise wert: Hier residierte zeitweise der römische Kaiser, hier zeugen Porta Nigra, Amphitheater, Palastaula und Kaiserthermen von der Kunst römischer Baumeister.

In Neumagen-Dhron wurde das römische Weinschiff-Grab gefunden. Mit ihm und seinem Betonabguss neben der alten Peterskirche begründet der »älteste Weinort Deutschlands« seinen Titelanspruch. Stromab reihen sich bekannte Orte aneinander: Piesport, Bernkastel-Kues, Ürzig, Kröv, Traben-Trarbach und Zell hören sich an wie eine Weinliste. Über Bremm ragt mit bis zu 70 Grad Steigung der Calmont auf, Europas steilster Weinberg. Hinter Cochem und Alken enden in Winningen die Weingärten – bald sind Koblenz und der Rhein erreicht. 18 große mittelalterliche Burgen säumen die Mosel und ihre Nebentäler, darunter die märchenhafte Burg Eltz, die einst die 500-DM-Note zierte.

Zum Lesen und Klicken

Stuart Pigotts Weinreisen: Mosel
Rudolf G. Binding, Moselfahrt aus Liebeskummer – Rudolf G. Binding
www.lvermgeo.rlp.de (Landesamt für Vermessung)

Oben: Das Weinschiff (aus römischer Zeit) gehört zum Grabmahl eines Moselweinhändlers, gefunden bei Neumagen.

Rechts: Traben-Trarbach ist einer der beliebtesten Weinorte an der Mosel, deshalb ist auch die Grevenburg auf dem Trarbacher Ufer sehr bekannt. Im Ortsteil Traben hat die Stadt einen Riesling-Pfad angelegt, der auf 18 verschiedenen Weingütern und in einem Hotel den Anbau und die Kelterung dieser Traube schildert. Es werden aber auch andere Rebsorten vorgestellt, etwa Müller-Thurgau, Dornfelder oder Spätburgunder. Ein Schwerpunkt liegt auf dem ökologischen Weinbau, der immer mehr Anhänger findet.

»Wenn die Rhein- und Mosel-Weine gut sein sollen, so ist es nötig, dass so wenig vom Rhein und der Mosel selbst hineinfließe, als möglich ist.«
Georg Christoph Lichtenberg, Sudelbücher

Oben: Die Porta Nigra in Trier ist eines der größten römischen Bauwerke in Deutschland. Das Stadttor zeigt, welche Bedeutung die Mosel-Metropole schon im 2. Jahrhundert hatte.

Junge Winzer wollen Qualität

Auf den mineralienreichen und wärmespeichernden Schieferböden beiderseits der Mosel liegen einige der besten und bekanntesten Weinlagen: »Bernkasteler Doctor« und »Wehlener Sonnenuhr«, »Piesporter Goldtröpfchen« und »Ürziger Würzgarten« gehören zu den Moselweinen, die bei Weinexperten stets beste Noten erzielen. Bekannter noch ist wohl die Großlage »Kröver Nacktarsch«, ein Massenwein, den in den vergangenen Jahrzehnten viele Weintrinker mit dem nicht immer als Lob gedachten Prädikat »süffig« versahen. Aber in diesem Geschäft können die Moselwinzer, deren Hänge viel Handarbeit erfordern, nicht mehr mit der internationalen Konkurrenz mithalten. Deshalb haben sich jüngere Winzer in Gruppen wie den »Moseljüngern« zusammengetan, um zwar weniger Flaschen, aber bessere Qualität zu produzieren.

48

Hetzjagd im Schnee

Rallye Monte Carlo – ein Klassiker

Die Rallye Monte Carlo gilt als die »Mutter aller Rallyes«. Die winterlichen Hetzjagden über die verschneiten Pässe der Seealpen locken immer im Januar Hunderte von Zuschauern an die Straßen und Tausende weltweit an die Bildschirme. Deswegen treten viele Autohersteller mit Firmenteams und Spitzenfahrern an, auch wenn der Wettbewerb nicht mehr zur Rallye-Weltmeisterschaft zählt. Das Motor-Spektakel begann 1911 mit einer Sternfahrt, um in der Wintersaison Touristen nach Monaco zu locken. Heute hat der Autoclub des Fürstentums zur Rallye und zum nicht minder berühmten Grand Prix eine Rallye und einen Grand Prix mit Oldtimern und sogar eine Rallye für Autos mit alternativen Antrieben hinzugefügt.

Oben: Der zweifache Rallye-Weltmeister Walter Roehrl hat die Rallye Monte Carlo in den 80er-Jahren vier Mal gewonnen.

Oben: La Bollène-Vésubie ist eines der Dörfer in den französischen Seealpen, durch die – je nach Streckenführung – im Winter die Rallye Monte Carlo donnert. Die Region Provence-Alpes-Côte d'Azur entfaltet ihre landschaftlichen Reize aber noch mehr im Sommer, auch wenn viele Urlauber sie bestenfalls von der eiligen Durchfahrt an die Küste kennen.

Die Nacht der langen Messer

Unbestrittener Höhepunkt fast jeder Rallye Monte Carlo war in den letzten Jahrzehnten die nächtliche Fahrt über den 1607 Meter hohen Col de Turini. Von den Piloten und ihren Beifahrern war in den zahllosen Haarnadelkurven auf Schnee und Eis höchste Konzentration gefordert. Es war die legendäre »Nacht der langen Messer«, was gar nicht so blutrünstig gemeint war, wie es klingt: Für die möglichst schnelle nächtliche Fahrt zwischen Fels und Abgrund wurden starke Scheinwerfer an die Front der automobilen Kraftpakete geschraubt. Und diese Lampen »stachen« weit in die Dunkelheit. Inzwischen ist Fernsehen und Werbung zuliebe, aber zum Kummer der Fans die Fahrt über den Turini ins Tageslicht verlegt.

Die Route der Rallye ändert sich zwar häufig, doch die überaus fotogene Hatz durch die Serpentinen des Col de Turini wurde für die Routenplaner zu einem Muss. Und für viele Urlauber ist die gemächliche Fahrt über den Berg eine Attraktion eigener Art geworden: Die Aussicht auf der Strecke von Sospel nach La Bollène-Vésubie ist eindrucksvoll, wenn auch der Fahrer eifrig kurbeln muss in nicht enden wollenden Kurven. Auch ohne Rallye-Tempo und in der Familienkutsche ist das eine Leistung.

Zum Lesen und Klicken

Graham Robson, Monte Carlo Rally: The Golden Age 1911–80
www.acm.mc (engl./franz. – Automobilclub von Monaco)

Oben: Eine mittelalterliche Brücke überquert in Sospel den Fluss Bevera. Das 350 Meter hoch gelegene Städtchen liegt am Rand des Mercantour-Nationalparks und ist eine Station des Fernwanderwegs Sentier Panoramique du Mercantour. Rallye-Fans, die im Sommer die Bergetappen der »Monte« gemächlich nachfahren wollen, nehmen gerne Quartier im historischen Ort Sospel. Dessen Attraktion ist die Kathedrale Saint-Michel aus dem 17. Jahrhundert.

»Der Turini, die berühmteste Spezialetappe im globalen Rallye-Programm, nimmt regelmäßig Spitzenplätze ein, wenn es um die weltweit größten Erlebnisse am Steuer geht. Seit fast hundert Jahren führt er Rallyefahrer an ihre Grenzen.«
Daily Mail, London

Fixpunkt der Auto-Historie

Turcat-Méry, Bignan, Hotchkiss, Allard – verwehte Namen. Automarken, mit denen in den frühen Jahren der »Monte« die Sieger durchs Ziel fuhren. Viele der schnellen Piloten kann man auch nur noch in den Siegerlisten der Lexika nachschlagen. Wer erinnert sich noch an Walter Schock, den ersten Sieger unter deutscher Flagge 1960? In Erinnerung bleiben eher Seriensieger wie Walter Röhrl, der in den Achtzigerjahren vier Mal den Siegespokal erhielt – und jedes Mal für eine andere Automarke.
Nicht nur Autofahrer steuern den legendären Gipfel gern an. Auch Motorradfahrer lieben die Kurvenpiste, selbst durchtrainierte Radfahrer strampeln den Berg hinauf, schließlich ist die Tour de France schon mehrfach über den Berg gerollt. Selbst Fußgänger fehlen hier nicht, denn auf dem Col de Turini kreuzen sich zwei Fernwanderwege. Und alle treffen sich bei schönem Wetter auf der Terrasse des Hotels »Les 3 Vallées«, dessen Restaurantwände mit Rallye-Memorabilia tapeziert sind. Der »Turini« ist ein Fixpunkt der Autohistorie.

Kultur ist ein weites Feld. Das ist zunächst durchaus wörtlich zu verstehen, denn die Lateiner verstanden unter »cultura« das Bestellen der Äcker. Kultur im heutigen Sinne ist ein Terrain, auf dem vieles und für jeden etwas blüht. Seit im späten 17. und im 18. Jahrhundert junge Briten den Kontinent erkundeten, um die Welt zu studieren, wuchsen Reisen und Kultur fest zusammen.

Schreiber, Musiker und Maler

Kulturtouren sind ein Markenzeichen des Alten Europa

Sie schufen die berühmteste Musikgruppe, die nie existiert hat: Sgt. Pepper's Lonely Hearts Club Band. Die Beatles schrieben künstlerisch wie kommerziell Musikgeschichte, bis sie sich 1970 trennten. Doch es sollte bis 2008 dauern, dass sich Hamburg, wo die Karriere der »Fab Four« begann, sich ein Beatles-Denkmal gönnte. Nun ist die Stadt neben Liverpool und London etabliert als wichtige Station auf dem immer noch belebten Pilgerzug der Pilzkopf-Fans.
Popkultur ist eine Facette der bunten Vielfalt, die sich Touristen bietet, die auf kulturellen Wegen wandeln wollen. Mozart siedelt am anderen Ende der musikalischen Skala. Wer Dichtern und Schriftstellern folgen möchte, findet ein besonders breites Angebot: Fontane, Jane Austen, Hemingway, Goethe, um nur einige zu nennen. Manche der berühmten Schreiber verlangen ihren Lesern körperlich viel ab, wenn diese den Werken auf die Spur kommen wollen: Robert Louis Stevenson ist durch die südfranzösischen Cevennen gewandert, Daniel Defoe hat gar einen Großteil seiner britischen Heimatinsel abgelaufen. Örtlich begrenzter, aber durchaus auch strapaziös ist der Tribut an James Joyce und seine Odyssee durch Dublin. Dennoch ziehen nahezu täglich Joyce-Verehrer auf den mäandernden Wegen durch Dublin.
Auch mehrere Maler lieferten Vorlagen für spezielle Touren, allen voran Salvador Dalí, an den in seiner katalonischen Heimat gleich drei Museen erinnern. Besonders geeignet sind jene Maler, die hinauszogen in die freie Natur, um dort zu malen. Die berühmtesten unter ihnen waren zweifellos Frankreichs Impressionisten, die, das Licht suchend, von Paris zum Unterlauf der Seine und an die normannische Küste reisten. Eher das Dunkle suchen hingegen die durch Transsylvanien geisternden Freunde Draculas, um den berühmtesten Eckzähnen der Popkultur huldigen zu können.

Oben: Reisen mit dem Kulturführer im Rucksack: die Insel Unst im Shetland-Archipel.

49

»Reicher als zu hoffen gewagt«

Theodor Fontanes Mark Brandenburg

Einen Werbeträger, wie man ihn sich besser nicht wünschen kann: Theodor Fontane und seine »Wanderungen durch die Mark Brandenburg«. Das preußischste aller Bundesländer ist zwar mit einer schönen, aber unspektakulären Landschaft bedacht. Das wusste auch der Dichter: »Ich bin die Mark durchzogen und habe sie reicher gefunden, als ich zu hoffen gewagt hatte.« Dank seines Interesses an Geschichte, seiner Sprachkunst und dem Blick für Details gelangen ihm fünf Bände, die noch heute viel gelesen werden. Viele machen sich mit den »Wanderungen« im Rucksack selbst auf den Weg – im Kloster Lehnin sieht man oft Touristen mit ihrem »Fontane« in der Hand.

In Brandenburg ergänzen sich Geschichte, Kultur und Natur: Schloss Rheinsberg **(oben)** zieht nicht nur Architekturfreunde an, die sich den Renaissancebau anschauen wollen, den Knobelsdorff 1736 im Rokokostil als Sitz des Kronprinzen umgestaltete. Eifrige Leser kennen nicht nur »Rheinsberg« von Kurt Tucholsky, sondern auch, was Theodor Fontane notierte. Johann Abraham Peter Schulz (1747–1800), der Komponist der preußischen Prinzen, schrieb hier sein berühmtestes Lied »Der Mond ist aufgegangen«. Und die »Fontanestadt« Neuruppin **(links)** steuert den geistlichen Akzent bei: Hier gründeten die Dominikaner im Jahr 1246 ihr erstes Kloster zwischen Elbe und Oder.

Rheinsberger Turteltäubchen

Die Mark Brandenburg ist nicht nur Fontane-Land. Viele Schriftsteller haben im beschaulichen Umland der Metropole Berlin schreibend Entspannung gesucht, so Bertolt Brecht (»Buckower Elegien«) oder der »rasende Reporter« Egon Erwin Kisch, der zeitweise ebenfalls in Buckow arbeitete. Kurt Tucholsky hat einen Ort in der Mark für immer im deutschen Literaturatlas markiert: Rheinsberg. Die preußische Residenzstadt und ihr Schloss, 1734 von Georg Wenzeslaus von Knobelsdorff umgebaut, würde heute wohl nur Architekturliebhaber anziehen, hätte nicht Tucholsky hier sein heiteres kleines Buch »Rheinsberg. Ein Bilderbuch für Verliebte« angesiedelt. Es lohnt sich, wenigstens die erste Etappe des langen Rundwanderwegs durch das Ruppiner Land, die knapp 30 Kilometer von Neuruppin nach Rheinsberg zu wandern oder zu fahren und zuvor das Büchlein zu lesen. Im Schloss haben die dankbaren Rheinsberger ein Tucholsky-Museum eingerichtet. Der Autor hatte ein ganz besonderes Verhältnis zu seinem Frühwerk von 1912 über ein turtelndes Pärchen: »Was in dem Buch da ist: Das weiß ich schon. Eine bessere Zeit, und meine ganze Jugend.«

Zum Lesen und Klicken

Theodor Fontane, Wanderungen durch die Mark Brandenburg
Kurt Tucholsky, Rheinsberg. Ein Bilderbuch für Verliebte
Günter Grass, Ein Weites Feld (Roman mit vielen Bezügen zu Fontane)
www.reiseland-brandenburg.de

Links: Friedrich Wilhelm II. hat zwar bei den Historikern keinen großen Namen, aber die Neuruppiner glauben, er habe sein Denkmal in der Karl-Marx-Straße verdient. Der Preußenkönig ließ nämlich die Stadt nach dem großen Brand 1787 im klassizistischen Stil neu erbauen.

Fontanestadt und Ruppiner Schweiz

Brandenburg preist sich als Wanderland an und ehrt damit auch seinen größten Dichter. Mehrere der 14 Routen, die von den Touristikern entwickelt wurden, folgen zumindest teilweise den Spuren von Theodor Fontane. Beispiele sind der »Hauptwanderweg Theodor Fontane« im Oderbruch (95 km) oder der Rundwanderweg »Ruppiner Land« (250 km).
Letzterer beginnt und endet in der Stadt, in der Fontane 1819 als Apothekerssohn geboren wurde, in Neuruppin. Sein Geburtshaus birgt bis heute eine Apotheke. Auf dem Alten Gymnasium, jetzt ein Kulturzentrum, gingen Fontane und der zweite bekannte Sohn der Stadt, der Baumeister Karl Friedrich Schinkel, zur Schule. Der Neuruppiner See ist Teil der Ruppiner Schweiz, die Fontane rühmt: »An jeder Stelle gleichen Reiz / Erschließt dir die Ruppiner Schweiz«. Auch die Märkische Schweiz östlich von Berlin hat er gepriesen: »Meilenweit nur Wiesen, keine Fruchtfelder, keine Dörfer, nichts als Heuschober dicht und zahllos«. Doch der bisweilen ironische Poet spottet auch über die Lust, überall kleine Alpen zu erblicken: »Die Schweize[n] werden immer kleiner«.

Oben: Die Löwen-Apotheke nahm schon das Erdgeschoss ein, als Theodor Fontane im Jahr 1819 im heutigen Fontane-Haus in Neuruppin geboren wurde. 1826 musste Fontanes Vater das Haus jedoch verkaufen, um Spielschulden zu begleichen.

»… immer bin ich unterwegs, immer in Bewegung und am liebsten ohne vorgeschriebene Marschroute, ganz nach Lust und Laune.«
Theodor Fontane, Wanderungen durch die Mark Brandenburg

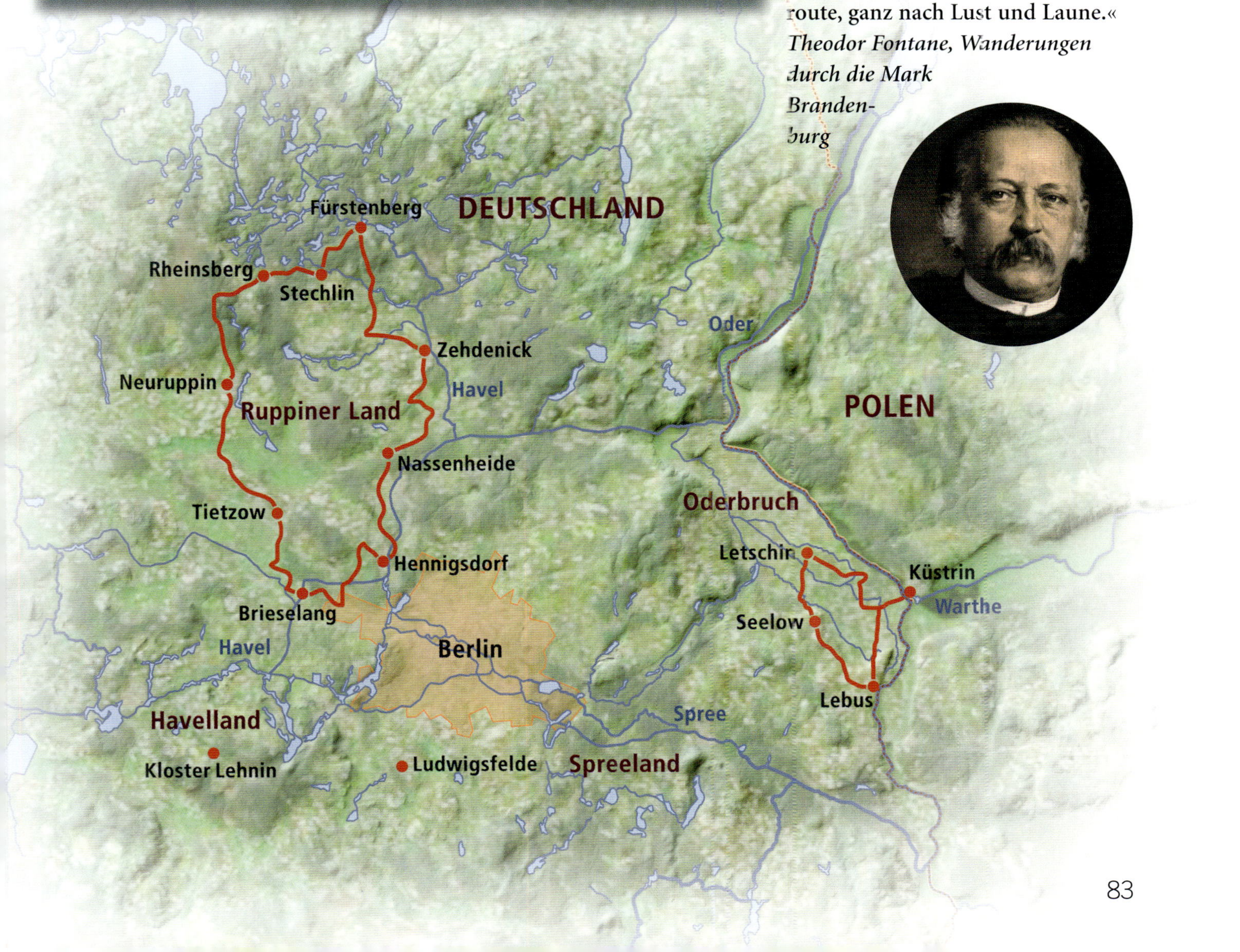

Zu Walter Scotts Schloss

Fontanes Reisebericht über Schottland

Oben: Stirling Castle, ein Sitz der schottischen Könige, zählt dank seiner Lage an einer Felsstufe zu den eindrucksvollsten erhaltenen Burgen in Großbritannien. Der größte Teil der heutigen Bauten entstand zwischen den Jahren 1496 und 1583.

»Ich hab es getragen sieben Jahr …« – die Ballade von Archibald Douglas war Fontanes erste literarische Beschäftigung mit Schottland. Der brandenburgische Dichter, der zeitweise in London lebte, hat sich noch öfter Schottland gewidmet, das bekannteste Ergebnis ist sein Reisebericht »Jenseit des Tweed«. 1858 war er 16 Tage lang jenseits des Grenzflusses zwischen England und Schottland unterwegs. Er besuchte unter anderem Edinburgh, Linlithgow, Stirling Castle, Perth, Inverness, Culloden, Oban, die Hebrideninseln Staffa und Iona und die Abteiruine Melrose. Ein Höhepunkt war für Fontane der Besuch in Abbotsford, dem Schloss, das sich der Romancier Sir Walter Scott (1771–1832) hatte bauen lassen.

»Fontane hat mich mitten ins Herz getroffen! Er ist sehr authentisch und immer noch aktuell; denn Schottland hat sich erstaunlich wenig verändert, und Ge-schichte vergeht ja nicht. Ich würde das Buch heute noch jedem empfehlen, der eine Reise nach Schottland macht.«

Douglas McAdam, britischer Konsul in Hamburg (2002) und Mitglied der MacGregor-Clans

Nessie war noch kein Thema

Theodor Fontane war kein unkritischer Reisender, selbst wenn er unterwegs war in Landstrichen, die er liebte. Das gilt für seine »Wanderungen durch die Mark Brandenburg« wie für sein schottisches Reisebuch. Ein Beispiel sind seine Zeilen über eine der eindrucksvollsten Burgen Schottlands: »Stirling-Castle, in derselben Weise wie der Londoner Tower oder Schloss Edinburg, besteht aus einem bunt zusammengewürfelten Häuserhaufen, der allen möglichen Jahrhunderten und Baustilen angehört …« Auch die Bürger von Edinburgh waren wohl nicht froh über die Kritik an ihrer Burg, doch sie konnten sich ja trösten mit Fontanes Kommentar zu dem Bollwerk: »Jeder ehrliche Schotte hält diesen Punkt für den schönsten in der Welt«. Ob das auch die Rivalin Glasgow so sehen würde? Die andere Großstadt jenseits des Tweed stand nicht auf Fontanes Reiseplan. Loch Ness hingegen fuhr Fontane in ganzer Länge ab, ohne »Nessie« auch nur zu erwähnen. Kein Wunder: Das mythische Ungeheuer war zwar schon anno 565 in einer geistlichen Schrift erwähnt worden, aber richtig prominent wurde es erst 1933, als schottische Zeitungen über das Monster berichteten und Londons Gazetten ihre Reporter nach Norden schickten.

Zum Lesen und Klicken

Theodor Fontane, Jenseits des Tweed – Bilder und Briefe aus Schottland
Heinz Ohff, Theodor Fontane. Leben und Werk
www.jenseit-des-tweed.de
http://international.visitscotland.com/de

51

Südenglisches Ambiente

In der Welt der Jane Austen

Ihre Romane sind 200 Jahre alt – meistens Liebesgeschichten aus einer Gesellschaft, in der Frauen Absicherung durch die Ehe suchten. Wieso findet Jane Austen mit diesen scheinbar überholten Stoffen immer noch Leser? Weil sie sehr gut schreiben konnte, weil sie ihre Figuren mit sanfter Ironie formte, und weil sie zeitlose Gefühle schildert. Das trägt dazu bei, dass ihre Werke – allen voran »Emma« und »Stolz und Vorurteil« – immer wieder verfilmt werden. Aber auch ihr Ambiente, das landschaftlich reizvolle Südengland, ist überaus fotogen. Die 1775 geborene Austen verbrachte fast ihr ganzes Leben in der südenglischen Grafschaft Hampshire. Sie wurde nur 41 Jahre alt und heiratete nie.

Oben: »Emma« und »Mansfield Park« gehören zu den Romanen, die Jane Austen im Chawton Cottage schrieb. Die Autorin wohnte einige Jahre im Dorf Chawton und in einem Haus aus dem 17. Jahrhundert. Dort entstand ein privates Museum, das sich um Besucher nicht sorgen muss. Austens Werke, vor rund 200 Jahren entstanden, erfreuen sich immer noch einer treuen Leserschaft, insbesondere seit in jüngster Zeit einige ihrer Romane verfilmt wurden – mehr als je zuvor.

Die Grafschaft Hampshire ist »Austen Country«

London ist bisweilen Schauplatz ihrer Romane, und Jane Austen war hin und wieder dort, weil ihre Brüder Henry and Edward in der Hauptstadt lebten. Aber ihre Inspiration bezog die Autorin vornehmlich aus Hampshire, das für sich zu Recht als »Austen Country« wirbt. Viele Austen-Fans beginnen ihre Touren durch die Region in Chawton, wo das Haus, in dem sie lange lebte und ihre Hauptwerke schrieb oder überarbeitete, zu einem Austen-Museum wurde. Im nahen Landsitz Chawton House, wo einer ihrer Brüder wohnte, entstand eine Bibliothek für britische Schriftstellerinnen zwischen 1600 und 1830.

Geboren wurde Austen im Dorf Steventon – die Kirche, in der ihr Vater Geistlicher war, ist ein weiteres Ziel der Austen-Leser, meist Leserinnen. Das Geburtshaus steht nicht mehr. Sehenswert ist auch The Vyne, eines der Herrenhäuser, in denen die Austen-Schwestern gern zum Tanz gingen. Im Nachbarort Alton erinnert vieles an Austen. Auch den historischen Marinehafen von Portsmouth, in dem ihre Brüder Francis and Charles stationiert waren, kannte sie gut. In Winchester starb die schwer erkrankte Schriftstellerin – vor ihrem Grabmal in der Kathedrale erweisen ihr Tag für Tag Bewunderer die Reverenz.

Zum Lesen und Klicken

Elsemarie Maletzke, Mit Jane Austen durch England
www3.hants.gov.uk (Grafschaft Hampshire)
www.nationaltrust.org.uk

»Es ist eine allgemein anerkannte Wahrheit, dass ein Junggeselle im Besitz eines schönen Vermögens nichts dringender braucht als eine Frau.«
Jane Austen, Stolz und Vorurteil

52

Mozart auf Reisen

Kälte, Krankheiten und Kutschen im Schlamm

Wolfgang Amadeus Mozart ist nur knapp 36 Jahre alt geworden und war dennoch fast ein Drittel seines Lebens auf Reisen – darunter allerdings auch monatelange Aufenthalte, etwa in Paris und London. Wer auf seinen Spuren unterwegs sein will, besucht zehn Länder – von Italien im Süden bis England im Norden. Nachvollziehen lassen sich die Strapazen jener Jahre heute nicht mehr: schlechte Wege, Kälte- und Regenfahrten in teils offenen Kutschen, unhygienische Herbergen und andere Beschwernisse mehr. Kein Wunder, dass die Mozarts – auch die Eltern und Schwester Nannerl – oft erkrankten. Mozart schätzte das Reisen dennoch, brachte es ihm doch wichtige Begegnungen sowie neue Ideen und musische Erfahrungen.

Oben: In Salzburg wurde Wolfgang Amadé Mozart – wie er sich nannte – 1756 geboren, in der Getreidegasse 9. Als seine Vornamen wurden Chrysostomus Wolfgangus Theophilus eingetragen. Bereits 1769 wurde »Wolferl« als Dritter – und unbesoldeter – Konzertmeister der Salzburger Hofkapelle angestellt. Einen Sold erhielt das Wunderkind erst 1772. Sein Landesvater, der Erzbischof, gab Mozart später noch den Hoforganisten-Posten, aber nach stetem Konflikt zwischen den beiden Männern kündigte Mozart 1781 und zog nach Wien.

Auf der Suche nach Ruhm, Honorar und Arbeit

Viele Könige und Fürsten haben im 18. Jahrhundert ihre Chance auf Unsterblichkeit verpasst: Sie verweigerten dem bei ihnen gastierenden Mozart den dringend gesuchten festen Arbeitsplatz. Nur sein erster Dienstherr Hieronymus Franz Josef von Colloredo, Fürsterzbischof von Salzburg, erlangte so Nachruhm – Colloredos große Leistungen wären ohne Mozart wohl nur in der Kirchen- und Landesgeschichte gewürdigt worden.

Mozart war lange auf Gönner angewiesen, erst der Erfolg der »Zauberflöte« festigte die Finanzen des Künstlers. Er pflegte aber auch einen aufwendigen Lebensstil, weshalb er Ehefrau Constanze bei seinem Tod 1791 Schulden hinterließ. Kaiser Leopold II. half der Witwe für eine Weile, bis sie, klug wirtschaftend, für ein gutes Auskommen sorgen konnte.

Vor allem Mannheim – in Mozarts Tagen ein bedeutendes Musikzentrum mit europäischer Ausstrahlung – hätte diesen Ruhm historisch festigen können, wenn Kurfürst Karl Theodor dem jungen Musiker eine Anstellung gegeben hätte. Insofern waren die fünf Monate in der pfälzischen Residenz vergeblich. Immerhin: Mozart verliebte sich dort in Aloisia – und ward abgewiesen. Aber die jüngere Schwester Constanze wurde schließlich Frau Mozart.

Zum Lesen und Klicken

Dorothea Leonhart, Mozart. Eine Biografie
Rudolph Angermüller, Mozarts Reisen in Europa 1762–1791. Mozart Wege
Eduard Mörike, Mozart auf der Reise nach Prag. Eine Novelle
www.mozarteum.at
www.mozartways.com

Rechts: Prag versteht sich wie Salzburg und Wien als eine originäre Mozart-Stadt, schließlich vollendete Mozart 1787 dort seinen »Don Giovanni«. Der Oper wird deshalb ein besonderes Gewicht beigemessen im Prager Mozart-Museum, einer Villa, in der Mozart einst als Gast einer Familie wohnte. Viel bekannter ist hingegen die Novelle »Mozart auf der Reise nach Prag«, die Eduard Mörike 1856 als letztes größeres Werk schrieb. Es war ein Tribut an Mozart zu dessen 100. Geburtstag. Die Geschichte ist allerdings frei erfunden.

Mozart-Museen und ein literarisches Denkmal

Salzburg und Wien waren die wichtigsten Stationen in Mozarts Leben. In Salzburg blieb sein Geburtshaus als Museum erhalten. Auch das spätere Wohnhaus der Familie am Hannibalplatz (heute Makartplatz) dient als Erinnerungsstätte, ebenso das Zauberflötenhäuschen im Bastionsgarten, in dem Teile der Oper entstanden sein sollen. In Wien blieb nur die Wohnung in der Domgasse erhalten; auch sie birgt heute ein Museum. Das Geburtshaus der Mutter in St. Gilgen und das des Vaters in Augsburg präsentieren ebenfalls Sammlungen zur Lebensgeschichte des Komponisten.

In Prag feierte Mozart rauschende Erfolge, dort wurde sein »Don Giovanni« uraufgeführt. Während seiner Aufenthalte wohnte Mozart oft bei seinen Künstlerfreunden, dem Ehepaar Duschek. Deren hübsche Villa Bertramka beherbergt heute ebenfalls ein Mozart-Museum. Prag versuchte Mozart, der die Stadt sehr schätzte, zu halten, aber sie war für den durchaus von seinen besonderen Qualitäten überzeugten Musiker künstlerisch wie wirtschaftlich zu provinziell. Ein großer Dichter, Eduard Mörike, setzte der böhmischen Mozartstadt aber 1856 ein Denkmal mit seiner Novelle »Mozart auf der Reise nach Prag«.

»... ohne reisen (wenigstens leüte von künsten und wissenschaften) ist man wohl ein armseeliges geschöpf!«
Wolfgang Amadeus Mozart, 1778 in einem Brief aus Paris

Grand Tour für den Adel

Auf der Suche nach Bildung und Erotik

Reisen unternahmen die Menschen früher nur aus Notwendigkeit, etwa weil der Staat sie zwang, meistens um Krieg zu führen, als Pilger oder aus Nahrungsmangel. Auswanderer zählten meist zur letzten Kategorie. Reisen aus Neugier waren sehr selten. Das änderte sich erst, als für die jungen Männer – selten auch Frauen – der englischen Oberschicht im 17. und 18. Jahrhundert die Grand Tour den Schlusspunkt ihrer Ausbildung setzte. Ziel war es, die Kultur der Antike und der Renaissance zu studieren, Sprachen zu lernen und Lebenserfahrung zu sammeln – auch auf erotischem Feld. Man reiste mit einem Tutor, dem »Bärenführer«, und mit Personal. Die meisten Reisenden kehrten erst nach zwei, drei Jahren zurück.

Oben: Weimar – hier der Neptunbrunnen vor dem Rathaus – war wegen Goethe mit auf die Route der Grand Tour geraten.

Vater des Massentourismus

Die klassische Grand Tour hatte eine feste Route: Über den Ärmelkanal nach Paris, dort mehrmonatiger Aufenthalt, dann nach Italien mit den Hauptzielen Florenz und Rom; Venedig wurde meist für die Rückreise eingeplant. Mit den Ausgrabungen am Vesuv verlängerte sich die Reise bis Neapel. Im Lauf der Zeit wurden München, Heidelberg, Weimar und Berlin populär, letzte Station vor der Rückkehr waren oft die Niederlande und ihre Maler.

Auch in anderen Ländern Europas fasste die Idee der Grand Tour Fuß – vor allem Künstler zog es gen Süden, Goethe zum Beispiel (S. 106). Gereist wurde meist in Kutschen, wobei die Wohlhabenden eigene Kutschen nutzten, die anderen mieteten Droschke und Kutscher. Übernachtet wurde entweder in den oft schmutzigen Poststationen, bei Verwandten oder bei längeren Aufenthalten in gemieteten Wohnungen.

Seit der Französischen Revolution machten die britischen Aristokraten einen Bogen um Paris und reisten rheinaufwärts gen Süden. Das Interesse an der Grand Tour ließ jedoch allmählich nach. Und als die Eisenbahn das Reisen für jedermann möglich machte und das Prestige der Grand Tour damit schwand, fand sie ihr Ende.

Zum Lesen und Klicken

Attilio Brilli/Annette Kopetzki, Als Reisen eine Kunst war. Vom Beginn des modernen Tourismus: Die »Grand Tour«

www.channel4.com/4homes/on-tv/kevin-s-grand-tour (engl.)

Oben: Die Spanische Treppe ist bis heute ein Ziel der Rom-Reisenden. Sie verdankt ihren Namen der Piazza Spagna; der spanische Platz lag vor Spaniens Vatikan-Botschaft und galt als spanisches Staatsgebiet. Wer sich dort unbefugt aufhielt, konnte in die spanische Armee eingezogen werden. Der Barcaccia-Brunnen am Fuß der Freitreppe vor der Kirche Santa Trinità die Monte wurde 1628–29 von Pietro Bernini geschaffen.

»Nach dem Gesetz der Sitte und dem Gesetz der Vernunft vervollständigen Auslandsreisen die Erziehung eines englischen Gentleman.«

Edward Gibbon, britischer Historiker des 18. Jahrhunderts

Reisescheck und Reiseführer

Englische »Grandtouristen« trugen oft so viel Geld ins Ausland, dass Politiker in Westminster Gefahr für die Volkswirtschaft witterten. Für die Reisenden stellten sich indes ganz andere Probleme: Sie wollten nicht so viel Bargeld mit sich führen, lauerten doch vor allem in Italien »Briganten« (Banditen) im Gebüsch. Da es in London florierenden Handel gab, hatten auch italienische Banken an der Themse ihre Schalter. Sie stellten nun auch für Nicht-Kaufleute Kreditbriefe aus, die in Italien eingelöst werden konnten. Später wurden daraus Reiseschecks.
Für jeden, der sich seinerzeit auf die »Große Reise« begab, war es selbstverständlich, ein Journal zu führen. Manches Notizbuch blieb zwar weithin leer, weil sich die Reisenden zu sehr Wein, Weib und Gesang hingegeben hatten, sorgfältig geführte Tagebücher trugen hingegen zur Entwicklung der Reiseliteratur bei. Als klassische Reiseführer taugten die Notizen allerdings selten. Dazu musste im 19. Jahrhundert erst Karl Baedeker aus Essen auf Reisen gehen.

Links: Nach dem Vorbild von John Murray entwickelte Karl Baedecker im 19. Jahrhundert seine Reiseführer. Sie sollten einen teuren, ortskundigen Führer ersetzen und für jedermann als penibel recherchierter Reisebegleiter dienen. Anekdotisch ist überliefert, dass er Erbsen von der Westen- in die Hosentaschen steckte, als er die Treppenstufen auf den Mailänder Dom erklomm. – Beim Abstieg machte er die Gegenprobe.

Unten: Blick von der Dachterrasse der Galeries Lafayette auf die Kirche Sacré Cœur.

54

Frauenheld und rastloser Reisender

Casanova und seine Memoiren

Er war Priester und Gauner, Bibliothekar und Dieb, päpstlicher Ordensträger, Geheimagent, Jurist, Lotteriegründer, Fähnrich, Violinist, Autor und Häftling. Nur eines war er nie: verheiratet. Aber er hat nach eigenen Worten zahllose, oft verheiratete Frauen verführt. Dessen mögen sich auch andere rühmen. Doch die haben keine literarisch ansprechenden Memoiren verfasst. Dank dieses mehrbändigen Konvoluts wurde sein Name zum Synonym für Frauenverführer: Casanova. Giacomo Girolamo Casanova, 1725 in Venedig geboren. Rastlos streifte er durch Europa, 7000 Kilometer in drei Jahren. Meistens suchte er einen reichen Patron, bisweilen war er auf der Flucht. Er ist wahrhaftig einzigartig in der Welt der großen Reisenden.

Er gilt bis heute als die Verkörperung des Verführers schlechthin: Giacomo Casanova, der legendäre venezianische Abenteurer. Als solcher hatte er schon zu Lebzeiten großen, wenngleich manchmal zweifelhaften Ruhm erlangt. Deshalb gibt es auch zahlreiche Zeichnungen über den offensichtlich sehr galanten Herren, zeitgenössische und spätere zur Illustration seiner Memoiren voller Liebesabenteuer. Beispiele sind die Darstellungen, wie Casanova in eine Gondel einsteigt (**oben**) oder wie er am Fenster eines venezianischen Palazzo einen Brief liest (**links**). Sein Leben führte zu zahlreichen Verfilmungen, boten sich doch dank Casanovas vieler Reisen sehr unterschiedliche Schauplätze an. Aber es gab auch Stationen seines Lebens, die etwas überraschen, etwa Wesel am Niederrhein, Braunschweig oder das Residenzstädtchen Wolfenbüttel.

Durch das Bleidach in die Freiheit

Der Sohn einer Komödiantin, der gern als selbst ernannter Chevalier de Seingalt auftrat, parlierte mit Papst Clemens XIII. in Rom, König Georg III. in London, Friedrich dem Großen in Sanssouci, König Carlos III. in Spanien und mit Katharina der Großen in Russland. Casanova hatte einflussreiche Freunde, die ihm Zugang in höchste Kreise verschafften. Sein Wunsch, irgendwo bei Hof eine gut dotierte und prestigereiche Anstellung zu finden, erfüllte sich dennoch nicht.

Spätestens seit 1756 genoss er über Italien hinaus eine große Popularität: Er hatte es als erster Häftling geschafft, aus dem Gefängnis der venezianischen Inquisition, den Bleikammern im Dogenpalast, auszubrechen. Mit einem Kumpan schaffte er es, in seiner Kammer direkt unter dem Dach dessen Bleiplatten abzudecken. Es war der zweite Versuch. Beim ersten hatte Casanova unter seinem Bett ein Loch durch den Boden gegraben – kurz vor dessen Vollendung wurde er aber in eine bessere Zelle verlegt. Beinahe wäre Casanova nach eigener Schilderung auf der Flucht vom Dach gestürzt. Mit diesem Abenteuer war er in den Salons Europas ein gern gesehener Gast. Und beim Anbahnen amouröser Kontakte war solche Tollkühnheit gewiss auch förderlich.

Zum Lesen und Klicken

Giacomo Casanova, Histoire de ma vie (erste vollständige Ausgabe 1960)
Hartmut Scheible, Giacomo Casanova. Ein Venezianer in Europa
http://web.archive.org/web/20080207194442/http://users.dickinson.edu/~emery/Casanova.htm (Site von »Casanovisten«)

Von 200 Talern auf sieben Millionen

Es war der höchste Preis, der je für eine Handschrift gezahlt wurde: Für sieben Millionen Euro erwarb die französische Nationalbibliothek 2010 Casanovas Memoiren. Die 1800 Doppelseiten hatte der einstige »Günstling der Frauen« ab 1790 auf Schloss Dux (Duchcov) in Böhmen verfasst. »Histoire de ma vie« nannte er das Werk, das 1774 abbricht. 1778 starb der skandalumwitterte Mann in Einsamkeit. Glücklicherweise konnte er seinen Plan, die Aufzeichnungen zu verbrennen, nicht mehr umsetzen. Sie sind das Zeugnis einer Zeit, in der das frivole Rokoko den Trommeln der Französischen Revolution weichen musste. Das auf Französisch verfasste Manuskript wurde an die Familie übergeben. Ein Nachfahr verkaufte es 1821 vermutlich für nur 200 Taler an den Leipziger Verleger Brockhaus. Er gab in den Folgejahren zwei gekürzte und für die Zensur gereinigte Versionen heraus – sie wurden zur Basis unzähliger und unsäglicher Erotikschwarten unter seinem Namen. Bei Brockhaus blieb der Originaltext im Safe – erst in Leipzig, nach 1945 in Wiesbaden, auch wenn Autoren wie Kurt Tucholsky und Stefan Zweig die Veröffentlichung forderten. Erst 1960 entschloss sich Brockhaus zu einer Publikation. Nun macht die Bibliothèque nationale Casanovas Zeilen wieder zugänglich. Wie hatte der Shakespeare-Übersetzer Ludwig Tieck, von Brockhaus vor dem Ankauf befragt, geurteilt? »Der Mensch ist ganz verrucht, aber sein Leben und die Art, es darzustellen, höchst anziehend.«

»Die Liebe besteht zu drei Viertel aus Neugier.«
»Die Vernunft ist des Herzens größte Feindin.«
Giacomo Casanova, Memoiren

Oben: Der Dogenpalast in Venedig, der in Casanovas Leben eine unerfreuliche Rolle spielte.

Philosoph auf Reisen

Voltaire wirkte weit über Frankreich hinaus

Das 18. Jahrhundert gilt als das Jahrhundert der Aufklärung. Die Franzosen nennen es hingegen »le siècle de Voltaire«, das Jahrhundert Voltaires. Der 1694 in Paris geborene Philosoph und Schriftsteller gilt als personifizierte Aufklärung. Seine Schriften haben weit über Frankreich hinaus gewirkt. François Marie Arouet, so sein Geburtsname, tat aber auch etwas für die Verbreitung seiner Gedanken – er war viel unterwegs. Brüssel, Aachen, Potsdam und Frankfurt gehörten zu seinen Stationen, ehe er sich in Genf niederließ. Auch von dort aus zog es ihn bisweilen hinaus – in Schwetzingen etwa schrieb er Teile von »Candide«, seinem bekanntesten Werk.

Zum Lesen und Klicken

Georg Holmsten, Voltaire. Mit Selbstzeugnissen und Bilddokumenten – Georg Holmsten
www.correspondance-voltaire.de

Oben: Das Musikzimmer in Sanssouci war einer der Plätze, an dem sich Friedrich der Große und Voltaire trafen, wenn der Franzose in Potsdam war.

Oben: Genf, hier das Monument Brunswick am Quay du Mont Blanc, war ein Refugium des streitbaren Schriftstellers und Denkers, während er beim Hof in Paris ungelitten war. Aber auch in der Schweizer Stadt bekam Voltaire nach der Kritik an Genf Probleme.

Streit und Freundschaft mit dem König

Nicht alle Reisen unternahm Voltaire freiwillig. Der Meister der spitzen Feder verärgerte öfter einflussreiche Zeitgenossen, auch als Vertreter der Aufklärung machte er sich in höheren Kreisen unbeliebt. Zwei Mal wurde er aus Paris verbannt. Aber seine bekannteste Reise, die nach Potsdam zu König Friedrich dem Großen, machte Voltaire ohne Zwang.
Der König hatte den Literaten, der als einer der größten Geister seiner Zeit galt, lange umschmeichelt. Voltaire kam nach zwei kurzen früheren Besuchen 1750 wieder nach Potsdam. Beide hatten zuvor schon viele Briefe gewechselt. Schloss Sanssouci erlebte fortan einen Wechsel von Einvernehmen und Streit zwischen dem König und seinem Gast, der finanziell unabhängig war und auch so auftrat.
Im Konflikt um einen Günstling des Königs hatte Voltaire eine Schrift gegen den Mann verfasst – anonym zwar, doch jeder kannte den Autor. Friedrich ließ das Buch 1752 öffentlich verbrennen. Daraufhin verließ Voltaire den preußischen Hof. Auf der Rückreise ließ ihn der König wegen angeblichen Manuskript-Diebstahls 1753 in Frankfurt/Main verhaften. Erst nach mehreren Wochen konnte Voltaire weiterreisen. Die beiden Männer sahen sich nie wieder, schrieben sich aber später wieder freundschaftlich.

Unten: Schloss Sanssouci war für Voltaires Leben prägend, erst durch die Freundschaft mit dem preußischen König, dann durch dessen Feindschaft, die sich erst im Alter legte, wenngleich sich die beiden nicht mehr sahen und nur noch Briefe wechselten.

Streben nach Unsterblichkeit

Die höchste intellektuelle Ehre Frankreichs ist die Mitgliedschaft in der Académie française. Auch Voltaire strebte danach. Erst 1746, im damals hohen Alter von 52 Jahren, wurde sein Wunsch erfüllt. Lange sah es so aus, als ob der Philosoph die Riege großer Namen, die von der Akademie verschmäht wurden, ergänzen sollte. Voltaire hatte nämlich knapp drei Jahrzehnte zuvor eine Schmähschrift über die Institution verfasst, nachdem sie eines seiner Gedichte nicht preiswürdig gefunden hatte.

Kardinal Richelieu hatte die Akademie 1635 etabliert – ihre Hauptaufgabe ist seither die Pflege der französischen Sprache. Überdies vergibt sie literarische Preise und ist über ihre Stiftungen auch in sozialen Nöten hilfreich. Die jeweils 40 Mitglieder auf Lebenszeit werden die »Unsterblichen« genannt nach dem Siegel der Akademie, in das Richelieu »À l'immortalité!« (Zur Unsterblichkeit!) hatte eingravieren lassen.

Oben: Genf hatte für Voltaire zwar große Bedeutung, aber für seine späten Schaffensjahre zog er sich dennoch nach Frankreich zurück, wenn auch auf Güter nahe Genf. Dort besuchte ihn immerhin Österreichs Kaiser Josef II. – allerdings inkognito.

»Um zu sprechen, muss man denken, zumindest annäherungsweise.«
Voltaire, Micromégas

56

Mythos Skagen

Kunst und Natur an Dänemarks Nordspitze

Das klare Licht von Skagen faszinierte die Maler, die um 1880 die Freiluftmalerei entdeckten – und die wilde Natur an Dänemarks nördlichster Spitze, an der Skagerak und Kattegat zusammenstoßen. Auch die bei Flut bisweilen gefährliche Anreise mit dem Schiff oder mit der Bahn bis Frederikshavn und dann weiter in der Postkutsche trug zum »Mythos Skagen« bei. Es entstand eine eigene, bald weithin berühmte Bildsprache – die Werke von P. S. Krøyer und der in Skagen geborenen Anna Ancher hängen heute weltweit in großen Museen. Aber auch die Feiern im Gasthof von Annas Vater trugen bei zum Erfolg der sommerlichen Künstlerkolonie. Viele der damals entstandenen Bilder zieren heute das Skagen-Museum.

Oben: »Sommerabend an Skagens südlichem Strand« ist wohl das berühmteste Bild, das je in Dänemark entstand. Der Maler, Peder Severn Krøyer war einer der führenden Köpfe.

»Typisch für die Werke der Skagen-Maler ist es, dass sie nicht nur die Landschaft zeigen, sondern mit ihr die Menschen, die in ihr leben.«
Dirk Kruse-Etzbach und Ulrich Quack, in: Reiseführer Dänemark

Sand und Leinwand

Wer der strapaziösen Anreise der Künstler nach Skagen nachspüren will, kann den Wanderweg von Frederikshavn nach Skagen einschlagen. Er führt durch die größte Wanderdüne Dänemarks: Rabjerg Mile ist zwei Kilometer lang, 800 Meter breit, bis zu 40 Meter hoch und legt bis zu 20 Kilometer pro Jahr zurück. Tilsandede Kirke bezeugt die Macht der Natur – nur noch der Kirchturm ragt aus dem Sand.

Sand ist das passende Stichwort für das Gebiet nördlich der Kleinstadt Skagen. Hier hat Jütlands Nordspitze aus seiner Dünenlandschaft eine lange, schmale Sandzunge gebildet, die Nord- und Ostsee trennt. Grenen (Ast) wird dieser Streifen genannt, an dessen Spitze Touristen gerne einen Fuß in die Nord-, den anderen in die Ostsee stemmen. Die meisten kommen mit dem Sandormen (Sandwurm), dessen Wagen von einem Trecker durch den feinen Grund geschleppt werden.

In den Dünen vor dem Grenen hat Holger Drachmann, einer der Skagen-Maler, seine letzte Ruhestätte gefunden. Von ihm und seinen Kollegen profitiert der Ort noch heute – kein Souvenirladen ohne die populärsten Bilder der Künstler, allen voran Krøyers ikonengleicher »Sommerabend am Skagen Südstrand«.

Zum Lesen und Klicken

Ines Geishauser, Nordjütland. Leben zwischen Land und Meer
www.skagensmuseum.dk
www.northseatrail.org (Frederikshavn–Skagen ist Teil des Nordsee-Wanderwegs)

57

Schweden im Fluge

Mit »Nils Holgersson« durch die Lüfte

Geschickt, diese Selma Lagerlöf. Eigentlich sollte sie nur ein Schulbuch schreiben. »Nils Holgersson« jedoch wurde weitaus mehr: ein Abenteuerbuch, ein Entwicklungsroman, ein Buch auch für Erwachsene und ein Nationalepos ohne Pomp. Ein nationales Werk aber auch im wörtlichen Sinn, denn die Leser lernen Schwedens Geografie wie im Spiel kennen. Oder auch: wie im Flug. Nils, der Problemknabe, wird zur Strafe in einen Minizwerg verwandelt, der auf dem Rücken des Gänserichs Martin in den Norden und zurück in den Süden fliegt. Er lernt alle Regionen kennen – ein unauffälliger Weg zur Identifikation mit dem eigenen Land. Der Klassiker von 1907 war über die Schulauflage hinaus sofort ein großer Erfolg.

»Drei Jahre hat sie [Selma Lagerlöf] dem Natur-Studium gewidmet und sich vertraut gemacht mit dem Leben der Tiere und der Vögel. Sie hat bisher unveröffentlichte Folklore und Legenden der verschiedenen Provinzen ausfindig gemacht. Diese hat sie genial in ihrer Geschichte verwoben.«
Übersetzerin Velma Swanston Howard über Lagerlöfs Vorbereitung für »Wunderbare Reise des kleinen Nils Holgersson mit den Wildgänsen«

Ganz Schweden auf den Spuren eines Wichtels

Schweden erstreckt sich von Süd nach Nord über knapp 1600 Kilometer. Fast die gesamte Länge hat Nils Holgersson überflogen – nordwärts entlang der Ostküste, schließlich im Westen entlang der norwegischen Grenze zurück nach Süden. In Schonen, der südlichsten Provinz, wird der kleine Held neben der Operndiva Birgit Nilsson, dem Barock-Komponisten Dietrich Buxtehude und dem Hofastronomen Tycho Brahe augenzwinkernd zu den berühmten »Schoningern« gezählt. Die Autorin, die 1909 als erste Frau den Literatur-Nobelpreis erhielt, ließ Nils nach Karlskrona reisen, in Schwedens einzige Barockstadt, deren alter Hafen zum UNESCO-Welterbe zählt. Über die Inseln Öland und Gotland erreichen die Flieger Jönköping am Vättern, dem zweitgrößten See des Landes. Die historische Bergbaustadt Falun, ebenfalls Welterbe, ist eine der Stationen, die Universitätsstadt Uppsala und die Hauptstadt Stockholm folgen. Malmberget im Land der Mitternachtssonne ist der nördlichste Stopp, ehe Nils und Gans Martin wieder auf Südkurs gehen. Nach einem Halt am Gutshof Mårbacka, Lagerlöfs Geburtsort, geht es über das historische Bohuslän zurück nach Hause, wo der Wichtel Nils auch im übertragenen Sinn wieder zum Menschen wird.

Links: Schweden aus der Gänseperspektive: Die schönen Schären von Bohuslän im Süden des Landes sind heute auch dank Selma Lagerlöf ein beliebtes Ferienziel.

Zum Lesen und Klicken

Selma Lagerlöf, Nils Holgerssons wunderbare Reise durch Schweden
www.zeichentrickserien.de/nils.htm

58

Penny Lane und Reeperbahn

Auf den Spuren der »Fab Four«

Eine Handvoll bestenfalls lokal bekannter Musiker fand sich 1960 in Liverpool zusammen, aus denen binnen Kurzem die erfolgreichste Band der Welt werden sollte: die Beatles. Noch im selben Jahr erhielten sie ein Engagement in Hamburg, ein Härtetest im Vergnügungsviertel von St. Pauli, der prägend war für die »Fab Four«, die zeitweise eine wahre Hysterie entfachten und bis heute etwa 1,3 Milliarden Tonträger herausbrachten. Ihrer Geburtsstadt kehrte die mittlerweile aus John Lennon, Paul McCartney, George Harrison und Ringo Starr bestehende Gruppe den Rücken. London lautete danach ihre neue Adresse. Dort war auch das Aufnahmestudio und dort liefen die Fäden der europäischen Musikindustrie zusammen.

Oben: Das »Yellow Submarine« ist ein unübersehbarer Hinweis auf das Hamburger Beatles-Museum.

Zum Lesen und Klicken

Beatles und Giovanni Bandini/Marcel Bieger/Katharina Gerhardt, The Beatles Anthology
Steve Turner, The Beatles – A hard Day's write: Die Storys zu allen Songs
www.visitliverpool.com
www.hamburg.de

Etwas skeptisch blicken drei der Beatles drein, als sie 1963 im Londoner Prince of Wales Theatre bei einer Wohltätigkeitsveranstaltung Prinzessin Margaret gegenübertraten (**oben**). Waren die Musiker aus Liverpool trotz ihrer schicken Anzüge doch eher als Bürgerschreck denn als Freunde der Monarchie bekannt. Vermutlich fühlten sie sich zumindest damals noch wohler in dem Aufnahmestudio an der Abbey Road in London (**rechts**), das durch die Beatles-Songs und das »Zebrastreifen-Cover« weltberühmt wurde. Ruhm allein füllt aber nicht die Kasse: 2009 sollte das Studio verkauft werden, doch nach wildem Protest entschied sich der Besitzer, ein Musikunternehmen, das Studio teilweise zur Touristenattraktion umzubauen.

Liverpool und Hamburg als Startrampen

Liverpools legendärer Cavern Club zehrt von seiner Geschichte. 1961, nach ihrer Rückkehr aus Hamburg, spielten die Beatles dort auf, insgesamt 292 Mal. Das Originalgewölbe wurde 1973 für den U-Bahnbau geschlossen – 1984 entstand fast an gleicher Stelle der neue Cavern Club mit Lennon-Statue vor der Tür. Weitere Stationen für Beatles-Pilger: Das Hard Days Night Hotel von 2008 und das Museum »Beatles Story«. Da die Musiker aus den Vororten stammen, führen dort zwei Bustouren hin: die »Magical Mystery Tour« vorbei an den Jugendadressen des Quartetts und die Führungen des National Trust durch die Häuser, in denen John Lennon und Paul McCartney aufwuchsen.
Auch Hamburg kann einen Beatles-Rundgang und eine Bustour zur Pilzkopf-Geschichte (»Magical History Tour«) vorweisen sowie das »Beatlemania«-Museum. Von den Clubs, die so wichtig wurden für die Karriere der nicht nur musikalisch noch ungeschliffenen Diamanten sind der »Indra«, der »Kaiserkeller« und der legendäre »Star Club« wieder auferstanden; der »Top Ten Club« ist dahin. Dafür blieben die Beatles erhalten: als Wachsfiguren im »Panoptikum« und als Stahl-Silhouetten auf der Reeperbahn. Auf dem Beatles-Platz, mitten in ihrem Kiez!

»Für unser letztes Stück bitte ich Sie um Ihre Mithilfe: Könnten die Leute auf den billigen Plätzen mitklatschen? Der Rest von Ihnen klappert einfach mit den Juwelen!«
John Lennon 1963 während eines Auftritts im Londoner Prince of Wales Theatre, dem auch die Königinmutter und Prinzessin Margaret zuhörten

Links: Locker wie einst im richtigen Leben lehnt sich der Denkmal-John Lennon an die Ecke des einstigen Cavern Club in Liverpool. Auf der Kellerbühne, auf dem sich viele junge Bands erprobten, sammelten auch die Beatles zumindest schon lokalen Ruhm. Heute sind die »Fab Four« ein Touristenmagnet für die Stadt.

Die Drei vom Kiez

Drei Hamburger wurden in der Hansestadt zu wichtigen Weggefährten der Beatles: Astrid Kirchherr machte die ersten professionellen Fotos der Band, in der damals auch noch ihr Freund Stuart Sutcliffe spielte. Sie soll ihm den ersten »Mop-Top«, die Pilzkopf-Frisur, geschnitten haben. John Lennon und Paul McCartney sagen allerdings, der Fotograf Jürgen Vollmer habe den Beatles auf deren Wunsch den damals sehr ungewöhnlichen Pilz-Haarschnitt verpasst. Auch er fotografierte die »Liverpudlians«, so die offizielle Bezeichnung der Bürger von Liverpool, häufig – viele seiner Bilder wurden ähnlich bekannt wie die von Kirchherr. Der dritte im Bunde, der Grafiker Klaus Voormann, gestaltete den Umschlag zur Beatles-LP »Revolver«, der 1967 den Grammy für das beste Cover erhielt. Voormann, der als Cover-Designer weltweit gefragt war, startete, angeregt von den Beatles, auch eine Musikerkarriere als Bassist und wirkte bei mehreren Soloplatten von John, George und Ringo, aber auch bei Künstlern wie B. B. King oder Lou Reed mit.

Zum Erfinder der Robinsonade

Wandern in Großbritannien

Mit seinem Roman »Robinson Crusoe« ging Daniel Defoe nicht nur in die Literaturgeschichte ein, er begründete auch eine neue Literaturgattung, die »Robinsonaden«. Seinen Zeitgenossen war er auch als kaufmännischer Bankrotteur und Verfasser politischer Streitschriften bekannt. Weniger bekannt ist hingegen, dass Mr. Foe, der sich selbst zu Defoe adelte, von 1724 bis 1727 durch England, Schottland und Wales reiste und darüber schrieb. In »Tour Through The Whole Island Of Great Britain« beschreibt er nicht nur die Landschaft, sondern auch den Alltag der Menschen und die verschiedenen Regionen. Diese Aufzeichnungen vor der Industriellen Revolution dienen Historikern als wichtige Quelle.

»… eine Beschreibung des blühendsten und reichsten Landes der Welt.«
Daniel Defoe, A Tour Through The Whole Island Of Great Britain

Auf Daniel Defoes Spuren

Wer Defoes Pfaden per Auto oder zu Fuß folgen will, muss gut planen. Wanderer können Defoes Erkundungen vor fast zwei Jahrhunderten leichter nachspüren als Autotouristen. Aber nicht überall gibt es dafür markierte Wanderwege, auch wenn Großbritannien ein »National Trail System« hat. Die Strecken sind allerdings nur zum Teil vernetzt. Insgesamt bringen es die 15 Routen in England und Wales auf 4000 Kilometer, die schottischen »Long Distance Routes« summieren sich auf knapp 750 Kilometer. Hinzu kommen im ganzen Land weitere Wanderwege.
Wer sich unabhängig davon auf den Weg macht, hat ein britisches Gesetz aus dem Jahr 2000 auf seiner Seite. Der »Countryside and Rights of Way Act« erlaubt Wanderern, in der freien Natur auch Privatbesitz zu durchqueren, wenn dadurch kein Schaden entsteht. Das Gesetz ist aber noch nicht für alle Regionen umgesetzt. Schottlands

Parlament erließ 2003 ein ähnliches Gesetz. Die Ramblers, die größte Wanderorganisation der Insel, fordert nun freien Zugang zu allen Küsten, etwa um bei Ebbe zwischen Niedrig- und Hochwassermarke wandern zu können.

Zum Lesen und Klicken

www.visionofbritain.org.uk
www.nationaltrail.co.uk
www.ramblers.org.uk
www.snh.gov.uk (Scottish Natural Heritage)
walking.visitscotland.com/walks/long_distance_routes

ZWÖLF TAGE MIT MODESTINE

Mit Robert Louis Stevenson in den Cevennen

Liebeskummer schenkte den Cevennen, einem Gebirgsland in Südfrankreich, einen florierenden Gewerbezweig: Wanderungen mit Eseln, die das Gepäck tragen. Der Schriftsteller Robert Louis Stevenson ging 1878 auf seine Tour durch die damals wie heute einsame Region, nachdem sich seine verheiratete Geliebte Fanny Osbourne nach Amerika zurückgezogen hatte – sie heirateten später. Stevenson legte mit der störrischen Eselin »Modestine« in zwölf Tagen 220 Kilometer von Le Monastier sur Gazeille bis St. Jean du Gard zurück. 1879 erschienen seine »Travels with a Donkey in the Cevennes«, heute ein Klassiker der Reiseliteratur. Inzwischen folgen jeden Sommer Hunderte seinen Pfaden – zur Freude der Esel-Verleiher.

Oben: Die Cevennen, hier das Dorf Peyreleau, verdanken Stevenson ihren Platz auf dem Atlas reisender Literaturfreunde.

Namenspate Stevenson

Stevenson, der später mit seiner »Schatzinsel« weltberühmt wurde, war auf seiner Wanderung durch die Cevennen angetan von den bis zu 1699 Meter hohen Bergen, den Hochplateaus und schroffen Schluchten, die Flüsse wie die Tarn gebildet haben. Der geschichtsinteressierte Schriftsteller wollte aber auch das Land der Kamisarden kennenlernen. Die Protestanten hatten sich 1702 gegen Frankreichs König erhoben, der sie zum katholischen Glauben zwingen wollte. Das überlegene Heer des Herrschers vermochte den Widerstand nicht zu brechen. Im Zweiten Weltkrieg nutzten Widerstandskämpfer gegen die deutsche Besatzung das schwer zugängliche Terrain. Ihnen halfen deutsche Kämpfer, die im Spanischen Bürgerkrieg die gewählte republikanische Regierung gegen Franco unterstützt hatten. Nach ihrer Niederlage waren sie nach Frankreich geflüchtet. Die südlichen Cevennen sind nur 60 Kilometer vom Mittelmeer entfernt und trotzdem dünn besiedelt. Heute ist ein größerer Teil der Landschaft, in der viele seltene Pflanzenarten überlebt haben, als Nationalpark geschützt. Mehrere Wanderrouten durchkreuzen das gut 3200 Quadratkilometer große Areal, darunter auch der Fernwanderweg GR 70 – bekannter als Stevenson-Weg.

»Ich habe mein ganzes Leben lang ein Abenteuer gesucht, ein reines leidenschaftsloses Abenteuer, wie es den frühen und heroischen Reisenden widerfuhr.«
Robert Louis Stevenson

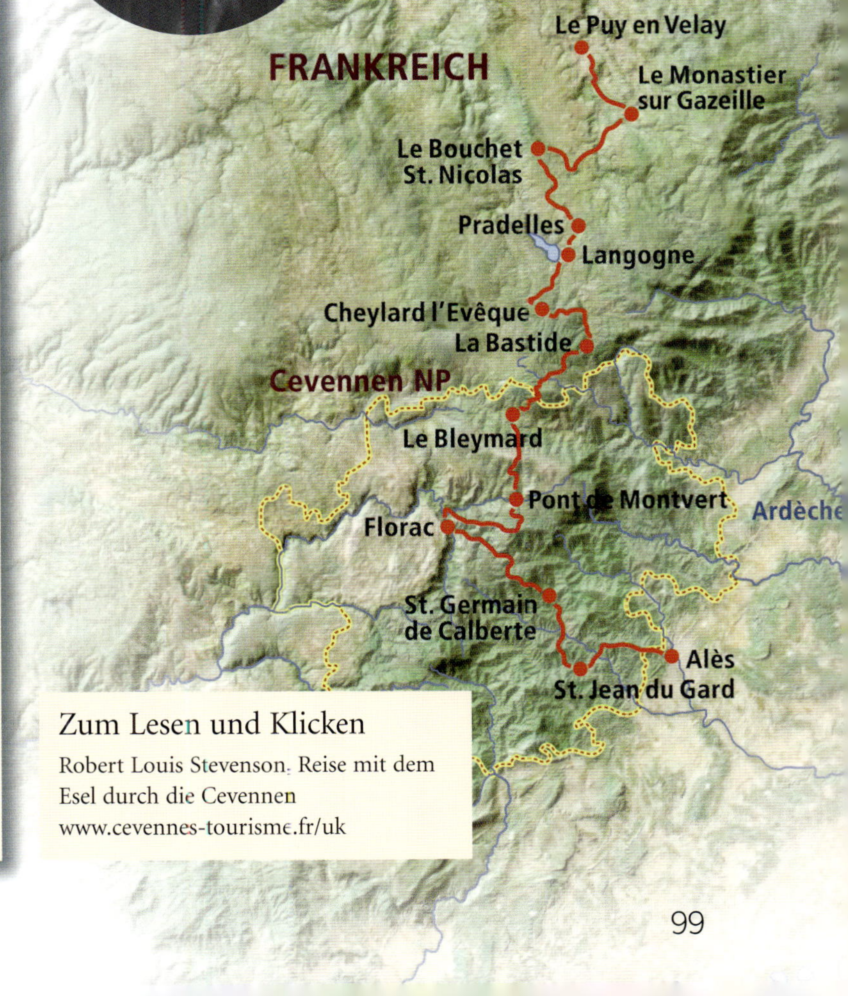

Zum Lesen und Klicken

Robert Louis Stevenson: Reise mit dem Esel durch die Cevennen
www.cevennes-tourisme.fr/uk

Wiege des Impressionismus

Pleinairmalerei an der Seine

Claude Monets berühmtes Bild »Impression, Soleil levant« von 1872 zeigt den Hafen von Le Havre. Dieses Gemälde gab einer revolutionär neuen und anfangs geschmähten Kunstrichtung den Namen: dem Impressionismus. Doch auch das Sujet selbst wies in die Zukunft: Le Havre liegt an der Mündung der Seine, deren windungsreicher und oft idyllischer Lauf zwischen Paris und Ärmelkanal bald zum Lieblingsziel für die Maler der neuen Schule wurde. Eine ihrer Gemeinsamkeiten war es nämlich, nicht im Atelier, sondern unter freiem Himmel und direkt vor der Szene zu malen. Das machte die Normandie zur »Wiege des Impressionismus«.

Oben: Die »Île Saint-Denis« von Alfred Sisley (1872) ist eines der Werke im Pariser Musée d'Orsay, das an die große Zeit der Impressionisten im Seine-Tal erinnert.

Oben: Wer einmal den Teich im Garten von Claude Monet gesehen hat, wird seine Seerosenbilder fortan mit ganz anderen Augen betrachten. Der Weiher mit der überwachsenen Brücke ist das Herz des »jardin d'eau«, einem der beiden verbundenen Gärten in Giverny im Seinetal. Der andere Garten unmittelbar vor Monets Haus, von ihm »clos normand« genannt, überrascht zu fast jeder Jahreszeit mit seiner Farbenfülle. Allerdings muss man sich darauf einstellen, dass zumindest in der Zeit der Blüte Tausende von Besuchern den Garten besuchen, den Monet in unzähligen Bildern meisterhaft porträtiert hat. 1883 mietete Monet das Haus in Giverny und begann bald mit der Anlage seiner Gärten, 1890 konnte er Haus und Grundstücke kaufen. Monet starb 1926 in Giverny.

Zum Lesen und Klicken

Karin H. Grimme/Norbert Wolf, Impressionismus
http://de.franceguide.com/special/impressionnismus

Seerosenteich und Flusslandschaft

Giverny ist ein Muss für Seine-Touristen aller Art. Hier hat Claude Monet seine herrlichen Gärten angelegt, die zum Motiv vieler seiner Bilder wurden, insbesondere der Teich mit der japanischen Brücke. Eines der Seerosenbilder wurde 2008 für fast 52 Millionen Euro versteigert. Monets Haus in Giverny zählt zu den meistbesuchten Sehenswürdigkeiten der Normandie – die Zahl der Gäste hat sich noch vermehrt, seit 2006 unweit des Anwesens in Partnerschaft mit dem Musée d'Orsay in Paris das Musée des Impressionnismes Giverny entstand. Es war zuvor einer amerikanischen Künstlerkolonie gewidmet.
Monet ist auch der große Name im nahen Rouen, wo der Künstler seine berühmte Serie mit der Kathedrale malte. Aber auch Camille Pissarro malte in der historischen Stadt, die einst Jean d'Arc auf den Scheiterhaufen stellte. Die Seine war ein wichtiges Motiv für Alfred Sisley; eines der bekanntesten Bilder von Pierre-Auguste Renoir trägt den Titel »Die Seine bei Asnières«. Edouard Manet und Georges Seurat gehören zu den Malern, die ihre Staffeleien am Ufer der Seine aufstellten. Modell vieler Impressionisten war auch das Hafenstädtchen Honfleur.

Oben: »Die Flut am Port-Marly« malte Alfred Sisley 1876. Das Bild ist typisch für die Freiluftmalerei der Impressionisten, die den Betrachtern viel Freiraum für seine Gedanken ließen. Das Bild kann heute in der Nähe von Giverny besichtigt werden, im Musée des Beaux Arts in Rouen. In der Metropole an der Seine malte Monet seine berühmte Serie mit der Fassade der Kathedrale zu verschiedenen Tages- und Jahreszeiten. Monets Bilder erzielen heute Millionenpreise, zu seiner Schaffenszeit lebte er aber lange am Existenzminimum.

William Turner und die Seine

Der britische Maler William Turner wird zwar der Romantik zugezählt, gilt aber vor allem wegen seiner Lichtmalerei als ein Vorläufer der Impressionisten. Im Rahmen seines Projekts »Europas Flüsse« reiste er 1829 nach Paris und entlang der Seine stromab bis Honfleur und fertigte Skizzen an. 1835 veröffentlichte er ein Buch unter dem Titel »Wanderings by the Seine«. Turner erkundete die Normandie auf insgesamt sechs Reisen – zwei seiner bekanntesten Bilder zeigen die Ruinen der Abtei von Jumièges und die Fassade der Kathedrale von Rouen. Rund 60 Jahre später malte Monet seine 33 Bilder umfassende Kathedralen-Serie aus einer sehr ähnlichen Perspektive.

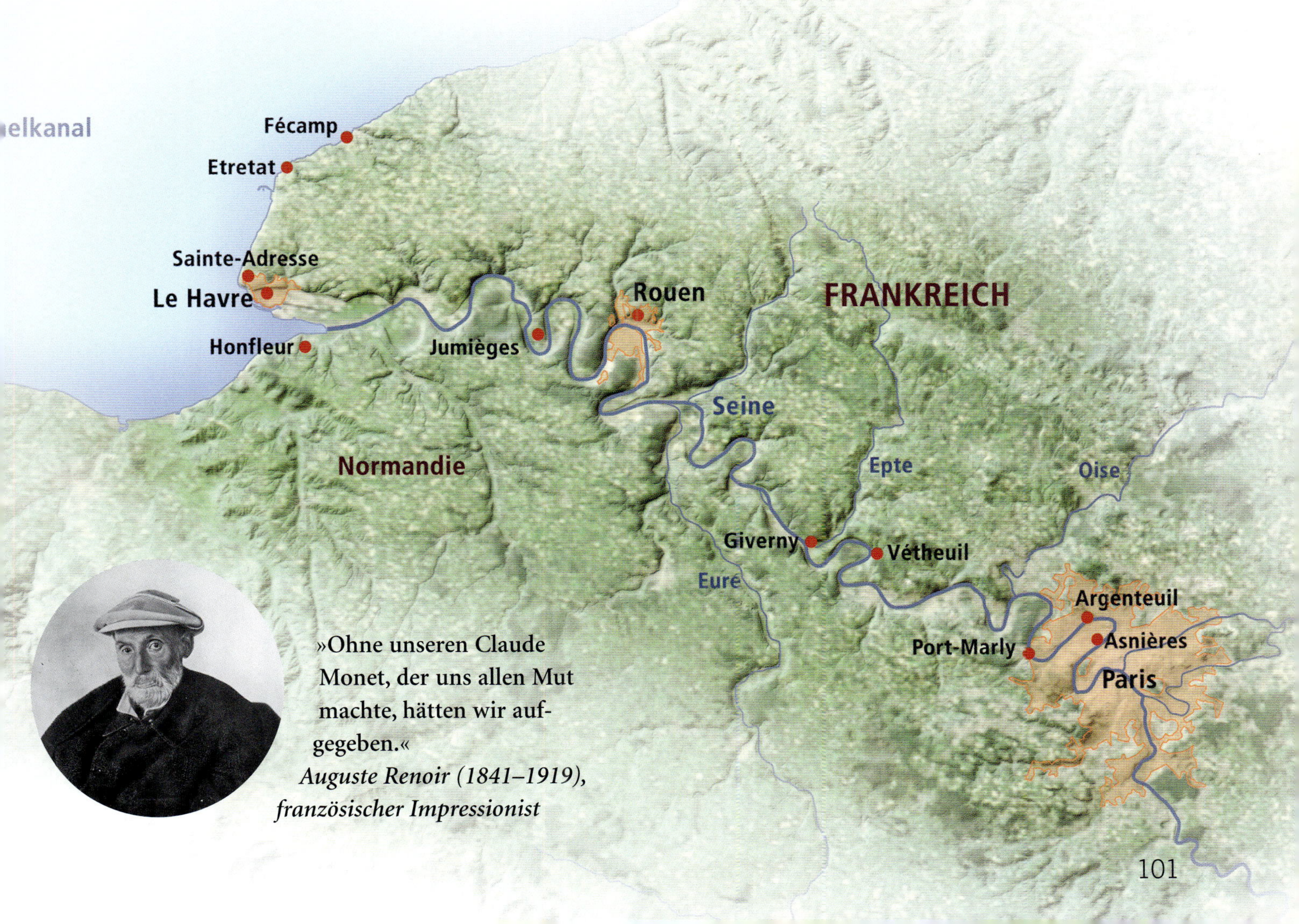

»Ohne unseren Claude Monet, der uns allen Mut machte, hätten wir aufgegeben.«
Auguste Renoir (1841–1919), französischer Impressionist

62 »Der Garten Frankreichs«

Schlösser, Gärten, Weinberge und Museen an der Loire

Viel Weltkulturerbe auf einem Fleck: Die UNESCO hat nicht nur das mächtige Schloss Chambord, sondern auch den ganzen Flussabschnitt der Loire zwischen Sully-sur-Loire und Chalonnes-sur-Loire in sein begehrtes Register aufgenommen. Der Grund waren neben den architektonisch und historisch bedeutenden Adelssitzen an Frankreichs längstem Fluss auch die große Schönheit der Landschaft. Der gut eintausend Kilometer lange Strom ist im Unterlauf noch Natur pur, ohne Stauwerke und begradigte Ufer. Zwischen St.-Nazaire an der Mündung und der Kathedralen-Stadt Nantes ist die Loire sogar für Hochseeschiffe befahrbar. Ab Nantes säumen dann Weinberge die Loire, bis Sancerre erreicht ist.

Eine derartige Ansammlung grandioser Schlösser ist einzigartig: Château de la Breteche (**oben**) und Château de Chaumont sur Loire (**unten**) sind bekannte Repräsentanten einer adligen Baukultur, die auch Frankreichs großbürgerlichen Stil vor allem mit Fassadenzitaten prägen sollte.

Leonardo und Liebesgarten

Mehr als 800 Schlösser und Herrenhäuser, davon stehen 442 unter Denkmalschutz und rund 100 sind für Touristen geöffnet – viele Besucher der Loire und ihrer Nebenflüsse stehen etwas ratlos vor dieser Fülle. Dabei gibt es einige Bauten, die nicht ohne Grund mehr Gäste anziehen als andere. Das 440-Zimmer-Schloss Chambord, das großartigste Château an der Loire und eines der Vorbilder für Versailles, gehört ebenso dazu wie Chenonceau, das auf drei Bögen weit in den Nebenfluss Cher hineinreicht, oder Amboise, die »Wiege der Renaissance in Frankreich«, wo Leonardo da Vinci vier Jahre lebte und schließlich starb. Kids lieben Schloss Blois und seine Geheimfächer, die wohl Katharina von Medici einbauen ließ – dass hinter diesen Mauern auch der Herzog von Guise ermordet wurde, ist jedoch weniger kinderfreundlich. Gartenfreunde sollten Chaumont ansteuern, dort legen in jedem Jahr Künstler nach vorgegebenen Themen Gärten an. Villandry ist für seine formalen Parks bekannt, darunter lockt ein »Liebesgarten« mit herzförmigen Hecken. Chinon ergänzt mit massiven Mauern die Reihe der Schlösser um eine mittelalterliche Festung. Ein herrlicher Landstrich, vor allem in der Nebensaison.

Zum Lesen und Klicken

Heidrun Moser, Michelin Schlösser an der Loire

www.loirevalleytourism.com

www.loire-radweg.org

Oben: Das Schloss von Chambord ist das größte und prächtigste höfische Bauwerk an der Loire. Es wurde in der ersten Hälfte des 16. Jahrhunderts als Jagdschloss für König Franz I. errichtet und außer zu solchen Anlässen wenig genutzt. Molières Ballett »Der Bürger als Edelmann« wurde 1670 im Schloss uraufgeführt.

Unten: Das Château de Villesavin gehört zu den kleineren, aber sehr ästhetisch geplanten Schlössern an der Loire. Es entstand im Stil der Renaissance in den Jahren von 1527 bis 1573 für Jean le Breton.

Wilderei oder Brautkleider

Etwa 200 Museen hat das Loire-Tal – teilweise in den Schlössern, oft aber auch separat. Darunter sind einige recht ungewöhnliche Sammlungen, etwa in Amboise, wo Nachbauten von Erfindungen Leonardo da Vincis ausgestellt sind. Der kleine Ort Chilleurs-aux-Bois lockt mit den Düften seines Parfümmuseums, Pithiviers mit einem Transportmuseum und seiner noch aktiven Dampflok, Boynes mit einer Sammlung zum Thema Safran. In Blois, im »Maison de la Magie«, werden einige Zaubertricks enthüllt. Das Schloss von Cheverny diente »Tim und Struppi« einmal als Vorlage für einen Tatort, heute informiert dort eine Ausstellung über die erfolgreiche Comic-Serie. Schloss Villesavin in Tour-en-Sologne zeigt eine Sammlung von Brautkleidern und Hochzeitsdingen, in Romorantin erinnert ein Museum an die verblichene Automarke Matra. Chaon widmet sich der Geschichte der Wilderei, und in der Schlossküche von La Ferté-St-Aubin wird vorgeführt, welche Speisen dort früher zubereitet wurden – Kostproben eingeschlossen.

»Der Garten Frankreichs«
François Rabelais über das mittlere Loiretal

Fiesta mit dem Amerikaner

Ernest Hemingway in Spanien

Oben: Die Brücke über der Schlucht von Ronda ist das beliebteste Fotomotiv in der andalusischen Stadt.

»Selbst wenn es nichts anderes hätte als den Prado, wäre es wert, dort in jedem Frühling einen Monat zu verbringen«, schrieb Ernest Hemingway 1932 in »Tod am Nachmittag«, einem seiner zwei Bücher über den Stierkampf, über Spanien. Der Amerikaner war fasziniert von dem Land, das er mehrfach besuchte, auch als Zeitungskorrespondent im Bürgerkrieg. Zwei seiner großen Romane spielen in Spanien: »Fiesta« und »Wem die Stunde schlägt«. Tausende junger Amerikaner reisten in den Nachkriegsjahren nach Spanien, inspiriert von Hemingway und seinem knappen, zupackenden Stil. Die Spanien-Werke sollen die Jury mit bewogen haben, ihm 1954 den Literatur-Nobelpreis zu verleihen.

Zum Lesen und Klicken

Hans-Peter Rodenberg, Ernest Hemingway
www.timelesshemingway.com (engl.)

Pamplona und Ronda ehrten Hemingway

Hemingway ist viel herumgereist in Spanien. Die Strände interessierten ihn nicht, er suchte das Binnenland und seine bisweilen raue Schönheit. Er pries neben der Hauptstadt Madrid, wo er als Journalist arbeitete, unter anderem El Escorial, Toledo, Avila, Segovia und La Granja. In den damals noch abgelegenen Pyrenäen-Dörfern Burguete und Arive, wo Hemingway im Fluss Irati mit einem Freund Forellen angelte, fand der Autor eine Szenerie für »Fiesta«. Dessen zentraler Schauplatz ist jedoch Pamplona im Baskenland mit seinen »Sanfermines« im Juli. Die Fiesta zu Ehren des Stadtheiligen Firmin ist bekannt für ihre Encierros, bei denen junge Leute vor den Kampfstieren durch die Gassen rennen. Hemingway war häufiger Gast bei den Corridas, den Stierkämpfen, und machte Pamplona berühmt. Die Stadt errichtete ihm ein Denkmal an der Arena.
Ein anderes Stierkampf-Zentrum, die andalusische Kleinstadt Ronda, nannte eine Straße nach Hemingway. Er hatte den durch eine tiefe Schlucht spektakulär geteilten Ort, der schon Rilke begeisterte, zu einem Schauplatz seines bis heute meistverkauften Romans »Wem die Stunde schlägt« gewählt. Ein weiterer wichtiger Ort der Handlung ist die Sierra de Guadarrama unweit von Madrid.

»Es gibt kein anders Land wie Spanien«, sagte Robert Jordan höflich. »Du hast recht«, sagte Fernando, »es gibt kein anderes Land in der Welt wie Spanien.«
»Hast Du jemals ein anderes Land gesehen?« »Nein«, sagte Fernando, »und ich habe auch nicht den Wunsch dazu.«
Ernest Hemingway, in: Wem die Stunde schlägt

64

Das surrealistische Dreieck

Bei Salvadore Dalí an der Costa Brava

Das »Surrealistische Dreieck« ist eine gute Alternative zum Rummel an den Badestränden der Costa Brava. Wer allerdings an den Kultstätten der Dalí-Verehrung friedvolle Stille erwartet, wird zumindest im Hochsommer enttäuscht sein: Tausende Touristen steuern dann Figueras, Cadaqués, Port Lligat und – als Südspitze des Dreiecks – die Burg von Púbol an. Für Salvador Dalí war die Region an der französischen Grenze symptomatisch, denn er fühlte sich Spanien wie Frankreich gleichermaßen zugehörig. In erster Linie aber war er wie viele seiner Landsleute aus tiefstem Herzen Katalane. In seine Heimat kehrte Dalí trotz langer Aufenthalte im Ausland immer wieder zurück, dort starb er 1989, dort ist er begraben.

Oben: Typisch Dalí. Das Museum für den surrealistischen Maler in Figueras greift schon äußerlich Formen wie die »Eier« auf, die in den Werken des »Meisters der zerfließenden Uhren« häufig anzutreffen sind.

»Meine Eltern tauften mich Salvador: Und wie der Name schon sagt, bin ich zu nichts Geringerem bestimmt, als die Malerei vor der Leere der modernen Kunst zu retten.«
Salvador Dalí (1920/21)

Eine Burg für Gala, ein Theater für Dalí

In Figueres wurde Dalí 1904 geboren. Dort baute er eine Theaterruine um zu einem Museum. Das Gesamtkunstwerk wurde 1974 eröffnet – Gäste waren neben anderen Ernst Fuchs und Arno Breker. Werke von ihnen und einigen anderen Künstlerkollegen hat Dalí in sein Museum aufgenommen. In einer Krypta unter der Glaskuppel seines Teatro Museo ist er beigesetzt – etwas überraschend, denn er hatte sich bereits einen Sarkophag neben den seiner geliebten Frau Gala in die Burg von Púbol stellen lassen. Angeblich soll er seinen Änderungswunsch auf dem Totenbett geäußert haben, angeblich nur gegenüber dem Bürgermeister von Figueras …
Die mittelalterliche Burg von Púbol bei Girona war dem Verfall nahe, als Dalí sie 1969 für Gala erwarb, wieder aufbauen ließ und selbst ausstattete. Gala bestand darauf, dass Dalí sie dort nur nach einer schriftlichen Einladung besuchen durfte. Vermutlich empfing die Diva, die zehn Jahre älter war als ihr Mann, dort junge Liebhaber.
Gemeinsam lebte das Paar in seinem Haus in Port Lligat bei Cadaqués: Zu der kleinen Fischerkate kaufte Dalí Zug um Zug die Nachbarhäuser hinzu und verband sie zu einem großen Haus voller Winkel und Gänge, in dem auch sein Atelier Platz fand.

Zum Lesen und Klicken

Gilles Neret, Dalí. 1904–1989
www.whoswho.de (Biografie-Suchwort Salvador Dali)
www.salvador-dali.org/museus (span./engl./fr.)

65

… wo die Zitronen blühn

Goethe und Italien

Die knapp zwei Jahre, die Goethe 1786–88 in Italien verbrachte, hat er als die glücklichste Zeit seines Lebens bezeichnet. Es war eine Zäsur. Nach der deutschen Enge erlebte er mediterrane Leichtigkeit und machte, so vermuten einige Goethe-Forscher, dort erste erotische Erfahrungen – im Alter von 37 Jahren. »Kennst du das Land, wo die Zitronen blühn, / Im dunklen Laub die Goldorangen glühn«, so beginnt sein Gedicht, dass bis heute die Italiensehnsucht vieler Deutscher ausdrückt. Nach seiner zweiten Italienreise schrieb er nicht mehr so euphorisch über das Land jenseits der Alpen.

Oben: Bolognas Rathaus ist charakteristisch für den an Schlössern orientierten Stil vieler öffentlicher Gebäude in Italien.

Oben: Im Hintergrund der schneebedeckte Ätna, vorne die Ruinen des Griechischen Theaters in Taormina – sizilianischer geht es kaum. Goethe, ohnehin der klassischen Antike sehr zugetan, war auch begeistert von der Insel. Er reiste von Neapel aus per Schiff nach Messina und machte eine Rundreise, auf der er mehrere griechische Tempelreste inspizierte. In Palermo trat er die Rückfahrt an.

Vier Monate in Rom

Goethes erste Italienreise führte ihn durch den ganzen Stiefel bis hinüber nach Sizilien. Der dank »Werthers Leiden« berühmte Autor reist inkognito über den Brenner, Bozen, Verona und Padua nach Venedig. Nächste Stationen der Reiseroute waren Bologna, Florenz und schließlich Rom. In Italiens Hauptstadt fühlte sich Goethe sehr wohl: »Ja, hier in deinen göttlichen Mauern ist alles beseelt, o ewiges Rom«. Er blieb fast vier Monate, ehe er weiterreiste nach Neapel. Seine römische Wohnung in der Via del Corso 18 bei der Piazza del Popolo ist heute als »Casa di Goethe« ein viel besuchtes Museum. In der süditalienischen Metropole – »Neapel ist ein Paradies, jedermann lebt in einer Art von trunkner Selbstvergessenheit« – nahm Goethe ein Schiff nach Palermo. Es folgte eine Rundreise über Catania und Taormina nach Messina. Die Insel begeistert den Reisenden: »Dass ich Sizilien gesehen habe, ist mir ein unzerstörlicher Schatz auf mein ganzes Leben.« Auf der Rückfahrt nach Neapel war Goethe erneut seekrank. Noch einmal Rom, dann über Siena nach Florenz und Bologna, wo er eine neue Route über Modena, Parma und Mailand für den Rückweg in die Heimat wählte.

»Lass dich, Geliebte, nicht reun, dass du mir so schnell dich ergeben! Glaub' es, ich denke nicht frech, denke nicht niedrig von dir.«
Johann Wolfgang von Goethe, in: Italienische Reise

Links: Goethes Malerfreund Tischbein teilte des Dichters Begeisterung für das klassische Italien und reiste mit ihm von Rom nach Neapel. Von Tischbein stammt nicht nur die Skizze, die Goethe in Rom zeigt, er malte auch das berühmte Bild, das Goethe halb liegend in der Campagna zeigt. Das Bild hängt heute im Städel-Museum in Frankfurt/Main, die Goethe-Skizze ist im Besitz des Landesmuseums in Oldenburg. Tischbein arbeitete ab 1808 in Oldenburg.

Liebe zu »Faustina«

Auf Goethes erster Italienreise entstanden die »Römischen Elegien«, die das Vorbild erotischer Verse altrömischer Dichter wie Catull oder Ovid aufgriffen. Der Dichter beschreibt darin die sinnliche Liebe zu einer Unbekannten, die er »Faustina« nennt. Aber auch die aufflammende Liebe zu Christiane Vulpius spiegelt sich in den Versen wider. Friedrich Schiller überredete den widerstrebenden Goethe, 20 der für diese Zeit recht freizügigen 24 Gedichte in seiner literarischen Zeitschrift »Die Horen« zu veröffentlichen. Die Elegien sorgten für Skandalgetuschel – Johann Gottfried Herder spottete damals, nun müsse der Vokal in »Horen« wohl durch ein »u« ersetzt werden. Vollständig wurden die Römischen Elegien erst in der Goethe-Gesamtausgabe von 1914 gedruckt.

Zum Lesen und Klicken

Johann Wolfgang von Goethe, Tagebuch der Italienischen Reise 1786 (kommentiert von Christoph Michel)

Johann Wolfgang von Goethe, Römische Elegien und Venezianische Epigramme

Romanische Strassen

Die sieben Regionen der »Transromanica«

Die »Transromanica« ist ein Zusammenschluss mehrerer europäischer Regionen, die gemeinsam mit ihren romanischen Bauten werben: Sachsen-Anhalt, Thüringen, Kärnten in Österreich, Piemont, Modena, Parma und Ferrara in Italien. Regionen in Slowenien, Serbien, Nordspanien und Burgund haben sich angeschlossen. Eine durchgehende Ferienstraße gibt es zwar nicht, jedoch regionale Routen. Thüringen hat fünf Strecken ausgewiesen, und die zwei Rundfahrten in Sachsen-Anhalt ziehen sich wie eine große Acht durch das Bundesland, mit Magdeburg als Zentrum. Die Südroute hat in Tilleda und Memleben Anschlüsse an Thüringens Route 1, an der auch die Ruine der Reichsburg Kyffhäuser mit dem Kyffhäuser-Denkmal liegt.

»Der Begriff Romanik entstand erst um 1825. Er wurde vom französischen Kunsthistoriker de Gerville und auch von dem deutschen Kunstsammler Sulpiz Boisserée (1783–1854) geprägt, beides Liebhaber mittelalterlicher Kunst.«
Kunstlexikon von P. W. Hartmann auf www.beyars.com

Zum Lesen und Klicken

Kunibert Bering, Kunst-Epochen: Romanik
Marion Schmidt/Torsten Schmidt, Auf der Straße der Romanik. Der offizielle Kunstreiseführer (betrifft Sachsen-Anhalt)
www.thueringen-tourismus.de / www.sachsen-anhalt-tourismus.de

Rechts: Die historische Altstadt von Quedlinburg im Harzvorland wird überragt von der romanischen Stiftskirche. Sie hütet auch den Domschatz des ehemaligen Damenstifts. Auch die St. Wiperti-Kirche ist ein romanisches Gotteshaus.

Rotbart und Rundbögen

Kaiser Barbarossa soll der Sage nach in einer Höhle des Kyffhäusers schlafen und in nationaler Not wieder aufwachen, um das Reich zu retten und zu einen. Vielleicht hat der legendäre Rotbart ja mitgeholfen bei der deutschen Wiedervereinigung. Wenn dem so war, ist er gewiss in seinen Berg zurückgekehrt, hoffen die Touristikleute. Schließlich ist das pompöse Denkmal von 1896, dessen Turm nach dem Aufstieg über 247 Stufen eine prächtige Rundsicht bietet, die bekannteste Sehenswürdigkeit der Route in Thüringen. Auf der angrenzenden Rundstrecke in Sachsen-Anhalt zieren große Namen wie Naumburg, Merseburg, Halle und Quedlinburg die Straßenkarte. Aber auch in vielen kleinen Orten oder abgelegenen Klöstern präsentiert sich die Romanik mit machtvollem Mauerwerk, charakteristischen Rundbögen, eckigen, nach unten abgerundeten Würfelkapitellen und kleinen Fenstern. Um 950 begann diese erste Stilepoche des Mittelalters, der die Gotik folgte. Zu den Schätzen der Romanik in Deutschland gehören auch die Wartburg und die Klosterruine Paulinzella sowie – wenn auch ohne Transromanica-Siegel – die Dome in Speyer und Mainz.

Zwei Mal Dracula

Der Literatur-Fürst und sein wahres Vorbild

Literatur-Tour und gelebte Pop-Kultur. Wer in Rumänien den Grafen Dracula sucht, wird doppelt fündig. Da ist Vlad III., ein Prinz des 15. Jahrhunderts. Er trug den Beinamen »der Pfähler«, weil er solcherart seine Feinde meuchelte. Seinen zweiten Beinamen »Draculea«, Sohn des Drachens, verdankt er seinem Vater, einem Träger des Drachenordens. Und da ist der Dracula, den Bram Stoker 1897 mit seinem Horror-Roman zum berühmtesten Vampir der Welt machte. Der untote Halsbeißer ist Fiktion, vom irischen Autor angesiedelt in Transsilvanien, auch bekannt als Siebenbürgen. In Rumänien war das Buch bis Ende der 1960er-Jahre unbekannt. Als dann immer mehr Touristen nach Draculas Schloss suchten, wurde es gebaut.

Auf Burg Bran (**oben**) soll Dracula gehaust haben, sagt die Fiktion. Zu der gehören auch die Dracula-Filme, in denen Christopher Lee (**unten**) glänzte.

Dichtung und Wahrheit

Das Dracula Burg-Hotel, 1983 in pseudomittelalterlicher Architektur am Borgo-Pass in den Karpaten errichtet, ist eines der Zentren des florierenden Dracula-Tourismus in Rumänien. Für die Gäste gibt es »Dracula«-Lesungen bei Kerzenlicht, zu Halloween ertönt aus dem Wald Wolfsgeheul vom Band. Ein zweites Hauptziel der Dracula-Fans ist Schloss Bran bei Brasov, dem früheren Kronstadt. Das trutzig auf einem Felsen ruhende Gemäuer gilt als Draculas schauriges Heim, auch wenn Prinz Vlad III. dort wahrscheinlich nie war. Aber die Burg ähnelt der im Roman.

Viele Dracula-Jünger reisen auch nach Târgovişte, dem Herrschersitz des Vlad Dracula, der dort 1456 inthronisiert wurde. Viele der Vlad-Ruinen sind in dem Ort angesiedelt – die Reste eines befestigten Palastes sind Zeugen der Geschichte Rumäniens. Fotogener ist die massige Zitadelle von Poienari, die Vlad 1457 erweitern ließ. Sportive Dracula-Reisende erklimmen die rund 1500 Stufen zu der Festung, andere reisen weiter zum Weltkulturerbe Sighişoara (Schässburg), wo der historische Woiwode vielleicht geboren wurde. Belegt ist das nicht, deshalb scheiterte wohl auch der Plan eines Dracula-Themenparks am Widerstand der Bürger.

Zum Lesen und Klicken

Bram Stoker, Dracula
Ralf-Peter Märtin, Dracula. Das Leben des Fürsten Vlad Tepes
http://dracula-souvenirs.com (engl.)

»Er ist beides, jung und alt. Er kann auftreten als Dunst, Dampf oder Nebel. Und er kann verschwinden, wie er will. Die Kraft dieses bösen Begehrens ist endlos.«
Die Romanfigur Professor van Helsing über Dracula von Francis Ford Coppolas gleichnamigem Film

Spaziergang nach Syrakus

Seume unterwegs von Sachsen nach Sizilien

Johann Gottfried Seume war ein welterfahrener Mann, als er 1802 zu seinem »Spaziergang nach Syrakus« aufbrach. In den Militärdienst gepresst und als Söldner nach Amerika verhökert, hatte er keine Scheu vor Gefahren, die zwischen Grimma in Sachsen und Sizilien drohten. 5000 Kilometer legte er zurück – meist zu Fuß. Sein Bericht, der sich mehr mit den Menschen als mit Sehenswürdigkeiten beschäftigt, wurde zum Klassiker der Reiseliteratur. Noch heute folgen Wanderer seiner Route, wenn auch nicht mehr wie Seume auf Hauptstraßen. Und auf zwölf Bände griechischer und römischer Klassiker, die der ansonsten spartanisch ausstaffierte Seume bei sich trug, verzichten seine Nachfolger wohl auch.

Oben: Statue vom Todeskampf des Priesters Laokoon (Vatikanische Museen); Kopie wurde 1506 entdeckt; das Original von Hagesandros, Polydoros und Athanodoros ist nicht erhalten.

»Faktisch waren die Dinge so, wie ich sie erzähle; und in dem Übrigen ist meine Überzeugung nicht von gestern und ehegestern. Wahrheit und Gerechtigkeit werden immer mein einziges Heiligtum sein.«

Johann Gottfried Seume, Spaziergang nach Syrakus im Jahre 1802, Vorrede zur 2. Auflage

Zum Lesen und Klicken

Johann Gottfried Seume/Heide Hollmer, Aus meiner Welt. Ein Spaziergang
www.seume.de

Zuerst zum Laokoon

»Ich … bin der Meinung, dass alles besser gehen würde, wenn man mehr ginge«, schrieb Johann Gottfried Seume denen ins Stammbuch, die vorzugsweise in der Kutsche reisten. Vielleicht hat er Schusters Rappen etwas viel zugetraut, aber seine Überzeugung, zu Fuß sehe man mehr, ist gewiss richtig. Er selbst sah viel: Dresden, Prag, Wien, Laibach und Triest, wo er sein Wunschziel Italien erreichte: Venedig, Bologna, Ancona, Rom, Neapel, Palermo und schließlich Syrakus. Seume war begeistert, verlor aber nicht seinen kritischen Blick: »Syrakus kommt immer mehr und mehr in Verfall; die Regierung scheint sich durchaus um nichts zu bekümmern. Nur zuweilen schickt sie ihre Steuerrevisoren, um die Abgaben mit Strenge einzutreiben.«
Nach einer Sizilien-Runde reiste Seume auf dem Seeweg nach Neapel und zu Lande nach Rom. Dort schlug er eine neue Nordroute ein über Florenz, Mailand, den Gotthard-Pass, Zürich, Basel, Dijon und Paris: »Mein erster Gang, als ich ins Museum im Louvre kam, war zum Laokoon«. Die letzte Etappe führte via Straßburg und Frankfurt in die sächsische Heimat nach Leipzig und Grimma, wo er feststellt: »Mir deucht, dass ich nun einige Wochen ehrlich lungern kann.«

Drehort Kroatien

Indianerland der Sechzigerjahre

Mehr als 200 Millionen verkaufte Bücher – der 1912 gestorbene Karl May ist der erfolgreichste deutschsprachige Autor. Als sein Erfolg zu schwinden schien, hatte 1962 der Filmproduzent Horst Wendlandt die Idee, den populärsten May-Roman »Der Schatz im Silbersee« zu verfilmen. Die Außenaufnahmen entstanden in der wilden Natur Kroatiens. Der Film und die meisten seiner 16 Nachfolger wurden Kassenhits. Sie machten Lex Barker (Old Shatterhand) und Pierre Brice (Winnetou) zu Stars – und die Wildnis des damaligen Jugoslawiens zum Urlaubsziel der Deutschen. Davon profitiert Kroatien nach dem Einbruch im jugoslawischen Bürgerkrieg auch heute wieder.

Oben: Deutsche Western-Szenerie: Wasserfälle bei Sibenik im Nationalpark Krka.

»Soll ein Buch seinen Zweck erreichen, so muss es eine Seele haben, nämlich die Seele des Verfassers. Ist es bei zugeknöpftem Rock geschrieben, so mag ich es nicht lesen.«
Karl May, in: Old Surehand, Band 3

Schießereien im Nationalpark

Zugegeben, in »Winnetou 2« und »Schatz im Silbersee« rollt weit hinten mal ein Bus durchs Bild. Aber das fällt kaum auf. In Erinnerung bleiben fotogene Szenerien wie das Hinterland von Rijeka oder die grandiose Landschaft des Nationalparks Plitvicer Seen, die auch »Winnetou 3« als Kulisse dienten. Die Große Schlucht im Paklenica-Nationalpark sah ebenfalls die Filmcrews mehrerer Karl-May-Filme, dasselbe gilt für die Schlucht von Zrmanja und den Nationalpark Krka mit seinen acht großen Wasserfällen. Nicht zu vergessen die weißen Kalksteinzacken des Tulove Grede, die eindrucksvoller wirken als es seine 1127 Meter Höhe vermuten lassen. Dort wird Winnetous Schwester Nschotschi von einem weißen Bösewicht ermordet, zwei Winnetou-Filme später stirbt der Titelheld an einem Drehort in der Nähe – herzzerreißende Szenen, großes Kino. In der traurigen Realität warnen Experten vor Bergtouren durch dieses Gebiet: Es soll immer noch nicht ganz von den Minen geräumt sein, die während des Bürgerkriegs gelegt wurden. Die Kroatien-Western waren die ersten Reihen-Produktionen dieses uramerikanischen Genres, die kostengünstig in Europa gedreht wurden. Sie gelten deshalb auch als Ahnen der Italo-Western.

Zum Lesen und Klicken

Michael Petzel, Der Weg zum Silbersee. Dreharbeiten und Drehorte der Karl-May-Filme
Claudia Hellmann/Claudine Weber-Hof, Locations 2. Grandiose Landschaften im Film
www.karl-may-filme.de

Oben: Pierre Brice (Winnetou) und Lex Barker (Old Shatterhand) waren Blutsbrüder und eine Zeit lang das Traumpaar des deutschen Films.

Siedlungen hoch am Berg

Auf den Wegen der Walser

Ein Buchstabe macht den Unterschied: Die Waliser sind in Großbritannien heimisch, die Walliser in der Schweiz und die Walser auch in anderen Alpenregionen. Letztere sind aus dem Hochwallis ausgewandert und gingen dahin, wo man ihnen politisch ähnlich große Freiheiten einräumte wie in ihrer Heimat. Wegen ihrer Fähigkeit, in hochgelegenen Regionen Landwirtschaft zu betreiben, gewährten ihnen die neuen Landesherren sogenannte »Walserrechte« – etwa das Recht, ihr Land zu vererben. So entstanden Walser-Kolonien im Tessin, in Graubünden, in Vorarlberg und Tirol. Die Walserwege in den Alpen folgen zwar nicht direkt den Auswanderer-Routen, verbinden aber heute viele Sprach-, Architektur- und Kulturinseln der Walser.

Oben: Die Waliser Alpen sind zwar reich an schöner Natur, aber den Bergbewohnern mangelte es an politischer Freiheit. Also zogen sie aus und gründeten Kolonien fern der Heimat.

»Schlechter wird das Land dort wohl auch nicht sein.« »Es ist besser«, hat der Händler gesagt, der gestern hier war, fügte der Bruder hinzu. »Die feinen Herren suchen scheints Leute für ihr Land innerhalb der hohen Furren.« »Zins?« »Wenig!«
Walser – Geschichten vom Leben zwischen den Bergen, hg. von Peter Donatsch

Zum Lesen und Klicken

Bernhard Irlinger, Der große Walserweg. Auf alten Saumpfaden von Zermatt nach Mittelberg
www.walserweg.com
www.walser-alps.eu
www.kulturwege-schweiz.ch

Quer durch die Schweiz

Die Strecke von Zermatt an der italienischen Grenze bis ins Kleinwalsertal unweit der deutschen Grenze zieht sich einmal quer durch die Schweiz, mehrere lokale Alternativen oder Abstecher inklusive. Ein Abzweig führt etwa ins Fürstentum Liechtenstein. Der Endpunkt dieser Wanderroute, das Kleinwalsertal, wurde 1270 von Walsern besiedelt. Es gehört zwar zum österreichischen Bundesland Vorarlberg, ist aber von diesem durch den Großen Widderstein (2536 m) getrennt. Die einzige Straßenverbindung führt von Deutschland aus ins Tal. Von der sich daraus ergebenden Sonderstellung des Tals profitierten die Banken, da dort problemlos deutsches Geld unter österreichischem Bankgeheimnis angelegt werden konnte. Heute spielt das kaum noch eine Rolle.
Die Queralpenroute firmiert zu Recht als »Großer Walserweg«, wenngleich es auch andere Walserwege, etwa in italienischsprachigen Regionen gibt. Neu ausgeschildert ist der Graubündener Walserweg von San Bernardino über den gleichnamigen Pass nach St. Antönien – 300 Kilometer in 19 Tagesetappen. Die Route ist Teil des Projekts »Kulturwege Schweiz«, das mit thematischen Wegstrecken, auf denen »Reiseabenteuer vergangener Epochen« lebendig werden sollen, um Gäste wirbt.

71

Dichterfürst auf Kur

Goethes geliebte böhmische Bäder

Insgesamt 17 Mal kurte Goethe im nordwestlichsten Winkel Böhmens – das berühmte Bäderdreieck dankt es ihm bis heute. 18 Goethe-Denkmäler und 326 Goethe-Gedenktafeln zählt der Reiseführer. Zusammengerechnet waren es fast drei Jahre, die der Dichterfürst in Karlsbad, Marienbad und Franzensbad verbrachte. Unzählige Dichter und Musiker, die Franzosen ausgenommen, taten es ihm gleich. Aber auch den Adel und den Geldadel zog es alljährlich zu den heilsamen Quellen und dem quirligen Gesellschaftsleben. Für diese anspruchsvolle Klientel entstanden prunkvolle Hotels und Residenzen, die den drei Bädern einst zu Glanz verhalfen und es heute wieder tun.

Oben: Kurkolonnaden von Marienbad, einst das Bad für die Oberen Zehntausend.

Unten: Ihrem Goethe haben die dankbaren Bürger von Franzensbad ein betont klassizistisches Denkmal gesetzt.

Schatten über Goethes Kur

Natürlich war es eine Amour fou, eine rasende Liebe, die den 72-jährigen Goethe 1821 bei der Kur in Marienbad ereilte. Objekt seiner Begierde war die 17 Jahre alte Ulrike von Levetzow. 1823 hielt Großherzog Karl August von Sachsen-Weimar-Eisenach für seinen Freund um die Hand der jungen Frau an. Sie lehnte ab und stürzte den greisen Mann in gewaltigen Liebeskummer, den er – die Nachwelt dankt es ihm – in seine »Marienbader Elegie« einfließen ließ. Marienbad (Mariánské Lázně) war damit für immer vermerkt auf der kulturellen Weltkarte. Selbst »Lohengrin« und »Die Meistersinger von Nürnberg«, die Richard Wagner dort konzipierte, kamen gegen die Liebeslyrik nicht an.
Goethes Lieblingskurort in Böhmen war eigentlich Karlsbad (Karlovy Vary): »Weimar, Karlsbad und Rom sind die einzigen Orte, wo ich leben möchte«, schrieb der berühmte Autor und Staatsmann 1812 an Wilhelm von Humboldt. Auch Franzensbad (Františkovy Lázně), die dritte mondäne Adresse im Böhmischen Bäderdreieck, beherbergte Goethe. Er soll so angetan gewesen sein von der Franzensbader Quelle, dass er sich das Wasser nach Weimar kommen ließ. Übrigens – Ulrike von Levetzow wurde 95 und heiratete nie.

»Das Böhmen ist ein eigenes Land, ich bin dort immer gerne gewesen.«
Eckermann, Gespräche mit Goethe, 6. April 1829

Zum Lesen und Klicken

Johann Wolfgang Goethe, Elegie von Marienbad: Urschrift. September 1823 (hg. von Jürgen Behrens/Christoph Michel)
Michael Bussmann/Gabriele Tröger, Westböhmen & Bäderdreieck
www.czech-tourist.de/kurbaeder.htm

72

Gorgonzola-Sandwich und Burgunder

Mit James Joyce durch Irlands Hauptstadt

James Joyce mochte seine Heimatstadt Dublin nicht. Deshalb lebte er meist im Ausland. Dennoch: Dublin hat ihn nicht losgelassen. In seinen wichtigsten Werken spielt die Stadt eine zentrale Rolle. Am deutlichsten im »Ulysses«: Leopold Bloom ist am 16. Juni 1904 in Dublin unterwegs wie einst Odysseus in seiner Welt. Seither folgen Joyce-Fans aus aller Welt der exakt beschriebenen Route, besonders natürlich am 16. Juni, dem »Bloomsday«. Sie tragen Kleidung wie einst, rezitieren am rechten Ort Textpassagen oder lassen sich – wie in einer Szene – per Droschke zum Glasnevin-Friedhof kutschieren. Ein Glas Burgunder nebst Gorgonzola-Sandwich im legendären Pub »Davy Byrne's« ist quasi Pflicht.

Oben: Marsh's Library in Dublin ist mit ihren Folianten für Bibliophile ein »Muss«. Die vergitterten Lesenischen im einstigen Bischofssitz dienen seit alters her als Schutz vor Dieben. Oder doch zur Abwehr des Hausgeistes, der in den Mauern von 1701 umgehen soll?

Rechts: Er ist wohl gut getroffen, der flanierende James Joyce an der O'Connell Street in Dublin. Der geborene Dubliner, der seiner Heimstadt literarische Denkmäler wie »Dubliners« und »Ulysses« schenkte, kam mit Dublin aber nicht zurecht. 1904, im Alter von 22 Jahren, zog er mit seiner Freundin Nora Barnacle zuerst nach Zürich, aber bald weiter nach Triest. Die irische Hauptstadt hat erst relativ spät gemerkt, welch trefflichen Botschafter sie in Joyce hat. Doch als das Denkmal errichtet wurde, fand es viel Zustimmung unter den Dublinern, auch wenn James Joyce nie wieder dauerhaft nach Irland zurückkehrte.

Sinn für Humor

Wer wie Bloom durch Dublin schlendert, fängt meist bei seinem Haus in der Eccles Street 7 an – auch wenn es längst abgerissen ist. Pietätvolle Dubliner haben aber die Haustür gerettet und artgerecht in einem Pub verwahrt – bis das James Joyce Centre (35 North Great George's St.) das gute Stück übernahm. Nicht nur deshalb eine Pflichtadresse für die Joyce-Gemeinde. Hier trifft sie sich seit Jahren mittwochs zu Lesungen aus dem schwierigsten Text des Wort-Artisten, aus »Finnegan's Wake«. Jeder kann mitmachen: »Sie brauchen nur Sinn für Humor und ein Exemplar von Finnegan' Wake«.

Das Irish Writers Museum am Parnell Square huldigt Joyce natürlich ebenfalls – doch auch seinen Kollegen Yeats, Shaw, Beckett und Heaney, um nur die Literatur-Nobelpreisträger zu nennen. Warum Joyce diesen Lorbeer nie erhielt? Vielleicht aus demselben Grund, aus dem der »Ulysses« 1920 in den USA und in Großbritannien verboten wurde – wegen »Obszönität«. Schließlich das Joyce-Museum im Martello-Tower des Küstenvororts Sandycove. Gleich nebenan ist die kleine Bucht, in der einst wie im »Ulysses« nackte Männer badeten. Bis Frauenrechtlerinnen sich in den 1970er-Jahren dasselbe Recht nahmen. Aber das hatte nichts mit Joyce zu tun …

Zum Lesen und Klicken

James Joyce, Ulysses (übersetzt von Hans Wollschläger)
www.visitdublin.com (Joyce Walk zum kostenlosen Download)
www.jamesjoyce.ie (Führungen)

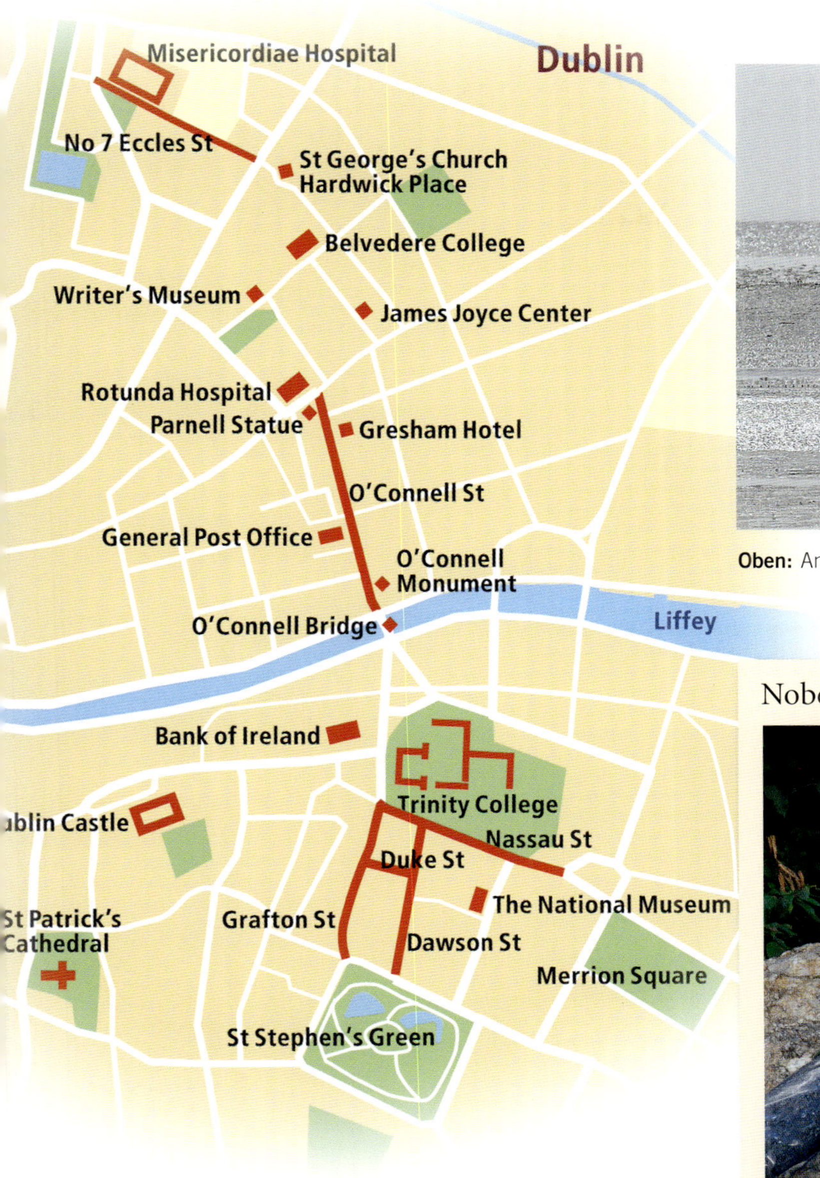

Oben: Am Sandymount Beach in Dublin.

Nobel-Literaten und verschmähte Kollegen

James Joyce hat ihn zwar nie erhalten, aber Irland ist mit vier Trägern des Literatur-Nobelpreises gemessen an seiner Größe reich gesegnet. Zählt man den Vorort Sandymount, aus dem William Butler Yeats stammt, hinzu, wurden drei von ihnen in der Hauptstadt geboren. An Samuel Beckett erinnert nur eine Plakette in Dublins Saint Patrick's Park, aber das Geburtshaus von George Bernhard Shaw ist heute Museum. In Sandymount erinnert wenig an den berühmtesten Sohn – der Strand des Ortes ist allerdings in die Literatur eingegangen durch eine Szene im »Ulysses« von James Joyce.
An einen weiteren Dubliner Autor der Weltliteratur, an Oscar Wilde, erinnert nicht nur ein gelungenes Denkmal auf dem Merrion Square, auch das nahe gelegene Haus, in dem er aufwuchs und das heute von einer amerikanischen Universität genutzt wird, kann bisweilen besichtigt werden. Wildes Geburtshaus hingegen gehört dem Trinity College und ist nur Forschern zugänglich. Auf dem Trinity Campus befindet sich aber ein anderer Anziehungspunkt, den Buchfreunde selten auslassen: das wunderbar illustrierte, 1200 Jahre alte Book of Kells. Nicht ganz so alt ist Irlands älteste Bibliothek, Marsh's Library von 1701. Sie ist fast noch ein Geheimtipp – trotz oder wegen ihres Spukgeistes.

»Ich möchte … einen Roman über Dublin schreiben, der so umfassend ist, dass, würde die Stadt eines Tages plötzlich vom Erdboden verschwinden, sie nach meinem Buch rekonstruiert werden könnte.«
James Joyce

Glaube versetzt Berge. Das ist zwar im übertragenen Sinn gemeint, aber auch in der topografischen Wirklichkeit sind Gebirge für fromme Reisende kein echtes Hindernis. Sie pilgern einfach über sie hinweg. Auch große Distanzen und klimatische Widrigkeiten scheuen religiös motivierte Touristen nicht, wenn sie ein Ziel vor Augen haben. Ein Ziel auch im übertragenen Sinn: So mancher macht sich auf den Weg, um zu sich selbst zu finden. Dann ist gewissermaßen der Weg das Ziel.

Fromme Touristen

Die Renaissance der Pilgerwege

Rom, Santiago de Compostela und Mont-Saint-Michel waren die wichtigsten Pilgerorte des Mittelalters. Der Petersdom im Vatikan hat diese Eigenschaft nie verloren, und die Kathedrale der Jakobswanderer ist heute wieder Ziel von Pilgerzügen. Nur der aus dem Meer ragende Klosterfelsen des Erzengels Michael hatte im millionenfachen Andrang weltlicher Touristen viel von seiner spirituellen Bedeutung eingebüßt. Nun versuchen christliche Vereinigungen, den Pilgerboom zu nutzen, um der normannischen Insel ihre geistliche Bedeutung zurückzugeben.
Von dieser Neubesinnung auf alte Pilgertraditionen profitieren auch Anbetungsstätten mit weniger weitreichender Ausstrahlung, etwa die Wege durch Thüringen und Hessen zum Grab der heiligen Elisabeth oder der Aufstieg auf den Berg des heiligen Patrick an der irischen Westküste. Beide Orte und andere regionale Pilgerziele berichten von wachsenden Besucherzahlen. Stets hohe Pilgerzahlen – selbst in Zeiten kirchenfeindlicher Regierungen – hatte und hat der polnische Marien-Wallfahrtsort Tschenstochau, wo auch des ersten polnischen Papstes Johannes Paul II. gedacht wird. Zu Ehren des deutschen Papstes Joseph Ratzinger entstand in Bayern binnen Kurzem ein Benediktweg, der allerdings gleichermaßen touristischen wie religiösen Motiven entstammt. Doch das ist wahrlich nicht untypisch für Wallfahrten und Pilgerplätze.
Beispiele sind die vorwiegend touristisch geprägten Rundfahrten zu den bemalten Moldauklöstern in Rumänien und die Routen, die in Deutschland dem Lebensweg des Reformators Martin Luther folgen. Auch relativ neue Strecken wie Österreichs protestantischer Bibelweg oder der katholische Bonifatiusweg im Rhein-Main-Gebiet müssen noch beweisen, dass sie mehr sind als das Werk von Fremdenverkehrs-Managern. Am Segen der Kirchen mangelt es jedenfalls nicht.

Oben: Die Statue des Heiligen Patrick am Fuß seines Pilgerberges im Westen Irlands.

73

Pilgerpfade zum Erzengel

Alte Routen zum Mont-Saint-Michel

Tiefe Spuren hat Frankenkönig Childebert III. (678–711) nicht hinterlassen. Aber viele der jährlich drei Millionen Besucher des Mont-Saint-Michel vor der Küste der Normandie hören von ihm: Er war das erste gekrönte Haupt unter den Pilgern, die beim Erzengel Pfade ins Paradies suchten. »Chemins de Paradis«, so nannten die frommen Reisenden des Mittelalters die Wege zu der atemberaubenden Kirche im Meer.

Nach der Französischen Revolution verblassten die Pilgerzeichen am Wegenetz, das quer durch Europa reichte, auch zum Kölner Dom. Doch nun wächst das Interesse an den geistlichen Pfaden wieder. Seit 1998 hat die Vereinigung Les Chemins du Mont-Saint-Michel rund 2000 Kilometer der alten Routen beschildert.

Loch im Kopf

Man schrieb das Jahr 708, als der Erzengel Michael den Bischof von Avranches, Aubert, aufforderte, ihm eine Kapelle auf dem Felsen zu errichten. Der Würdenträger ignorierte die Order, bis der Engel ihm mit dem Finger ein Loch in den Kopf stieß. Der durchbohrte Schädel ruht heute in der Basilika von Avranches, und auf der Insel erhebt sich ein Wahrzeichen Frankreichs. Die Pilgerströme des Mittelalters sind zwar abgelöst durch Touristenströme, doch neuerdings melden sich in der Pfarrkirche unterhalb des gotischen Gotteshauses immer mehr Wanderer im Namen des Herrn.

Die kürzeren Pfade beginnen auf der normannischen Halbinsel, die langen in Santiago de Compostela, Monte Gargano, Winchester, Köln, Chartres oder Paris. Viele Pilger starten allerdings nicht in der Hauptstadt, sondern in L'Aigle (14 Tage) oder Briouze (7 Tage). Die Route verläuft meist über kleine Landstraßen und über eine einstige Bahntrasse.

Kurz vor dem Ziel passiert der Pfad die Maison de Baie, in der die Bauarbeiten im Watt erklärt werden: Ein Stauwerk in der Mündung des Couesnon und eine Brücke statt des alten Damms sollen die Bucht vom Schlick befreien und dem heiligen Berg wieder sein Meer zurückgeben.

Oben: Zu Fuß dem Mont-Saint-Michel entgegen, wie es Pilger seit vielen Jahrhunderten tun. Im Mittelalter lebten die Mönche von den religiösen Reisenden, heute fallen unter den jährlich 3,5 Millionen Touristen die wenigen Pilger kaum auf. Aber ihre Zahl wächst seit einigen Jahren kontinuierlich: Pilgern ist wieder »in«, nicht nur am Mont-Saint-Michel.

Oben: Das Geschäft mit den Pilgern war am Mont-Saint-Michel nicht die einzige Erwerbsquelle. Neben der Landwirtschaft gab es auch die Salzwirtschaft in der Bucht mit dem bis zu 14 Meter hohen Tidenhub. Wie Meersalz gewonnen wurde, zeigt das Heimatmuseum in der Maison de la Baie du Mont-Saint-Michel.

Oben: Wie ein »Fingerzeig Gottes« weist die Turmspitze der Kirche auf dem Mont-Saint-Michel gen Himmel, mit einer vergoldeten Statue des Heiligen Michael ganz oben. So empfanden es auch die Pilger von einst. Seit 1969 leben wieder einige wenige Ordensleute auf dem »Mont«, die gesamte Anlage ist aber in Staatsbesitz.

Normannisch-bretonisches Küchenlatein

Es ist zwar nur ein Steinwurf bis zur bretonischen Grenze, doch die Normannen legen Wert darauf, dass der Mont-Saint-Michel zu ihrer Region gehört – eine Trumpfkarte im Buhlen um Besucher. So wird dem Gast bei »Mère Poulard«, dem bekanntesten Restaurant zu Füßen des Kirchenfelsens, auf Wunsch versichert, die Spezialität des Hauses werde selbstverständlich in normannischer Butter gebraten. Das begehrte Omelett, eine Mordsportion zu einem ähnlich üppigen Preis, wird, so die Werbung, noch traditionell zubereitet: Eine Pfanne wird an langem Stiel ins offene Feuer gehalten, bis die Eierspeise zumindest auf einer Seite fest ist. So geschehe es seit 1879, als das Restaurant erstmals seine Tore öffnete. Seither hat viel Prominenz die Gaststube aufgesucht; deren zahlreiche gerahmte Signaturen und Fotos lassen die Tapete darunter nur noch erahnen. Aber Mutter Poulard serviert auch Meeresfrüchte – aus der Bretagne! Darauf einen Calvados! Der ist nur echt aus der Normandie.

»Gegenüber erhebt sich vor uns ein großer Felsen von runder Form, die Basis umgeben von zinnenbewehrten Mauern, die Spitze mit einer Kirche bekrönt, seine Wehrtürme in den Sand gerammt und seine Glockentürme in die Luft gereckt. Gewaltige Strebepfeiler, welche die Seiten des Bauwerks halten, stützen sich auf einen steilen Hang, von dem Felsbrocken und Büschel von Unkraut herunterhängen.«
Gustave Flaubert, 1847

Zum Lesen und Klicken

Petra Kammann, Mont-Saint-Michel und andere Pilgerorte
www.lescheminsdumontsaintmichel.com (fr. und engl.)
www.normandie-tourisme.fr (mit deutscher Website)

74

Via Francigena – Weg der Franken

Auf dem Weg von Canterbury nach Rom

Anno 990 brach Bischof Sigeric von Canterbury auf, um seine neue geistliche Würde vom Papst in Rom bestätigen zu lassen. Er machte sich unterwegs Notizen über den Weg, die in den folgenden Jahrhunderten Tausenden von Pilgern Hilfe leisteten auf dem Weg durch Frankreich, die Schweiz und Italien bis zum Petersplatz. Via Francigena – Weg der Franken wurde die Route genannt, die bis zum Aufkommen der Massenverkehrsmittel eine der wichtigsten Straßen durch Westeuropa war: für Heerführer und Kaufleute, vor allem aber für Pilger. Rom war im Mittelalter neben Jerusalem und Santiago de Compostela das wichtigste Pilgerziel. Jetzt wird die in Vergessenheit geratene Rom-Route, die einstige Pilgerstrecke, wiederbelebt.

Oben: Die Kathedrale von Canterbury war einst ein bedeutendes katholisches Gotteshaus. Aber als sich Heinrich VIII. 1529 von Rom lossagte, wurde Canterbury zum Zentrum der Anglikanischen Kirche. Dennoch dient das gotische Gotteshaus bis heute als Startort des historischen Pilgerwegs nach Rom.

Zum Lesen und Klicken

Günter Kromer, Via Francigena. Auf dem Frankenweg von Canterbury. Der Pilger-Reiseführer
www.via-francigena.com

Oben: Die Renaissance-Fassade der Kartause ist das Wahrzeichen des norditalienischen Pavia. Im Mittelalter war es eine der wichtigsten Städte des Landes, auch dank der Universität. Sie ist eine der ältesten Europas, 1361 wurde der erste Lehrstuhl eingerichtet. Pilger nutzten die günstig gelegene Kartause gerne zur Rast. Die Stadt stand lange Jahre unter österreichischer Herrschaft, das änderte sich erst 1859.

Kathedralen säumten den Weg

Alle Wege führen nach Rom. Im Mittelalter galt diese Redewendung durchaus buchstäblich. Zum einen hatte das römische Imperium Straßen anlegen lassen, die zur Hauptstadt führten, zum anderen war der Petersdom in Rom das Zentrum der christlichen Welt. Und solange die deutschen Kaiser in Italien das Sagen hatten, spielte der »Frankenweg« unter den Straßen nach Rom eine besondere Rolle. Mit dem Erstarken der Stadtrepubliken schwand der kaiserliche Einfluss und die Bedeutung der Via Francigena. Als Pilgerstrecke blieb sie aber bedeutsam. Stationen der Route waren und sind Calais, Reims, Besançon, Lausanne, Großer Sankt Bernhard, Pavia, Fidenza, Lucca, San Gimignano, Siena und Viterbo, wobei sich die Wege zwischendurch häufig verzweigen. An der Route entstanden prächtige Kirchen wie die Kathedrale von Reims, später Krönungsstätte von Frankreichs Königen, und San Michele Maggiore in Pavia, in deren Vorgängerbau Karl der Große zum Langobarden-König gekrönt worden war. Die Pilger bewunderten auch die Kathedrale San Martino in Lucca und den Dom von Siena mit seiner Prunkfassade und der Außenfront aus schwarzem und weißem Marmor.

»Er küsst, leckt, haut und sticht.«
Michelangelo über den Vernaccia di San Gimignano, seinen Lieblingswein

Manhattan des Mittelalters

Die toskanische Kleinstadt San Gimignano ist mit der Via Francigena groß geworden und mit der schwindenden Bedeutung der Straße als Handelsroute auch wieder in Vergessenheit geraten – bis der Tourismus die Geschlechtertürme des einstigen Wirtschaftszentrums als Sehenswürdigkeit entdeckte. In der großen Zeit des Ortes, in welcher der Dichter Dante Alighieri einmal kurz der Lokalregierung angehörte, versuchten die reichen Familien, sich mit Hochbauten gegenseitig zu übertrumpfen. 72 teilweise über 50 Meter hohe Wohntürme entstanden damals im »Manhattan des Mittelalters« – 14 sind erhalten geblieben. Neben dem Handel auf der Via Francigena brachte auch die Safran-Zucht viel Geld in die Kassen der Patrizier. Nun wird rings um San Gimignano wieder Safran angebaut und verkauft. Ein weiteres geschätztes Produkt ist der Vernaccia di San Gimignano, der als erster Wein Italiens ein Ursprungssiegel (DOC) erhielt.

Links: Der Petersdom in Rom ist das Ziel aller Pilger auf der Via Francigena, ein würdiger Abschluss, denn für alle Katholiken ist das Gotteshaus die Mutterkirche. Repräsentativ ist die 1506 bis 1626 entstandene Basilika allemal, denn mit einer Länge von fast 212 Metern und einer Höhe von mehr als 132 Metern handelt es sich um einen der größten Sakralbauten der Welt.

Von den Pyrenäen nach Santiago de Compostela

Pilgern auf Europas Jakobswegen

Oben: Das Baskenland durchquert der Jakobsweg sowohl in Frankreich als auch in Spanien. Die Kirche von Samaniego (Spanien) ist eine der vielen Gebetsstätten für die Pilger auf dem Weg nach Santiago de Compostela.

Es ist eine lange Reise von Jerusalem, wo Jakobus d. Ä. als Märtyrer enthauptet wurde, nach Santiago de Compostela, wo er bestattet ist. Eine der Legenden besagt, seine Jünger hätten den Leichnam in ein unbemanntes Boot gelegt, dass allein den Weg nach Nordspanien gefunden habe. Die vielen Pilger, die seit dem 11. Jahrhundert aus ganz Europa zum Grab ziehen, können etablierteren Wegen folgen. Einige Teile der Pilgerrouten sind sogar zum Welterbe geadelt worden, nachdem in den Siebzigerjahren die daniederliegende Tradition der Jakobspilger wiederbelebt und inzwischen fast zur Mode geworden ist – vor allem in Deutschland, wo der Komödiant Hape Kerkeling sein Jakobspilger-Buch über zwei Millionen Mal verkaufte.

»Glückseliger Jakobus / Licht und Ehre Spaniens / Verehrungswürdiger Patron / Bewahre uns den Frieden!«
Übersetzung der Inschrift am Hospital del Rey in Burgos

Oben: Wein und Religion haben sich – zumindest im Abendland – stets als einander zugehörig empfunden. Deshalb ist es auch guter Brauch, dass Pilger, wenn sie das Land der Rioja-Weine durchqueren, von diesem wohl bekanntesten Wein Spaniens kosten. Der Rioja stammt meist aus der Tempranillo-Traube, ist trocken, dunkelrot und oft in Holzfässern gereift. Je nach Reifedauer werden Rioja-Weine als Crianza, Reserva oder Gran Reserva klassifiziert.

Zum Lesen und Klicken

Yves Bottineau, Der Weg der Jakobspilger. Geschichte, Kunst und Kultur der Wallfahrt nach Santiago de Compostela
www.kath.de/quodlibe/santiago/santiago.htm

Der offizielle »Jakobsweg«

Aus Norden, Süden und Osten erreichen die Pilgerpfade die Grabeskirche des heiligen Jakob in Santiago de Compostela, doch offiziell trägt nur die Inlandsroute von den Pyrenäen bis zur Wallfahrtsstadt den Titel »Jakobsweg«. Alle anderen gelten nur als »Wege der Jakobspilger«. Roncesvalles ist der erste spanische Ort auf der Hauptroute, berühmt als Ort der Schlacht, in der 778 die Nachhut der Armee Karls des Großen, geführt von Roland, durch baskische Truppen vernichtet wurde – Ursprung des Rolandsliedes. Pamplona, die nächste Station, ist bekannt für Stierkämpfe, denen Hemingway in »Fiesta« ein Denkmal setzte. In Logroño überquerten die Pilger den Ebro und kosteten wohl auch vom berühmten Rioja der umgebenden Weinberge. Das hoch gelegene Burgos, Krönungsstätte der kastilischen Könige, beeindruckt mit seiner gotischen Kathedrale, die zum Welterbe gehört. In der nahen Königsstadt León versammelten sich die frommen Wanderer auch gern in der Kathedrale oder der romanischen Basilica San Isidoro mit Reliquien des heiligen Isidor von Sevilla. Über Ponferrada geht es auf die letzte Etappe, nach Santiago de Compostela.

Mit der Muschel über Land

Nur wer mindestens die letzten 100 Kilometer bis Santiago zu Fuß oder 200 Kilometer zu Pferde meistert, erhält die »Compostela«, die begehrte Urkunde. Das bekannte Abzeichen der Jakobspilger, die Muschel, kann sich dagegen jeder anheften. Manche Pilger wandern etwa 60 Kilometer über Santiago de Compostela hinaus bis zum Kap Finisterre, dem »Ende der Welt«, um am Meer ihre Muschel zu suchen. Dem ist heutzutage selten Erfolg beschieden, denn die Einheimischen sammeln die Schalen der Pilgermuschel ein, um sie zu verkaufen. An Nachfrage mangelt es nicht. Am Kap, das entgegen häufiger Ansicht nicht der westlichste Punkt Spaniens ist, steht der Kilometerstein mit der Markierung »0« und der stilisierten Muschel, die Jakobswege in ganz Europa markiert.

Wo St. Patrick fastete

Auf den Croagh Patrick an Irlands Westküste

Normalerweise sind es nur einige Wanderer, die auf den 764 Meter hohen Croagh Patrick an der irischen Westküste aufsteigen und den weiten Blick genießen. Am letzten Sonntag im Juli herrscht auf dem Berg nahe Westport allerdings drangvolle Enge – bis zu 25 000 Pilger sammeln sich am Aufstieg, viele besteigen ihn als Buße barfuß. Die größte Wallfahrt der Insel ehrt den Nationalheiligen Patrick. Der Missionar war 441 auf den Gipfel gestiegen, fastete dort 40 Tage und errichtete eine Kapelle. Die heutige Kapelle auf dem heiligen Berg der Iren stammt von 1905, das Besucherzentrum im kleinen Ort Murrisk am Fuß des Berges wurde im Jahr 2000 eröffnet. Der Aufstieg dauert etwa zwei Stunden.

Patricks Kleeblatt

Als Patrick im 5. Jahrhundert auf dem Reek – so der Spitzname des Croagh Patrick – eine Kapelle errichtete, warf er auch eine Glocke den Berg hinunter. Damit vertrieb er der Legende zufolge alle Schlangen aus Irland. Nach einer anderen Sage erklärte Patrick die göttliche Dreieinigkeit anhand eines Kleeblatts. Seither ist dieses eines der irischen Nationalsymbole.

Der Prediger soll an einem 17. März gestorben sein, deshalb wird der Tag in Irland als Nationalfeiertag begangen. Zugleich feiern ihn irischstämmige Menschen in aller Welt mit »Orgien in Grün«, der Nationalfarbe. In vielen irischen Städten gibt es Paraden – die größte in Dublin hat sich zur Touristenattraktion entwickelt, die sogar Besucher aus dem Ausland anzieht. Weitere Ziele für »Paddy-Touristen« sind die nordirische Stadt Downpatrick mit einem Museum für den Heiligen und seinem vermeintlichen Grab sowie Armagh, wo Patrick seine Hauptkirche gründete. Dort gibt es heute gleich zwei St. Patrick-Kathedralen – eine der Katholiken und eine der protestantischen Church of Ireland.

»Ich, Patrick, ein Sünder, ein sehr einfacher Landmann, der Geringste unter allen Gläubigen und für viele der Verachtenswerteste.«

St. Patrick, Confessio

Links: Ein großer Steinblock kennzeichnet das – historisch nicht belegte – Grab des Heiligen Patrick neben der Kathedrale von Downpatrick. Angeblich soll der Missionar in der heute nordirischen Stadt 461 oder 492/93 beerdigt worden sein. Am St. Patricks Day, am 17. März, sammeln sich viele Gläubige an dem Stein.

Zum Lesen und Klicken

Alf McCreary Auf den Spuren von St. Patrick. Eine irische Entdeckungsreise
www.croagh-patrick.com
www.saintpatrickscountry.com

Patron der Reisenden

»Europäische Kulturroute Saint Martin«

Der heilige Martin ist einer der bekanntesten Heiligen, ein Mann mit interessantem Leben, das umwoben ist von Legenden. Generationen von Kindern sind aufgewachsen mit dem Reiter im Bischofsornat, dem sie am Martinstag, dem 11. November, mit ihren Papierlaternen folgten und auf süße Gaben hofften. Ein wahrer Europäer, geboren 316 in Ungarn, tätig in Italien und Deutschland, gestorben 397 in Frankreich, wie die Länder heute heißen. Ein idealer Pate für »Europas Kultur-Routen«. Die Beschlüsse sind gefasst, die Routen skizziert, doch umgesetzt sind die Pläne bislang nur ansatzweise. Junge Leute erprobten schon einmal die Strecke von der Martinskirche im belgischen Arlon bis Trier – stilecht zu Fuß und mit einem Esel.

Oben: Luxemburg, die Hauptstadt des Großherzogtums, ist eine Station auf der St. Martin-Kulturroute von Tours nach Trier.

Unterwegs mit dem Patron der Reisenden

Der heilige Martin wollte nicht Bischof von Tours werden. Er versteckte sich im Gänsestall, als er nach Tours geführt werden sollte. Das Federvieh machte aber solch einen Lärm, dass der fromme Mann entdeckt wurde. Daher die Martinsgans, die am Martinstag in der Bratröhre endet. Nachdem Martin geweiht worden war, nahm er sein Amt engagiert wahr. Drei Mal musste er nach Trier reisen, damals Sitz des römischen Kaisers. Diesem Weg des früheren römischen Soldaten ist eine Strecke der »Europäischen Kulturroute Saint Martin« gewidmet: Tours–Paris–Luxemburg–Trier. Historisch gerechtfertigt wäre es, wenn die Route in Candes-Saint-Martin beginnen würde, denn dort starb Bischof Martin. Sein Leichnam wurde heimlich per Schiff auf der Loire nach Tours gebracht und dort beigesetzt. Tours wurde schnell zu einem Wallfahrtsort, Candes aber auch.
Die beiden weiteren St. Martin-Routen sollen von Tours über Lyon und Mailand nach Szombathely – Martins Geburtsort in Ungarn – beziehungsweise über Bordeaux ins spanische Saragossa führen. Teilstrecken sind vor allem in Osteuropa fertiggestellt. Wer könnte als Patron dieser langen Wanderwege besser geeignet sein als der Schutzheilige der Reisenden?

»Sankt Martin, Sankt Martin,
Sankt Martin zieht die Zügel an,
das Ross steht still beim armen Mann,
Sankt Martin mit dem Schwerte teilt, den warmen Mantel unverweilt.«
Aus dem Lied »Sankt Martin ritt durch Schnee und Wind«

Zum Lesen und Klicken

Martin Sandkühler, Legenden um Sankt Martin
www.culture-routes.lu

78

Der Papst aus Bayern

Auf den Spuren des jungen Joseph Ratzinger

»Wir sind Papst!« Mit dieser Kult gewordenen Schlagzeile hat die Bild-Zeitung 2005 die Wahl von Joseph Ratzinger zum Oberhirten der Katholiken gefeiert. Unmittelbar nach dem Konklave in Rom erlebte die Heimat von Benedikt XVI. in Oberbayern, insbesondere sein Geburtsort Marktl am Inn, einen gewaltigen Touristenansturm. Glücklicherweise war der benachbarte Wallfahrtsort Altötting erfahren im Umgang mit großen Besucherzahlen. So entstand schon bald der »Benediktweg«, eine fast 250 Kilometer lange Radroute, die Lebensstationen aus der Jugend des Papstes mit geistlichen Stätten im Voralpenland verknüpft. Auf einer ähnlichen Strecke kann man den Benediktweg auch mit dem Auto oder per Bus erleben.

Oben: Der oberbayerische Wallfahrtsort Wilparting, heute ein Ortsteil von Hirschenberg, bietet ein beliebtes Postkartenmotiv: die schmucke Wallfahrtskirche mit der benachbarten Gastwirtschaft. Das Gotteshaus ist Marinus und Anian geweiht, es steht über dem Grab der beiden Heiligen, heute ein großer Hochaltar. Seit mehr als 1000 Jahren wird die Grabstätte von herbeigereisten Gläubigen verehrt und ist damit einer der ältesten Pilgerorte in Bayern.

Der Benediktweg

Der Vorgänger Benedikts, Johannes Paul II., pflanzte 1980 in Altötting eine Papst-Linde. Sie ist Ausgangspunkt des »Benediktweges«, der zuerst ins elf Kilometer entfernte Marktl führt. Dort wurde Benedikt 1927 geboren. Er blieb da zwar nur zwei Jahre, dann wurde sein Vater, ein Gendarm, versetzt, dennoch hat sich das Haus zu einer Pilgerstätte entwickelt. Deshalb erwarb es die Kirche für einen hohen Preis und richtete dort ein Museum ein. Auf der Alten Poststraße, die Papst Pius VI. 1782 bei seinem Besuch des Marien-Wallfahrtsorts benutzte, führt der Benediktweg nach Tittmoning und nach Hufschlag, weiteren Wohnorten der Familie Ratzinger. Traunstein, wo der künftige Pontifex Maximus das Gymnasium besuchte, ist auch eine Station. Der Rundweg berührt aber auch historisch interessante Städte wie Burghausen, Mühldorf und Wasserburg, fotogene Landschaften wie den Chiemgau oder das Rosenheimer Land sowie Klöster wie die Benediktinerinnenabtei auf der Insel Frauenchiemsee. Hinter Tüßling ist eine historische Pilgerroute mit Kreuzweg-Stationen aus dem 18. Jahrhundert erreicht – und damit auch wieder Altötting, für Benedikt »das Herz Bayerns und eines der Herzen Europas«.

Zum Lesen und Klicken

Christian Prager/Johanna Kolf, Auf den Spuren Papst Benedikts XVI. in Bayern
www.benediktweg.info

Rechts: Burghausen an der Salzach ist zwar in der profanen Welt vornehmlich bekannt durch seine Burg, laut Guinness-Buch der Rekorde mit 1043 Metern die längste der Welt. Aber die frommen Bayern kennen, soweit sie katholisch sind, meist die Wallfahrtskirche St. Maria Himmelfahrt im Ortsteil Marienberg. Im 17. Jahrhundert entwickelte sich hier organisiertes Pilgertum, gefördert vor allem durch die Rosenkranz-Bruderschaft von 1627.

Rechts: Das Geburtshaus des Joseph Ratzinger im bayerischen Marktl am Inn birgt heute ein Museum. Benedikt-Pilger zieht es auch zum Taufstein des späteren Papstes in der Taufkapelle der Ortskirche.

»Nach dem großen Papst Johannes Paul II. haben die Herren Kardinäle mich gewählt, einen einfachen und bescheidenen Arbeiter im Weinberg des Herrn.«

Benedikt XVI. nach seiner Wahl 2005 zu den Menschen auf dem Petersplatz

Das Papstgrab in Bamberg

Acht Deutsche verzeichnet die Papstliste bis heute, wobei man den Begriff »deutsch« historisch verstehen muss: Eingeschlossen sind auch Päpste, die aus Lothringen, dem Elsass oder den Niederlanden stammten. Im Mittelalter gehörten diese Gebiete zum Heiligen Römischen Reich Deutscher Nation. Alle deutschen Päpste sind im Petersdom in Rom begraben. Diesseits der Alpen gibt es nur ein Papstgrab: Clemens II. aus dem niedersächsischen Hornburg starb 1047 nach weniger als einem Jahr im Amt. Da er neben dem Thron Petri sein Bistum Bamberg behielt, verfügte er, im Bamberger Dom beigesetzt zu werden. Dort ist seine Grabstätte nicht öffentlich zugänglich. Immerhin, das Grab ist wenigstens da. Anders Papst Viktor II.: Er starb 1057 nach zwei römischen Amtsjahren und wollte im Dom seines Bistums Eichstätt bestattet werden. Doch die Bewohner von Ravenna überfielen den Transport, raubten den Leichnam und trugen ihn ins Mausoleum Theoderichs. Dort wurde er erneut geraubt und ist seither verschollen. Im Eichstätter Dom erinnert ein Denkmal an ihn.

Oben: Einen Sonnenhut erhielt der Papst als Geschenk, als er 2006 den ihm wohl vertrauten Marien-Wallfahrtsort Altötting in offizieller Mission besuchte. Die Bayernreise des Oberhirten hatte aber auch private Momente, da Benedikt XVI. viele Stätten seiner Jugend besuchte.

Die Schwarze Madonna

Millionen Polen pilgern nach Tschenstochau

Im Sommer überzieht Polen ein unsichtbares Netz, das in Tschenstochau zusammenläuft: die Wanderrouten, auf denen Zehntausende zur »Schwarzen Madonna« pilgern. Die Ikone im Kloster Jasna Góra (Heller Berg) ist der spirituelle Fokus der Nation, die zu 95 Prozent aus Katholiken besteht. Rund 80 Prozent sagen, sie praktizierten ihren Glauben. Fünf Millionen Pilger jährlich belegen es. Immer wieder trifft man auf Nebenstraßen Gruppen von Gläubigen, die tagelang unterwegs sind, begleitet von rot-weißen Nationalflaggen. Die Schwarze Madonna ist nämlich zugleich die Garantin der Freiheit Polens, seit die Schweden 1655 weite Teile Polens erobert hatten, das Kloster der Madonna aber nicht bezwingen konnten.

Oben: Papst Johannes Paul II. mit jugendlichen Anhängern, die zum Weltjugendtreffen in Wojtylas polnische Heimat, zum Wallfahrtsort Tschenstochau, gekommen waren.

Polens Königin

Sie werden weniger, aber noch gibt es die T-Shirts mit dem Schriftzug JPII. Johannes Paul II., der polnische Papst, ist spiritueller Begleiter der Pilger, die zum Auftakt ihres Marschs zur Schwarzen Madonna in Krakau seinen Spuren folgen: In der Florianskirche war Karol Wojtyła als Vikar tätig; die neue Basilika weihte er 2002 als Papst ein; im Priesterseminar, heute Museum des Erzbistums, lebte er während seiner Ausbildung. Seine Universität und seine Wohnungen sind weitere Ziele. Die Pilger, darunter viele Deutsche, besuchen auch das Königsschloss Wawel, in dessen Kathedrale die polnischen Monarchen beigesetzt sind. Nation und Kirche sind in Polen verwoben.
Auf der Fahrt nach Tschenstochau ist Wadowice, Wojtyłas Geburtsort, ein Pflichtstopp. Bald danach erscheint der 106 Meter hohe Kirchturm des Paulinerklosters Jasna Góra – die Kapelle mit der wundertätigen Schwarzen Madonna ist das erste Ziel. Laut Legende hat der Evangelist Lukas das Bild gemalt, die Wissenschaft datiert es auf das 6. bis 9. Jahrhundert. Rechts von dem mit kostbaren Gewändern gezierten Bildnis fällt das Geschenk des Papstes auf, eine goldene Rose, links Szepter und Reichsapfel – Maria ist offiziell die Königin Polens.

Zum Lesen und Klicken

Katarzyna Jone/Christians Rahn, Krakau und Tschenstochau City Guide
www.paulinerorden.de

»Wir versprechen, in jeder polnischen Seele das Geschenk der Quelle des göttlichen Lebens zu bewahren.«
Aus der Marienweihe von Tschenstochau

Oben: Die prächtige Basilika im Kloster Jasna Góra von Tschenstochau lässt erahnen, welche Bedeutung die Abtei für die große Mehrheit der Polen hat. In einer Kapelle bei der Basilika steht das als Nationalheiligtum verehrte Standbild der »Schwarzen Madonna«.

80

Bemalte Moldauklöster

Die Bukowina – ein einzigartiges Kirchenland

Kirchenbilder wirken oft wie Ahnen der Comicstrips: Altarbilder, Wand- und Deckenmalereien erzählen biblische Geschichten. Aus gutem Grund: Bis ins hohe Mittelalter hinein waren die meisten Menschen des Lesens und Schreibens unkundig – Bilder sollten deshalb die christliche Lehre verbreiten. Nirgendwo wird das deutlicher als in der Bukowina im Norden Rumäniens. Dort gibt es Klosterkirchen aus dem 15. und 16. Jahrhundert, die nicht nur im Inneren, sondern auch an den Außenmauern prächtig bemalt sind. Die benachbarte Region Maramureş besitzt zahlreiche ungewöhnliche Holzkirchen aus dem 17. und 18. Jahrhundert. In beiden Gebieten hat die UNESCO eine Reihe von Gotteshäusern als Welterbe klassifiziert.

Oben: Das Kloster Sucevita ist ein Paradebeispiel für die bemalten Klöster in Rumäniens Bukowina. Die Fresken zeigen Szenen aus dem Alten und dem Neuen Testament.

»Naturfarben werden benutzt – Schwefel für Gelb, Färberkrapp für Rot und Kobalt oder Lapis für Blau.«

Robert Reid/Leif Pettersen, in: Romania & Moldova – Lonely Planet

Zum Lesen und Klicken

Joscha Remus, KulturSchock Rumänien
www.romanianmonasteries.org (engl.)

Die Moldauklöster

Als die Rumänen 2006 über die hundert größten Landsleute abstimmten, setzten sie Stefan den Großen auf den ersten Rang. Der moldawische Fürst hatte im 15. Jahrhundert Angriffe von Tartaren, Ungarn, Polen und vor allem von Osmanen auf sein Reich abgewehrt und trotz der vielen Kriege 44 Klöster und Kirchen gebaut. Zu seinem Erbe zählen die berühmten »bemalten Klöster« Rumäniens – Gura Humorului ist ein günstig gelegener Ausgangsort für Rundfahrten zu den Klöstern. Die bekanntesten sind Arbore, Humor, Moldoviţa, Probota, Suceviţa und Voroneţ. Das bedeutendste Kloster, Putna, hat zwar keine bemalten Außenfassaden, war aber dank des Grabes von Stefan dem Großen ein wichtiges Pilgerziel. Stefan gelangte übrigens mithilfe des historischen Grafen Dracula auf den Thron.
Einen anderen Hintergrund haben die Holzkirchen in der nahen Region Maramureş: Unter ungarischer Herrschaft durften orthodoxe Christen in Transsilvanien keine Steinkirchen bauen. Deshalb errichteten sie außergewöhnliche Holzkirchen, schmal und relativ hoch, mit steilen und manchmal doppelten Dächern. Die ins Dach eingelassenen Türme zeichnen sich aus durch hohe Spitzen, unter denen sie an alte Wachtürme erinnern.

81

Wege zu Luther

1517 begann in Mitteldeutschland die Reformation

Zu den wenigen Großen, die ohne eine Armee die Welt verändert haben, gehört Martin Luther. Die von ihm ausgelöste Reformation begründete die protestantischen Kirchen in aller Welt. Er selbst hielt sich, abgesehen von den Reisen zu Reichstagen und nach Rom, meist in seiner mitteldeutschen Heimat auf. Luthers Lebensumfeld lässt sich folglich leicht erkunden. Sachsen-Anhalt hat bereits einen rund 400 Kilometer langen »Lutherweg« für Wanderer und Pilger eröffnet, Thüringen will bis zum Reformations-Jubiläum 2017 – »500 Jahre Reformation« – seinen Lutherweg fertig haben; bei Nordhausen werden beide verbunden. Auch Sachsen plant einen Lutherweg.

Oben: Gustav Adolph Spangenberg malte Luther 1866 im Kreis seiner Familie (Gemälde, Leipzig, Museum der Bildenden Kuenste).

Eisleben und Wittenberg

Die beiden Lutherstädte Eisleben und Wittenberg bilden die Eckpunkte des Lutherwegs in Sachsen-Anhalt. In Eisleben wurde der Reformator 1483 geboren, und dort starb er 1546. In Wittenberg veröffentlichte er 1517 seine Thesen, die schließlich zu der von ihm nicht gewollten Kirchenspaltung führten, wobei der spektakuläre Anschlag der Thesen an die Wittenberger Kirchentüren von Historikern eher bezweifelt wird. Die »Thesentür« an der Schlosskirche ist eher als Symbol zu verstehen. Belegt ist hingegen, dass Luther ab 1508 im heutigen »Lutherhaus« lebte. Auch das schmucke Haus von Luthers Universitätskollegen und Philipp Melanchthon ist heute Museum. Lukas Cranach d. Ä. wirkte zu dieser Zeit ebenfalls in Wittenberg und illustrierte die Lutherbibel. In den Cranach-Höfen erinnert eine Ausstellung an Luthers Künstlerfreund. Luthers Geburtshaus in Eisleben wurde ebenfalls Museum, es zeigt, wie etwas besser gestellte Bürger – Luthers Vater betrieb eine kleine Kupfermine – im 15. Jahrhundert lebten. Luthers Sterbehaus am Andreaskirchplatz in Eisleben ist zwar ebenfalls ein Museum, jedoch das falsche Haus. Luther starb im damaligen Stadtschloss, jetzt Hotel »Graf von Mansfeld«.

Unten: Luthers Geburtshaus in Eisleben stammt aus dem 15. Jahrhundert und ist seit 1693 eine Gedenkstätte für den Reformator. Damit zählt es zu den ältesten Museen der Welt. Luther wurde am Tag nach der Geburt, dem Martinstag, in der Petrikirche getauft, was ihm eine enge Bindung an Eisleben gab.

Zum Lesen und Klicken

Reinhard Dithmar, Auf Luthers Spuren: Ein biographischer Reiseführer
www.lutherweg.de
www.luther-in-thueringen.com

Rechts: Die Tür der Schlosskirche in Wittenberg ist fast so berühmt wie Luther, der hier angeblich seine 95 Thesen anschlug. Historiker vermuten, er hat sie nur in der Schlosskirche vorgetragen. Die Pforte soll sich schon bald zur Touristen-Attraktion entwickelt haben. Das hölzerne Original ist allerdings 1760 mit der Kirche abgebrannt. 1859 stiftete Preußenkönig Friedrich Wilhelm IV. die heutige Bronzetür.

Luther als Autor

Der berühmte Tintenfleck an der Wand von Luthers Stube auf der Wartburg ist eine Legende. Doch auch ohne den früher regelmäßig aufgefrischten Klecks birgt seine Geschichte eine echte Räuberpistole. Luther wohnte auf der Burg unter dem Namen Junker Jörg, nachdem ihn sein Landesherr Kurfürst Friedrich der Weise 1521 auf dem Rückweg vom Wormser Reichstag »entführen« und in Sicherheit hatte bringen lassen. Luther war ja zum Ketzer und für »vogelfrei« erklärt worden.

Die Übertragung der Bibel in eine kraftvolle Sprache, die der einfache Mann versteht, ist Luthers zweite historische Leistung. Er legte damit die Grundlage für die hochdeutsche Sprache, die später die deutschen Lande verbinden sollte. Dabei entstanden Formulierungen, die heute noch jeder benutzt: »Perlen vor die Säue werfen«, »Wolf im Schafspelz«, »Ein Herz und eine Seele«. Solcherart war die Bibel für die Menschen kein »Buch mit sieben Siegeln«.

Oben: Das Haus, in dem Martin Luther mit seiner Ehefrau Katharina von Bora in Wittenberg lebte, steht im Innenhof des Augusteums. Das Gebäude beherbergt heute ein Museum zur Geschichte der Reformation. Historiker beklagen, dass das Haus nach der Renovierung teilweise nicht dem Original entspricht.

»Die Musik ist die beste Gottesgabe – und dem Satan sehr verhasst.«
Luther, Tischreden

82

Apostel der Deutschen

Auf dem Bonifatiusweg nach Fulda

Die Friesen waren sein Schicksal. Bonifatius konnte im 8. Jahrhundert das Gebiet der heutigen Bundesländer Bayern, Hessen und Thüringen erfolgreich missionieren: Dem »Apostel der Deutschen« gelang es, binnen vier Jahren zwischen Erfurt und Salzburg neun Bistümer zu gründen und Bischöfe einzusetzen. Doch in Friesland scheiterten drei Missionen – bei der letzten wurden der greise Bischof von Mainz und sein großes Gefolge 754 oder 755 bei Dokkum erschlagen. Sein Leichnam wurde in sein Bistum zurückgebracht und von dort unter großer Anteilnahme nach Fulda überführt. Sein Grabmal befindet sich im später errichteten Dom. Auf der Route des Leichenzugs entstand ein Pilgerpfad, der 2004 wiederbelebt wurde.

»Mit Bonifatius begann gewissermaßen die Geschichte des Christentums in Eurem Land.«
Papst Johannes Paul II. am 18. November 1980 auf dem Domplatz in Fulda

Rechts: Schülerinnen legen 2004 in Mainz Fußspuren an den Anfang der Bonifatius-Route.

Oben: Fulda war und ist einer der einflussreichsten Bischofssitze in Deutschland, davon zeugt vor allem der mächtige Dom, der zugleich Grabeskirche des Heiligen Bonifatius ist. Der Barockbaumeister Johann Dientzenhofer erhielt 1700 vom Fürstabt den Auftrag, einen Dom zu planen, der Anklänge an St. Peter in Rom hat. 1712 war die Einweihung. Das Dommuseum informiert über das sakrale Barock-Kunstwerk.

Der neue Pfad des Bonifatius

Der »Bonifatiusweg« beschreibt die historische Strecke, auf der die Leiche des beliebten Geistlichen von Mainz per Schiff nach Hochheim am Main und auf dem Landweg nach Fulda gebracht wurde. Fulda war eine Bonifatius-Gründung, dort wollte er begraben werden. Der geschichtliche Weg ist heute nur schwer nachzuvollziehen, deshalb entwickelte ein Verein die »Bonifatiusroute«. Sie folgt in etwa dem Bonifatiusweg, richtet sich aber auch nach der touristischen Infrastruktur, da die 172 Kilometer lange Route auch Wanderer ohne religiöse Motivation ansprechen soll. Sie folgt jenseits der Mainzer Rheinbrücke dem Maintal und erreicht bei Zeilsheim die Stadt Frankfurt, die am Taunusrand umgangen wird. Durch das Vulkangebiet des Vogelsbergs erreicht die Route schließlich Fulda – das übrigens mit Dokkum seit 1998 durch eine Städtepartnerschaft verbunden ist. Die wichtigste Sehenswürdigkeit unterwegs ist die »Keltenwelt am Glauberg«, die entstand, als 1996 in einem Grabungsgebiet eine große Fürstenstatue gefunden wurde. Daraus wurde das heutige Keltenmuseum, das zu einem archäologischen Themenpark ausgebaut werden soll. Ziel des Pilgerwegs ist der Hohe Dom zu Fulda mit dem Grab des Heiligen.

Zum Lesen und Klicken

Ellen Hauser/Heike Lattka, Mit Bonifatius unterwegs. Die Bonifatius-Route zwischen Mainz und Fulda
www.bonifatius-route.de
www.bonifatiusweg.eu
www.heiliger-bonifatius.de

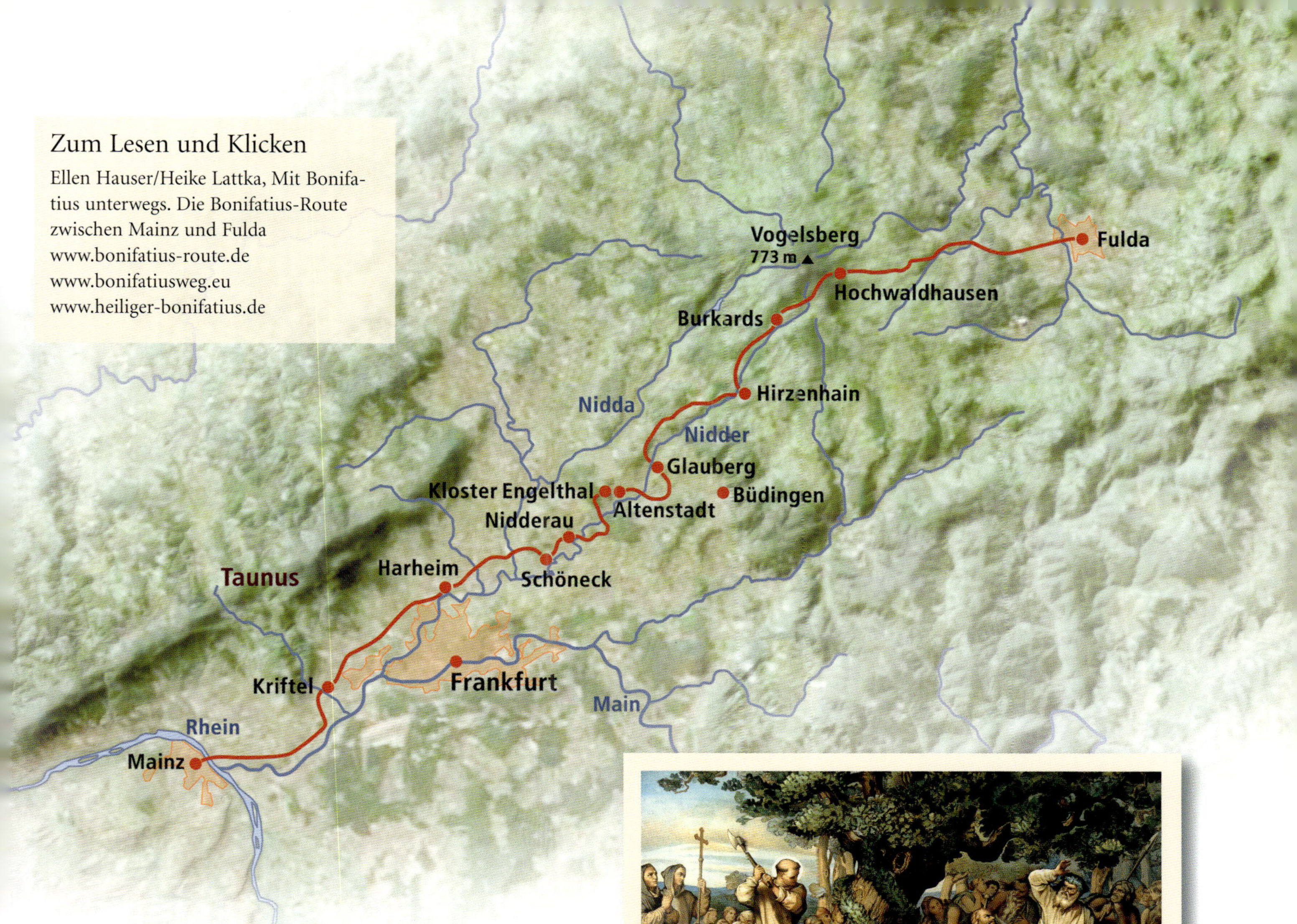

Oben: Unter Erzbischof Willigis (975–1011) wurde bald nach dessen Amtsantritt im Jahr 975 mit dem Bau des Mainzer Domes begonnen. Der spektakuläre Bau wurde in Langhaus und Ostbau 1137 vollendet, der Westchor in spätromanischer Zeit von 1200 bis 1239.

Die Baum-Mission

Zu den bekanntesten Geschichten um Bonifatius gehört, dass er die Donar-Eiche im nordhessischen Geismar gefällt hat. Sie war ein für die heidnischen Germanen heiliger Baum, mit dessen Zerstörung der Missionar die Überlegenheit des christlichen Glaubens augenscheinlich machen wollte. Als Gott Donar, auch Thor genannt, sich nicht rächte für den Frevel, hatte Bonifatius gesiegt. In vielen vorchristlichen Religionen hatten besondere Bäume rituelle Bedeutung. Deshalb wurden die christlichen Prediger von der Kirche ausdrücklich aufgefordert, solche Bäume umzulegen. Auch der heilige Martin von Tours folgte der Legende nach dieser Anweisung, als er eine gefällte Föhre mit der Kraft des Glaubens von sich ablenkte und damit die Umstehenden bekehrte. Bonifatius soll das Holz der Donar-Eiche für eine Kapelle in Fritzlar benutzt haben. An ihrer Stelle steht heute die Stiftskirche St. Petri.

83

Elisabeth von Thüringen

Drei Wege nach Marburg

Die ungarische Königstochter Elisabeth wurde als Vierjährige 1211 mit dem späteren Landgraf Ludwig IV. von Thüringen verlobt – 1221 heiraten beide. Die Fürstin wurde als mildtätig und Helferin der Kranken geliebt. Nach dem frühen Tod ihres Mannes 1227 musste sie nach Marburg umziehen. Dort gründete sie wie schon in Eisenach ein Hospiz für Arme, dessen Kapelle als erste nördlich der Alpen Franz von Assisi geweiht wurde. Elisabeth starb 1231, erst 24 Jahre alt. Bald wurden ihr zahllose Wunder zugeschrieben, Marburg galt als wichtiges Pilgerziel und blieb es während des Mittelalters. Allmählich verwaisten dann jedoch die Pilgerpfade, bis sie zu Beginn des 21. Jahrhunderts neu entdeckt wurden.

Oben: Die Elisabethkirche in Marburg, Deutschlands erster rein gotischer Bau, wurde 1235 vom Deutschen Orden über dem Grab der Heiligen errichtet. Gefördert wurde der Bau vom Landgrafen von Thüringen.

Pilgerziel Marburg

Drei »Elisabethpfade« führen seit dem Jahr 2000 Pilger und Wanderer nach historischen Vorbildern zum Grab der Heiligen in der Marburger Elisabethkirche. Pfad 1 beginnt in der Deutschordens-Kirche in Frankfurt/Main – auch die Elisabethkirche in Marburg ist eine Gründung der Deutschordensritter – und strebt dann Oberursel und dem Taunuskamm entgegen. Weitere Wegmarken sind Wetzlar und Kloster Altenberg, wo die Witwe ihre Kinder erziehen ließ. Nach etwa 150 Kilometern ist Marburg erreicht.
Der 193 Kilometer lange Pfad 2 beginnt an der Wartburg in Eisenach und folgt weithin einer alten Handelsstraße – eine Strecke, die dort meist mit dem Jakobsweg identisch ist. Melsungen, Homberg/Efze, Treysa und Stadtallendorf sind Stationen auf dem Weg durch das thüringisch-hessische Grenzland, ehe die Elisabethkirche erreicht ist. 1235 begann der Deutsche Orden mit dem Bau der ersten rein gotischen Kirche Deutschlands.
Pfad 3 verbindet Köln mit Marburg und damit zwei bedeutende Pilgerstätten des Mittelalters: das Grab der Heiligen Drei Könige im Kölner Dom und Elisabeths Grab in der nach ihr benannten Kirche hoch über der Lahn. 166 Kilometer misst die Strecke mit der Stadt Siegen als bekanntester Zwischenstation.

»Ich durfte sie auf Erden nicht zur Kaiserin krönen, so will ich sie jetzt ehren mit dieser Krone als eine ewige Königin in Gottes Reich.«
Kaiser Friedrich II. zugeschrieben. Er wollte Elisabeth nach dem Tod ihres Mannes angeblich heiraten. Sie lehnte ab. 1235 besuchte Friedrich das Grab der heiliggesprochenen Elisabeth und setzte ihr eine Krone auf.

Zum Lesen und Klicken

Thorsten Albrecht/Rainer Atzbach, Elisabeth von Thüringen. Leben und Wirkung in Kunst- und Kulturgeschichte
Daria Barow-Vassilevitch, Elisabeth von Thüringen. Heilige, Minnekönigin, Rebellin
www.ekkw.de/elisabethjahr
www.jakobus-info.de

84

Bibeln für die »Geheimprotestanten«

Auf dem »Weg des Buches« in Österreich

Die Route ist erst wenige Jahre alt, aber den Weg gibt es schon seit 300 bis 400 Jahren. Damals obsiegte in Österreich die Gegenreformation, und die Protestanten konnten für fast 200 Jahre ihrem Glauben nur noch im Geheimen nachgehen. Evangelische Bibeln waren verboten – wo die Polizei welche fand, verhängte sie schwere Strafen, meist die Ausweisung aus der Heimat. Doch vor allem die Bauern blieben der Lutherbibel treu. Umso wichtiger waren die Bibelschmuggler mit ihren Büchern aus Deutschland. Österreichs Protestanten haben in Erinnerung daran einen »Weg des Buches« gestaltet, der über 530 Kilometer von Schärding an der bayerischen Grenze bis Agoritschach nahe der slowenischen Grenze führt.

Oben: Hallstatt am Hallstätter See liegt etwa auf der Mitte des »Wegs des Buches«. Die Pfarrkirche Mariae Himmelfahrt von 1505 ist eine der Sehenswürdigkeiten.

»Wer lesen konnte, war automatisch der Ketzerei verdächtig.«
Michael Bünker, evangelischer Bischof von Österreich über die Zeit der Gegenreformation

Zum Lesen und Klicken

Michael Bünker/Margit Leuthold (Hg.),
Das Wanderbuch zum Weg des Buches
www.wegdesbuches.at

Bibel im Brotteig

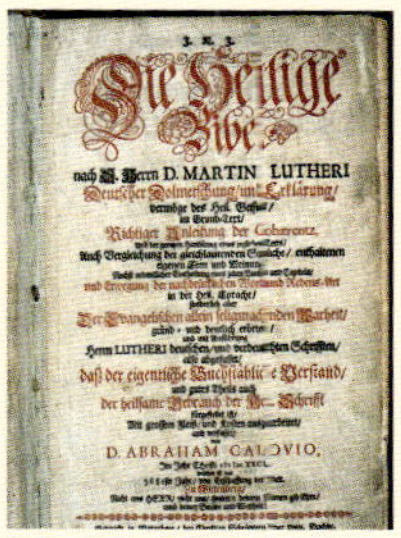

Findig waren die protestantischen Bauern in den Alpen, wenn die Polizei wieder einmal zur Bibelrazzia anrückte. Eine Glocke läutete und das wertvolle Buch verschwand im Versteck. Berühmt wurde die Geschichte von der Bäuerin, die ihre Bibel geistesgegenwärtig in den Brotteig steckte und diesen in den Backofen schob. Nahrung für Leib und Seele.
Viele Bibeln und Gesangbücher wurden aber auch entdeckt und oft öffentlich verbrannt. Doch die Bibelschmuggler sorgten für Nachschub. Ihren Saumpfaden und Waldwegen folgt die »Route des Buches«. Die Bibelpilger unserer Tage – natürlich auch die Wanderer ohne spirituelle Absicht – erleben nicht nur schöne Bergpanoramen, an der Route liegen auch einige beliebte Urlaubsorte, etwa Gmunden am Traunsee im Salzkammergut oder Hallstatt am gleichnamigen See. Letzteres dank 7000 Jahren Salzförderung Weltkulturerbe. Der Wintersportort Schladming – zeitweise reich geworden durch seine Silberminen – und das »Warmbad« Villach in Kärnten sind weitere Attraktionen auf dem Weg nach Süden. Mancher Wanderer trägt eine Schmugglerschelle: einst Erkennungszeichen, doch damals auch benutzt, um Bären zu vertreiben.

Wasserwege sind uralt. Die Nutzung von Flüssen verliert sich in grauer Vorzeit, als der Handel in Europa entlang Donau und Rhein florierte. Menschen eroberten die Meere und brachen von den Küsten zur Erforschung ferner Länder auf. Und dennoch wurde das Innere der Kontinente erst vollständig erschlossen, als die Dampflokomotive, das Eisenross, sich einen Pfad durch unwegsame Weiten gebahnt hatte. Noch heute bleibt Geschichte lebendig, wenn man den Spuren von Schiffsverkehr und Eisenbahn folgt.

Wasser- und Schienenwege

Maschinen schaffen Legenden

Fußwege waren naturgemäß die ersten Routen, die der – freiwillig oder unfreiwillig – mobile Teil der Menschheit schuf. Aber nur wenig später entdeckten die Reisenden bereits die deutlich bequemere Fortbewegung auf dem Wasser, anfangs mit floßartigen Konstruktionen, später mit immer besserwerdenden Schiffen. Schiffsschleusen ließen es schon seit dem Mittelalter zu, Länder zu Schiff zu durchqueren und damit den Handel zu beflügeln. Erst die Wasserwege ermöglichten es schließlich den großen Navigatoren, ferne Küsten zu erkunden und mit Erdumrundungen die Kugelform unseres Planeten zu beweisen.

Mit der Erfindung der Dampfmaschine folgte die nächste Evolutionsstufe des Reisens. Die Erfindung Thomas Newcomens fand bald vielfältige Anwendungen, sei es mit Schiffen, auf denen kohlebefeuerte Maschinen die Schrauben antrieben oder – adieu Kutsche – mit Lokomotiven auf Gleisen. Alle revolutionierten den Transport. Beide, Schiff und Schiene, schufen Routen, die eigentlich anderen Zwecken dienten, aber heute unter der Überschrift »Besonderes« im touristischen Repertoire rangieren.

Legenden können, wie die Odyssee im Mittelmeer und die irische Shannon-Route der Wikinger beweisen, uralt sein. Aber auch die moderne Technik hat ihre eigenen Legenden geschaffen, wie etwa die belgische Küstentram oder die skandinavische Vogelfluglinie belegen. Viele sind aber Kinder der industriellen Revolution, weil nur Maschinen akkurate Fahrpläne erlauben. Und ohne sie lohnen sich selbst die romantischsten Rheinfahrten nicht.

Oben: Maritimer Engpass in klassischen Gefilden: der 24 Meter breite Kanal von Korinth.

UNESCO-Welterbe

85

Rheinromantik

Burgen und Wein zwischen Mainz und Koblenz

Junge englische Adlige waren es, die im 18. Jahrhundert das Rheintal zwischen Mainz und Koblenz als Reiseziel entdeckten und darüber berichteten. In Deutschland waren es erst die Romantiker, etwa Clemens von Brentano, Achim von Arnim, August und Friedrich Schlegel und Friedrich Hölderlin. Lord Byron, der Maler William Turner und Victor Hugo trugen den Ruhm des Mittelrheins über die Grenzen. Dampfschiffe der »Köln-Düsseldorfer« erschlossen ab 1853 »Vater Rhein« als Erlebnisregion zwischen Burgen und Weinbergen für alle. Eine Fahrt auf der »Goethe« von 1903 vergegenwärtigt diese Epoche, auch wenn der schmucke Schaufelraddampfer nicht mehr dampft, sondern mit Diesel betrieben wird.

Der Raddampfer »Goethe«, hier vor Burg Rheinfels, ist ein beliebter Veteran **(oben)**. Seit 1913 ist sie, mit einigen Pausen, im Einsatz. Sie fährt heute unter der Flagge der Reederei »Köln-Düsseldorfer« und ist der einzige Schaufelrad-Dampfer auf dem Rhein. Die Burg Ehrenfels **(links)** bei Rüdesheim ist rund 800 Jahre alt. Sie gehörte zeitweise als Zollburg zum Erzbistum Mainz, erlebte aber viele Besitzerwechsel, oft infolge von Kriegen. Wann die Anlage zerstört wurde, ist nicht genau geklärt.

Welterbe und Spitzen-Riesling

Als »bewundernswerten Fluss« rühmte der französische Schriftsteller Victor Hugo den Rhein, und Millionen Besucher teilen seither seine Meinung. Doch in den letzten Jahrzehnten litt das weltberühmte Stromtal unter zunehmenden Imageproblemen. Der trunkselige Massentourismus in der Rüdesheimer Drosselgasse überlagerte zunehmend das romantische Bild vom Rhein und ließ beschauliche Weinwinkel ohne Trubel in Vergessenheit geraten. Auch die Winzer ramponierten den Ruf ihrer Steilhanglagen mit Massenproduktion und Durchschnittsware. Letzteres hat sich geändert. Junge Weinbauern keltern nun Weine, die sich wieder wie einst um den Titel der weltbesten Rieslinge bewerben können. Dem Rüdesheimer Remmidemmi wirkten Veranstaltungen wie das international gerühmte Rheingau-Musikfestival, das Literatur- oder das Gourmet-Festival erfolgreich entgegen. Mit der Entscheidung der UNESCO, das Tal zwischen Bingen und Koblenz zum Welterbe zu erklären, erlangte der »romantische Rhein« wieder einen ähnlichen Status, wie er ihn einst auf der Rangliste der europäischen Reiseziele einnahm. Nur Künstler mit großen Namen – seien es Poeten, seien es Maler – haben den Rhein noch nicht wieder entdeckt.

Oben: Das Dormitorium, der Schlafsaal der Mönche, lässt in seinen Ausmaßen erkennen, wie viele Zisterzienser-Brüder früher im Kloster Eberbach heimisch waren. Die romanische und frühgotische Anlage liegt hoch über den Weinbergen. Wein war auch die Haupteinnahme des Klosters. Da viele Szenen des Films »Im Namen der Rose« in Eberbach gedreht wurden, ist das 1803 säkularisierte Kloster eine Touristenattraktion.

Wandern hoch über dem Rhein

Wandern war am Rhein immer beliebt – unten im engen Tal ist es angesichts der viel befahrenen Straßen und Bahnlinien allerdings kein Vergnügen. Deshalb gibt es zwei Fernwanderwege, die auf der Höhe verlaufen. Der rechtsrheinische Rheinsteig beginnt am Bonner Marktplatz und endet nach 320 Kilometern am Schloss Biebrich in Wiesbaden. Der streckenweise anspruchsvolle Weg verläuft wo immer möglich auf den Kammlagen der Bergzüge am Rhein und verbindet Sehenswürdigkeiten wie Drachenfels, Festung Ehrenbreitstein, Loreley, Niederwald-Denkmal und Kloster Eberbach.
Auf der linken Rheinseite verläuft der Rheinburgenweg zwischen dem Mäuseturm bei Bingen und dem Rolandsbogen südlich von Bonn. Dieser rund 200 Kilometer lange Höhenweg erschließt, wie der Name sagt, die meisten Burgen auf dieser Uferseite. Beide Wege lassen sich durch die Rheinfähren verknüpfen.

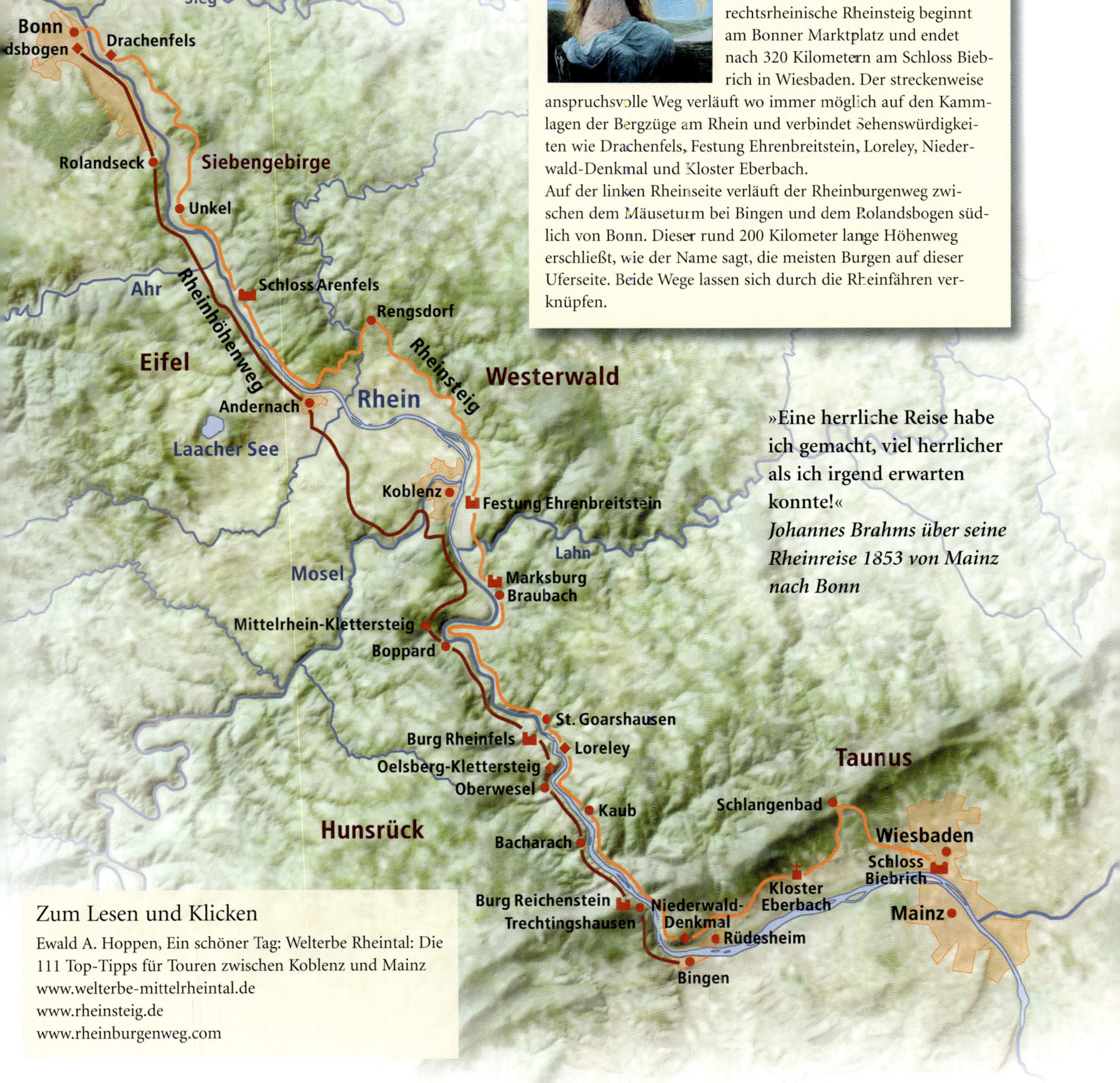

»Eine herrliche Reise habe ich gemacht, viel herrlicher als ich irgend erwarten konnte!«
Johannes Brahms über seine Rheinreise 1853 von Mainz nach Bonn

Zum Lesen und Klicken

Ewald A. Hoppen, Ein schöner Tag: Welterbe Rheintal: Die 111 Top-Tipps für Touren zwischen Koblenz und Mainz
www.welterbe-mittelrheintal.de
www.rheinsteig.de
www.rheinburgenweg.com

86

Meistbefahrene künstliche Wasserstrasse

Touristenroute Nord-Ostsee-Kanal

Der Nord-Ostsee-Kanal ist zwar weit über 100 Jahre alt, jedoch höchst lebendig. Die exakt 98,637 Kilometer lange Verbindung verteidigt erfolgreich ihren Titel als meistbefahrene künstliche Wasserstraße der Welt. Kapitäne in aller Welt kennen die Route zwischen Elbe und Kieler Förde seit ihrer Eröffnung 1895 als »Kiel Canal«, auch als der offizielle Name noch Kaiser-Wilhelm-Kanal lautete. Kaiser Wilhelm I. ließ den Schifffahrtsweg anlegen und verfügte, um allgemeine Zustimmung zu erlangen, dass alle Fähren und Brücken gratis zu nutzen sind. Das gilt bis heute. Gratis darf auch der Weg entlang des Kanals von Radlern und Wanderern genutzt werden. Daraus hat sich ein lebhafter Kanal-Tourismus entwickelt.

Oben: Die Schwebefähre an der Rendsburger Eisenbahnbrücke ist eine der diversen technischen Delikatessen, die der Nord-Ostsee-Kanal zu bieten hat. Die Rendsburger sind aber nicht allein auf die Fähre angewiesen, denn hier queren auch ein Autotunnel und ein Fußgängertunnel den Kanal.

Radeln neben den dicken Pötten

Sechs bis acht Stunden dauert die Durchfahrung des Nord-Ostsee-Kanals, die Schleusenzeiten in Brunsbüttel und Kiel eingeschlossen. Radler wären auf den Betriebswegen beiderseits des Kanals schneller, allerdings sind sie – vor allem östlich von Kiel – nicht durchgehend befahrbar. Touristiker empfehlen daher eine Strecke mit Abstechern ins Hinterland – die Nord-Ostsee-Kanal-Radroute ist allerdings mit 325 Kilometern deutlich länger.
Bis zu vier Tage dauerten die Treidelpassagen auf dem Vorgänger des heutigen Kanals, den der damals hierzulande herrschende Dänenkönig Christian VII. 1784 anlegen ließ: von Kiel bis Rendsburg, dann über die Eider zur Nordsee. So ähnlich waren schon die Wikinger unterwegs – auf dem Land schleppten Ochsen die Waren und die leichten Schiffe.
Heute ziehen pro Jahr bis zu 43 000 Schiffe ihre Spur durch den Kanal. Vor allem Kreuzfahrtschiffe locken »Sehleute« an – im Internet sind die Durchfahrtsdaten Wochen zuvor angekündigt. An den Schleusen in Kiel und Brunsbüttel lassen sich die »dicken Pötte« während der 45 Schleusungsminuten besonders gut beobachten. An beiden Schleusen gibt es auch Kanal-Museen; bei Rendsburg werden die Schiffe mit ihren Nationalhymnen begrüßt.

Oben: Schleuse Kiel-Holtenau: Ein Passagierschiff nimmt Kurs auf die Nordsee, ein Containerfrachter hat die Kanalpassage fast beendet. Er läuft bald ein in die Kieler Förde und somit in die Ostsee. Die Schleuse bei Kiel besteht aus zwei Doppelkammern, die neueren rechten Kammern werden pneumatisch betrieben und können auch »richtig dicke Pötte« aufnehmen. Die alten linken Kammern, die hauptsächlich für Sport- und Segelboote benutzt werden, arbeiten noch mit mechanischem Getriebe, wobei eines defekt ist.

Deutschlands Tiefpunkt

Keiner lässt die Kamera stecken, wenn ein großes Schiff scheinbar durch die grünen Weiden Holsteins daherkommt. Aber Europas wichtigster Hochsee-Kanal bietet noch mehr: schöne Natur wie etwa in der Wilster Marsch, wo sich mit 3,54 Metern unter dem Meeresspiegel Deutschlands tiefster Landflecken befindet, oder eine Reihe technischer Denkmäler. Das bekannteste ist die »Eiserne Lady«, Rendsburgs Eisenbahnbrücke. Bei ihrer Eröffnung 1913 war die Brücke das größte Stahlbauwerk Europas. Um auf 63 Meter Höhe zu kommen, braucht die Eisenbahn in der Ebene eine kilometerlange Rampe; steiler geht es auf einer Wendeltreppe hinauf zur Aussichtsplattform. Auf der Nordseite beschreibt die Brücke eine insgesamt 4,5 Kilometer lange Schleife um die Stadt. Damit nicht genug. Die Brücke ist zugleich die Trägerkonstruktion für eine der wenigen Schwebefähren der Welt. In knapp zwei Minuten überquert sie den an dieser Stelle 135 Meter breiten Kanal. Korrekter wäre die Bezeichnung Hängefähre, denn die Plattform für 60 Personen und sechs Autos hängt an mehreren Stahltrossen. Die insgesamt acht erhaltenen Schwebefähren in Europa und Südamerika streben bei der UNESCO den Welterbe-Status an. Einige kleine Schiffe offerieren Touren auf dem Kanal – historisch wird das Erlebnis auf dem Kieler Raddampfer »Freya« von 1905.

Oben: Kaiser Wilhelm I. legte 1887 den Grundstein für den Kanalbau, sein Nachfolger, Kaiser Wilhelm II., eröffnete ihn 1895. Die Kosten betrugen 156 Millionen Goldmark, zur Finanzierung des Baus und der Flotte wurde 1902 die Schaumweinsteuer eingeführt.

Zum Lesen und Klicken

Dieter Brumm/Günter Pump/Roland Pump, Kleines ABC des Nord-Ostsee-Kanals
www.kiel-canal.org
www.nok-sh.de

»Seit mehr als 500 Jahren träumten die Menschen davon, die beiden Meere Nordsee und Ostsee durch einen Wasserweg miteinander zu verbinden. Heute stehen sie an den Ufern des Kanals und träumen den Schiffen entgegen und hinterher.«
Barbara Kotte, Nord-Ostsee-Kanal. Begegnungen

87

Handelsweg, Heeresroute und Flusslandschaft

Eine Kreuzfahrt auf der Donau

Beinahe hätte der Strom ohne seine berühmte Hymne auskommen müssen: Der Walzer »An der schönen blauen Donau« von Johann Strauß hatte anfangs einen satirischen Text und nichts mit der Donau zu tun. Erst bei der Pariser Weltausstellung 1867 stellte Strauß das Werk ohne Text und mit dem Titel »Le beau Danube bleu« vor – es war sofort ein Welterfolg. Damals war die Donau schon weit über 1000 Jahre eine wichtige Handelsroute und Kriegsweg – die Türken konnten so zwei Mal bis Wien vordringen. Zehn Nationen liegen heute an dem fast 2900 Kilometer langen Fluss, der einer Großmacht den Namen gab – Österreichs Donau-Monarchie. Heute ist die Donau das beliebteste Flusskreuzfahrten-Revier der Welt.

Oben: Grein an der Donau ist mit Rokoko-Theater, Schifffahrtsmuseum und den Sommerfestspielen ein beliebtes Touristenziel.

Links: Schloss Schönbühel bewährt sich als markantes Wegzeichen in der Wachau. Andere Attraktionen sind das Servitenkloster und die nahe Kartause Aggsbach. Der Ort und Schönbühel bilden heute eine Donau-Gemeinde mit gut tausend Einwohnern im Bezirk Melk in Niederösterreich.

Unten: Blick über die Weingärten der Wachau auf Dürnstein, in dessen Burg Richard Löwenherz über den Jahreswechsel 1193/94 für fast vier Monate gefangen war. Die Burg wurde bereits 1645 von Franzosen gesprengt. Die blaue Stiftskirche ist das Wahrzeichen des Orts.

»Seit der Zeit des Kaisers Tiberius wird jenes Rinnsal, das aus einem Hügel hervorquillt, als die Donau gefeiert.«
Claudio Magris zur Diskussion um die Donau-Quelle

Steinfeder, Federspiel und Smaragd

Die Wachau erstreckt sich nur über 36 Stromkilometer, ist aber mit ihrer Kombination aus Weinbergen und historischen Bauten ein besonders schöner Streckenabschnitt. Dazu passt, dass die Wachau auch als die beste Weinlage an der Donau geschätzt wird, seit die ungarischen Weine in kommunistischer Zeit viel von ihrer Qualität verloren hatten. Die Winzer der »Vinea Wachau« haben sich verpflichtet, die lokale Weinkultur zu pflegen und naturbelassene Weine herzustellen. Sie haben auch drei eigene Weinmarken geschaffen: den leichten Steinfeder, benannt nach einem Gras auf den Rebenterrassen, den etwas stärkeren trockenen Federspiel, für den ein Fachbergriff der Falknerei Pate stand, und schließlich den Smaragd. Der trockene Spitzenwein der Wachau zeichnet sich durch lange Lagerfähigkeit aus – sein Name ist den Smaragdeidechsen entlehnt, die sich in den besonders sonnigen Lagen sehr wohl fühlen.
Im deutschen Teil der Donau wird kein Wein angebaut, mit einer Ausnahme – in Altbayern gibt es ein kleines Weingebiet, wo auf weniger als fünf Hektar sogenannter »Baierwein« gekeltert wird. Dort geht der Weinbau wahrscheinlich bis auf römische Zeit zurück, wenn er auch erst im 7. Jahrhundert erwähnt wird. In Bach an der Donau unterhalb von Regensburg ist der Rarität sogar ein eigenes Museum gewidmet.

Der Kultur-Strom

Rund 100 Kreuzfahrtschiffe sind im Sommer auf der Donau unterwegs, die meisten auf der »Rennstrecke« Passau–Wien–Budapest. Aber einige fahren auch weiter bis zum Stromkilometer null im Donaudelta am Schwarzen Meer, einem weltweit einmaligen Ökosystem und Weltnaturerbe. Andere landschaftliche Höhepunkte sind die Wachau, das Donauknie in Ungarn, wo der Strom im rechten Winkel nach Süden abknickt, und die Schlucht beim Eisernen Tor unterhalb von Belgrad. An den Katarakten endeten in der Antike alle Schiffsreisen. Als Rumänen und Jugoslawen 1972 ein gemeinsames Kraftwerk in die Donau bauten und sie auf 150 Kilometer aufstauten, ließen sie auch eine sichere Fahrrinne durch die Felsen sprengen. Grund waren weniger die Touristenkreuzer als vielmehr die Erleichterung des Transportverkehrs per Schiff. Mit dem Handel blühte seit alters her die Kultur – großartige Baudenkmäler zeugen davon, nicht nur in Metropolen wie Budapest und Wien. Das weltberühmte Barockstift Melk und die klassizistische Basilika in Esztergom, Ungarns einstiger Hauptstadt, sind die bekanntesten Beispiele.

Oben: Die Kettenbrücke in Budapest beeindruckt bei nächtlicher Beleuchtung noch mehr als tagsüber. Sie wurde 1849 nach zehn Baujahren eröffnet, Initiator war ein ungarischer Graf, der eine Woche hatte warten müssen, um zum Begräbnis seines Vaters am anderen Ufer zu gelangen. Bei ihrer Einweihung war die Kettenbrücke der erste feste Donau-Übergang unterhalb von Regensburg.

Zum Lesen und Klicken

Claudio Magris, Donau. Biographie eines Flusses
www.vinea-wachau.at

Homers »Odyssee«

Eine Reise durch die Welt der Antike und ihre Mythen

Die »Odyssee« ist nicht nur ein frühes, sondern auch ein großes Werk der Weltliteratur. Über seinen Autor wissen wir nicht mehr als den Namen: Homer. Sein Held, der listenreiche Odysseus, segelt nach dem Krieg um Troja zehn Jahre durch das Mittelmeer, den Kurs in die Heimat suchend. Unglaubliche Abenteuer und Heldentaten säumten seinen Weg, und so entstand ein gewaltiges Epos: 24 »Gesänge« mit insgesamt mehr als 12 000 Versen, jahrhundertelang mündlich überliefert, im späten 8. Jahrhundert v. Chr. niedergeschrieben. Seither steht das Wort »Odyssee« in vielen Sprachen sinnbildlich für eine Irrfahrt.

Homerische Geografie

Seit Odysseus in Troja aufbrach, versuchen Historiker seine Fahrt nachzuvollziehen. Das ist schwer, denn der Autor mischt gekonnt Fakten und Fiktion. Er nennt einige geläufige Namen, etwa Kap Malea auf dem Peloponnes, die Insel Kythera oder die Heimatinsel des Odysseus, Ithaka. Andere Orte regen hingegen Forscherfleiß oder Fantasie an: Das Land der Lotophagen liegt vielleicht auf Djerba. Die Kyklopen-Insel lokalisieren Forscher als Sizilien, das Eiland des Windgottes Aiolos wird gern als eine der Äolischen Inseln identifiziert. Aber auch die Insel Ustica ist im Angebot, sowohl als Aiolos- wie auch als Zyklopen-Heimstatt. Die Heimat der Laistrygonen wähnen Forscher ebenfalls auf Sizilien oder am Marmarameer. Aiaia, die Insel der Circe, kommt auf zahllose Zuordnungen, bis hin zu Schouwen in der Rheinmündung. Nach einem Besuch im Hades passierte Odysseus die Insel der Sirenen, die an verschiedenen Stellen vor der Südwestküste Italiens verortet wurden. Die Meerungeheuer Skylla und Charybdis lauerten an der Meerenge von Messina, die Insel der Nymphe Kalypso, Ogygia, könnte Lipsos, Gozo, Mljet, Gavdos oder Pantelleria sein. Alles Spekulation. Dem Listenreichen hätte das gefallen.

Kithira (**links**), das klassische Cythera, ist eine der Ionischen Inseln, ihr eilte der Ruf als »Insel der Liebe« voraus. Heute ist die Insel ein Ziel von Reisenden, die etwas abseits der großen Touristenströme urlauben. Der »Odysseus aus Sperlonga« (**rechts**) ist eine Darstellung des homerischen Helden, das Fragment einer Figurengruppe.

»Ạndra moi ẹnnepe, Mọusa / polytropon, họs mala pọlla / plạnchthē, epẹi Troiẹs hierọn ptoliẹthron epẹrsen.«
»Sage mir, Muse, die Taten des vielgewanderten Mannes / Welcher so weit geirrt, nach der heiligen Troja Zerstörung / Vieler Menschen Städte gesehn und Sitte gelernt hat.«
Die berühmten ersten Zeilen der Odyssee in Altgriechisch und in der Übersetzung von Johann Heinrich Voß

Zum Lesen und Klicken

Homer, Die Odyssee (übersetzt von Wolfgang Schadewaldt)
http://gutenberg.spiegel.de (»Odyssee« nach Johann Heinrich Voß)

89

Per Eisenbahnfähre nach Lolland

Die »Vogelfluglinie« über den Fehmarnbelt

Kraniche und andere Zugvögel, die auf der kürzesten Route ihr Ziel ansteuern, waren die Namenspatrone der Vogelfluglinie – der kürzesten Verbindung zwischen Hamburg und Kopenhagen. So verwundert es nicht, dass es bereits in den 1920er-Jahren Pläne für eine Eisenbahnfähre zwischen den Inseln Fehmarn (Deutschland) und Lolland (Dänemark) gab. Doch erst 1941 begann der Bau, der 1943 kriegsbedingt unterbrochen wurde. 20 Jahre später eröffneten beide Länder die Eisenbahnfähre, auf der auch Autoreisende Platz finden. Die neue Route hat den Handels- und den Reiseverkehr beflügelt. Zu ihren besten Zeiten pendelten die Fähren im Sommer täglich bis zu 96 Mal über den 18 Kilometer breiten Fehmarnbelt.

Oben: Der ICE rollt am Fähranleger Puttgarden/Fehmarn auf die Fähre. Die »Vogelfluglinie« wurde 1963 vom dänischen König Friedrich IX. und Bundespräsident Heinrich Lübke gemeinsam eröffnet, nachdem die Insel Fehmarn ebenfalls 1963 eine Brücke zum Festland erhalten hatte.

Zum Lesen und Klicken

Hans-Jürgen Fründ, Reiseführer Fehmarn
www.scandlines.de

Brücke statt Fähre

Eine Stunde dauerte anfangs die Überfahrt zwischen Puttgarden und Rødby – Zeit genug für eine Tasse Kaffee und ein Smørrebrød. Die Bei- und die Bahnfahrer konnten sich auch noch einen Aalborg-Akvavit genehmigen. Heutzutage muss das kulinarische Programm schneller abgewickelt werden, denn seit die »Doppelend-Fähren« 1979 das Wenden des Schiffes vor dem Hafen unnötig gemacht haben, dauert die Überfahrt nur noch 45 Minuten. Schnell, aber nicht schnell genug, seit 1998 weiter nordwärts die Brücke über den Großen Belt eröffnet wurde. Das erfordert zwar einen Umweg von 160 Kilometern, kann aber trotzdem die schnellere Verbindung sein. Deshalb soll bis 2018 auch den Fehmarn-Belt eine Brücke überspannen. Beide Länder haben entsprechende Verträge unterzeichnet. Dänemark wird die Kosten für die Brücke allein tragen und dafür auch alle Mautgebühren kassieren. Beide Länder bauen auf eigene Kosten die Infrastruktur auf ihrer Seite der Brücke aus. Die Gesamtkosten werden auf 5,6 Milliarden Euro geschätzt. Dann dampfen die Fährschiffe mit der dänischen oder deutschen Flagge am Heck letztmalig über die viel befahrene Schifffahrtsstraße zwischen Ost- und Nordsee. Bye-bye Smørrebrød und Akvavit auf »hoher« See.

»Angefangen hat es vielleicht alles einmal … mit dem Fährknecht Stucken, der das schöne Modell einer Kogge, das in St. Petri in Landkirchen hängt, Mitte des 17. Jahrhunderts schnitzte und … Fährknecht … war.«
www.reisecenter-fehmarn.de/fehmarn-inselgeschichte

90

Schwedens »Blaues Band«

Auf Schiffsveteranen von Göteborg nach Stockholm

Der Göta-Kanal gilt als eine der schönsten Strecken, die man in Europa mit Kreuzfahrtschiffen auf Süßwasser befahren kann. Und diese Schiffe sind etwas Besonderes – schmucke und rüstige Oldtimer, die mit maximal zehn Knoten (18,5 km/h) ihr Ziel ansteuern. Die Schweden rühmen ihr »Blaues Band«, in das sie auch den Trollhätte- und den Södertälje-Kanal einbeziehen. 1832 eröffnete Schwedens König die seit dem 16. Jahrhundert gewünschte Verbindung zwischen den Metropolen Göteborg und Stockholm – zwischen Nord- und Ostsee. Wirtschaftlich wurde der Göta-Kanal dank der aufkommenden schnelleren Eisenbahn zwar bald unwichtig, doch Schwedens Tourismus kam so zu einer außergewöhnlichen Attraktion.

Oben: Bisweilen scheinen die Schiffsveteranen nicht auf dem Göta-Kanal, sondern geradewegs durch die südschwedischen Wiesen zu dampfen. Das friedliche Bild täuscht, das wissen alle Fans des berühmten Krimi-Autoren-Paars Maj Sjöwall und Per Wallöh: Sie haben einen ihrer Fälle in der Idylle angesiedelt: »Die Tote im Götakanal«. Die wahrlich nicht mörderisch wirkende Wasserstraße ist auch beliebt bei »Yachties«, deshalb gibt es entlang der Strecke insgesamt 22 Yachthäfen mit insgesamt rund 500 Liegeplätzen. Der Göta-Kanal ist jeweils vom 1. Mai bis 27. September geöffnet.

Schleusentreppe mit sieben Kammern

Zwei Meere, ein Fluss, drei Kanäle, acht Seen und 58 Schleusen sind die Signaturen einer oft idyllischen Wasserstraße, die sich 390 Kilometer durch Südschweden zieht. Die Reise beginnt in Göteborg an der Nordsee, führt über Göta-Fluss und Göta-Kanal zum Vänern, dem größten See des Landes. Bei Sjötorp beginnt der eigentliche Göta-Kanal – ein Museum schildert seine Geschichte. Mit den ersten acht Schleusen werden 20 Meter Höhenunterschied überwunden, insgesamt sind es fast 92 Meter. Der Kanal misst 190 Kilometer, von denen 102 Kilometer durch Seen verlaufen. Der Vättern, Schwedens zweitgrößter See, ist bei Karlsborg erreicht, das von seiner mächtigen, erst 1819 erbauten Festung geprägt ist. Hier im Inland sollten König und Staatsschatz eine sichere Bleibe finden – Stockholm lag zu gefährdet. Nach Querung des Vättern geht der Kanal in Motala weiter. Beim Ort Berg liegt die meistfotografierte Stelle des Göta: Sieben Kammern bilden eine Schleusentreppe, die Schiffe fast 19 Meter hinauf zum Roxen-See trägt. Bei Mem ist die Ostsee erreicht, nun navigiert der Kapitän durch die Schären zum Södertälje-Kanal. Noch fünf Kanalkilometer zum Mälarn-See, an dessen Ausfluss in die Ostsee Stockholm liegt.

Zum Lesen und Klicken

Per Wahlöö/Maj Sjöwall, Die Tote im Götakanal. Ein Kommissar-Beck-Roman
www.hurtigruten.de/Goeta-Kanal

Rechs: »Stuga« nennt der Schwede sein typisches Ferienhaus, das wie hier bei Karlsborg an idyllischen Plätzen errichtet wird. Fast jeder Schwede jenseits der 35 hat irgendwo solch ein Haus, es ist bisweilen in Gelb, meist aber im typischen dunklen Rot angestrichen. »Falun Röd« nennen die Skandinavier dieses spezielle Rot, das übrigens entgegen einer weit verbreiteten Legende keine abschreckende Wirkung auf Mücken hat. Stugas sind fast immer aus Holz und können durchaus auch Villengröße und -aussehen erreichen.

»Berühmte Leute sind schon auf dem Göta-Kanal gereist: zum Beispiel der Märchendichter Hans Christian Andersen, der Entdeckungsreisende Sven Hedin oder Baden Powell, der Erfinder der Pfadfinderbewegung.«
Bayerischer Rundfunk, br-online

Bezaubernde Seniorin

Vom Glanz des Göta-Kanals profitiert auch Rügen ein wenig. Auf der damals schwedischen Ostsee-Insel wurde 1766 bei Schaprode Baltzar von Platen als Sohn eines hohen schwedischen Offiziers geboren. Auch er machte eine Militärkarriere, war aber zugleich fasziniert von dem Gedanken, eine Kanalverbindung zwischen Nord- und Ostsee zu bauen – auch, um den dänischen Zoll im Öresund zu umgehen. Der König erlaubte den Einsatz von insgesamt 58 000 Soldaten, dennoch dauerte der Kanalbau von 1810 bis 1832. Er kostete neun Millionen, nach heutiger Währung 1,3 Milliarden Euro. Von Platen begründete nebenbei auch den modernen schwedischen Maschinenbau, weil er seine Maschinerie selbst konstruieren musste. Im Jahr 2000 wählten die Schweden seinen Göta-Kanal zum »Jahrtausendbauwerk«.

Das jüngste der drei Schiffe, die sommers zwischen Göteborg und Stockholm pendeln, ist die »Diana« von 1913; die »Wilhelm Tham« wurde 1912 zu Wasser gelassen, und die bezaubernde Seniorin »Juno« ist stolz auf ihr Geburtsjahr 1874: das älteste aktive Schiff der Welt mit Kabinen. Es bietet gepflegte Nostalgie – zwar mit Gemeinschaftsduschen und engen Kabinen, aber mit einer allseits gerühmten Küche und einer Fahrtroute voller Charme. Dafür nehmen Paare sogar die Etagenbetten in Kauf, bisweilen sogar in den Flitterwochen. Kein Wunder, Juno ist schließlich die Göttin der Ehe.

Oben: Das Schloss Vadstena am Vätternsee wurde 1595 als eine Reichsburg von Gustav Wasa errichtet. Sein Sohn Herzog Magnus wählte sie zu seiner Residenz. Heute bringt das Schloss Touristen in den kleinen Ort.

Vom Postschiff zum Cruiseliner

Norwegens Hurtigruten überlebt dank Touristen

Für die Norweger ist die Hurtigruten zwar eine Art gefühltes Nationaldenkmal, doch ohne Touristen wäre die ehemalige Postschifflinie wohl schon Geschichte. Diese Entwicklung spiegelt sich vor allem in den drei Schiffsgenerationen wider, die heute auf den etwa 2700 Kilometern zwischen Bergen und Kirkenes unterwegs sind. Die jüngsten Schiffe haben fast Kreuzfahrtstandard mit Suiten, Whirlpools und Landausflügen – MS »Fram« wird auch meist auf Kreuzfahrten in arktischen Revieren eingesetzt. Allein den Touristen an Bord dienen die sommerlichen Abstecher in den Geiranger- und den Trollfjord. Im Winter werden sie nicht angesteuert, obschon die Reederei auch für die dunkle Jahreszeit um Urlauber wirbt.

Der Geiranger Fjord ist auch wegen spektakulärer Wasserfälle wie dem »Freier« (**oben**) ein Höhepunkt aller Fahrten mit den Hurtigschiffen entlang der norwegischen Küste. Die Hurtigruten laufen nur während des Sommers ein in den Fjord und verlassen ihn auch wieder ohne anzulegen. Die Lofoten (**links**) sind ein Archipel aus rund 80 Inseln, die wegen ihrer Schönheit gerühmt werden. Die Inselgruppe liegt 100 bis 300 Kilometer nördlich des Polarkreises. Einige der Inseln sind durch Tunnel und Brücken miteinander verbunden. Der Fischfang ist immer noch der Haupterwerb für die Einwohner. Die Schiffe der Hurtigruten halten in Stamsund und Svolvær.

Maritime Reichsstraße Nr. 1

Rund sechs Tage dauert die Fahrt zwischen Bergen in Südnorwegen und Kirkenes kurz vor der russischen Grenze am Eismeer. Jeden Tag geht ein Schiff der Hurtigruten – norwegisch für »schnelle Linie« – auf Nordkurs. Das aus neun Reedereien zusammengeschmolzene Unternehmen muss also eine Menge Plätze füllen. Die Norweger nutzen die Verbindung meist nur noch für kürzere Distanzen, seit die Straßen in dem langen und dank Erdöl reichen Land besser geworden sind; überdies buhlen auch Billigfluglinien erfolgreich um die Gunst der Einheimischen. Auch die Post nutzt seit 1984 das schnellere Flugzeug – das riss ebenso ein weiteres Loch in die Reederei-Kasse wie die Entscheidung der Regierung, Subventionen für die teure Flotte nur noch im Winter zu zahlen – eine ständige Herausforderung für das Unternehmen, dass Norwegen einst praktisch einte. Heute trägt es den Ehrentitel »Riksvej 1« (Reichsstraße Nr. 1) – Anerkennung der bewegten Geschichte, deren dunkelste Stunden jene unter der Nazi-Besatzung im Zweiten Weltkrieg waren. All das erzählt das Hurtigruten-Museum in Stokmarknes, einem Hafen auf der Route.

Oben: Tromsø ist die Metropole des norwegischen Nordens und liegt fast 350 Kilometer nördlich des Polarkreises. Mit ihrer Eismeerkathedrale besitzt die Stadt eine moderne Kirche, deren Besuch kein Tourist auslässt. In der Nähe ist die Talstation der Seilbahn auf den 418 Meter hohen Storsteinen. Tromsø beherbergt das Zentrum der norwegischen Arktisforschung und bietet deshalb zwei Polarmuseen.

»Unvergesslich sind diese Morgenstunden, wenn die Natur aus ihrem Schlummer erwacht, das Nebelheim weiß und silberglänzend auf den Bergen liegt, deren Gipfel wie Meeresinseln darüber emporragen!«
Fritjof Nansen über die Hurtigruten

Oben: Die Hurtigruten fahren die Küste auch im Winter ab, dann bieten sich den wenigen Touristen Szenen wie diese am Oksfjord in der Finnmark.

Polartaufe zu Ehren Poseidons

Meist stoppen die Hurtigruten-Schiffe in den 34 Häfen nur für 15 bis 30 Minuten – genug Zeit für die Einwohner kleiner Nester, an Bord einen Kaffee zu trinken. An touristisch attraktiven Orten sind inzwischen aber Liegezeiten eingeplant, die organisierte Ausflüge erlauben: etwa in der alten Königsstadt Trondheim mit ihrem mächtigen Dom, in Tromsø, dem geschichtsreichen »Tor zum Eismeer«, oder in Honningsvåg unweit des Nordkaps. Viele Touristen steigen unterwegs auch einmal aus, um die Reise am nächsten oder übernächsten Tag mit einem anderen Schiff fortzusetzen. Häfen, die auf der Nordroute nachts angelaufen wurden, sind auf der Reise nach Süden Tageslichtziele und umgekehrt. Die Reisegeschwindigkeit liegt bei durchschnittlich 16 Knoten, knapp 30 Kilometern pro Stunde – ein flottes Tempo für ein dank Golfstrom zwar meist eisfreies, aber navigatorisch anspruchsvolles Gewässer. Früher gab es einige Unfälle, bei denen Hurtig-Schiffe sanken, aber seit Jahren hat die Reederei keine Opfer mehr zu beklagen: Die computergesteuerte Navigation hilft dabei ebenso wie die Tatsache, dass alle Kapitäne auch ein Lotsenpatent besitzen. Überdies wird Poseidon gebührend gehuldigt: Beim Überqueren des Polarkreises werden alle Nord-Novizen »getauft«.

Zum Lesen und Klicken

Bernd Römmelt, Bildschöne Hurtigruten
www.hurtigruten.de

92

Stilvoll in den Norden

Vom Fliegenden zum Königlichen Schotten

Der »Flying Scotsman« war seit 1862 einer der Paradezüge Großbritanniens. Zehneinhalb Stunden brauchte der Express damals für die Strecke London bis Edinburgh, inklusive einer halbstündigen Lunch-Pause in York. 1888 war dank wachsender Konkurrenz auf der Route die Reisezeit um zwei Stunden gesunken. Ab 1900 erhielt der »Fliegende Schotte« auch Speisewagen, was den Stopp in York verkürzte. Heute braucht der Intercity von London King's Cross bis Edinburgh Waverley rund viereinhalb Stunden – der Name »Flying Scotsman« ist in Vergessenheit geraten. Umso mehr strahlt der Name des »Royal Scotsman«, der als touristischer Luxuszug durch das Whisky-Revier und bisweilen auch durch andere Teile der Insel rollt.

Oben: Die Forth Bridge ist eines der Wahrzeichen Schottlands. Bei Edinburgh führt die Eisenbahnbrücke über den Firth of Forth, ein tief ins Land reichender Meeresarm. Der Bau einer Brücke begann 1879, wurde aber gestoppt, als kurz vor Jahresende eine Brücke desselben Architekten über den Firth of Tay eingestürzt war. Zwei andere Ingenieure erhielten den Auftrag, eine Brücke zu konstruieren, die schon durch ihr stabiles Aussehen wieder Vertrauen erwecken sollte.

Links: Der Salonwagen des Royal Scotsman lässt erkennen, dass man in einem Luxuszug unterwegs ist. Dem Reisegebiet, den Highlands, entspricht selbstverständlich die Whisky-Auswahl an Bord. »Schottischer Landwein« wird das edle Produkt aus Gerste, Hefe und Wasser auch gerne genannt.

»Wee dram« auf der Veranda

Für das nicht formelle Abendessen seien Jackett und Schlips die Norm, empfiehlt der »Royal Scotsman«. Folglich rät er für das formelle Dinner, also für jeden zweiten Abend, zu Smoking oder Kilt – Letzteres wohl auch für Nicht-Schotten. Wie sonst wären Tipps für die Bestellung eines Highlander-Beinkleides zu verstehen? Kurzum, es geht abends edel zu an Bord, passend zum Ambiente edler Hölzer und feinen Porzellans. Original ist das nicht, doch die modernisierten Pullmann-Waggons bieten dafür private Bäder für alle Abteile. Die Küche erntet viel Lob, der »Keller« ebenfalls, zumal Wein, Champagner und dergleichen im recht fülligen Preis inbegriffen sind. Letzteres gilt auch für die Ausflüge. Nur in einem verspricht der Prospekt des 1985 gegründeten Unternehmens – heute Teil der Orient Express-Gruppe – etwas zu viel: Die fotogene Dampflok ist selten im Einsatz. Doch auch die fast schon historischen Dieselloks entzücken die Bahnenthusiasten vulgo »Pufferküsser«. Zweiter Hauptakteur ist die wildromantische Szenerie des schottischen Hochlands. Und mittendrin Ladys in Roben und Gentlemen mit einem »wee dram«, einem Whisky, in der Hand – alle auf der offenen Veranda des Salonwagens.

»In der Bordküche, etwa so groß wie in manchen Restaurants der begehbare Kühlschrank, zaubert die Mannschaft wunderbare Gerichte aus lokalen Produkten.«
The Times, Jane Knight

Zum Lesen und Klicken

Horst-Dieter Ebert, Traumreisen mit der Eisenbahn – die berühmtesten Züge, die schönsten Strecken
www.royalscotsman.com

Nachts ruht der Scotsman

Zwei Nächte, drei Nächte? Darf es auch ein wenig mehr sein? Bis zu sieben Nächte sind die burgunderfarbenen Waggons in der grünen Landschaft unterwegs. Wobei der Fachbegriff der Tourismus-Branche hier falsch ist, denn gerade nachts ist der »Royal Scotsman« nicht unterwegs, damit die maximal 36 Passagiere ungestört schlummern können. Tagsüber zieht der Zug entweder eine Schleife durch den Osten oder den Westen Schottlands. Beide Fahrten lassen sich zu einer Reise kombinieren. En Route passieren die Edelbahnfahrer unter anderem die berühmte Brücke über den Firth of Forth, Aberdeen, den Caledonian Canal – Nessies Weg zur offenen See –, den Ben Nevis, Großbritanniens höchsten Gipfel, und das viel fotografierte Glennfinnian Viadukt, dass allen Harry-Potter-Fans vertraut ist, weil der Hogwart Express über die 21 Bögen der Brücke dampft. Spätestens hier wird klar: Diese Reise hat magische Qualitäten.

Links: Der Champagner perlt bereits eiskalt im Glas, wenn die Gäste bei ihrem bordeauxroten Waggon eintreffen. Wenn es bei Umfragen um die luxuriösesten Zugreisen der Welt geht, ist der »Royal Scotsman« stets vorn mit dabei. Der Great Scottish & Western Railway Co. ist ein echtes Reise-Erlebnis gelungen.

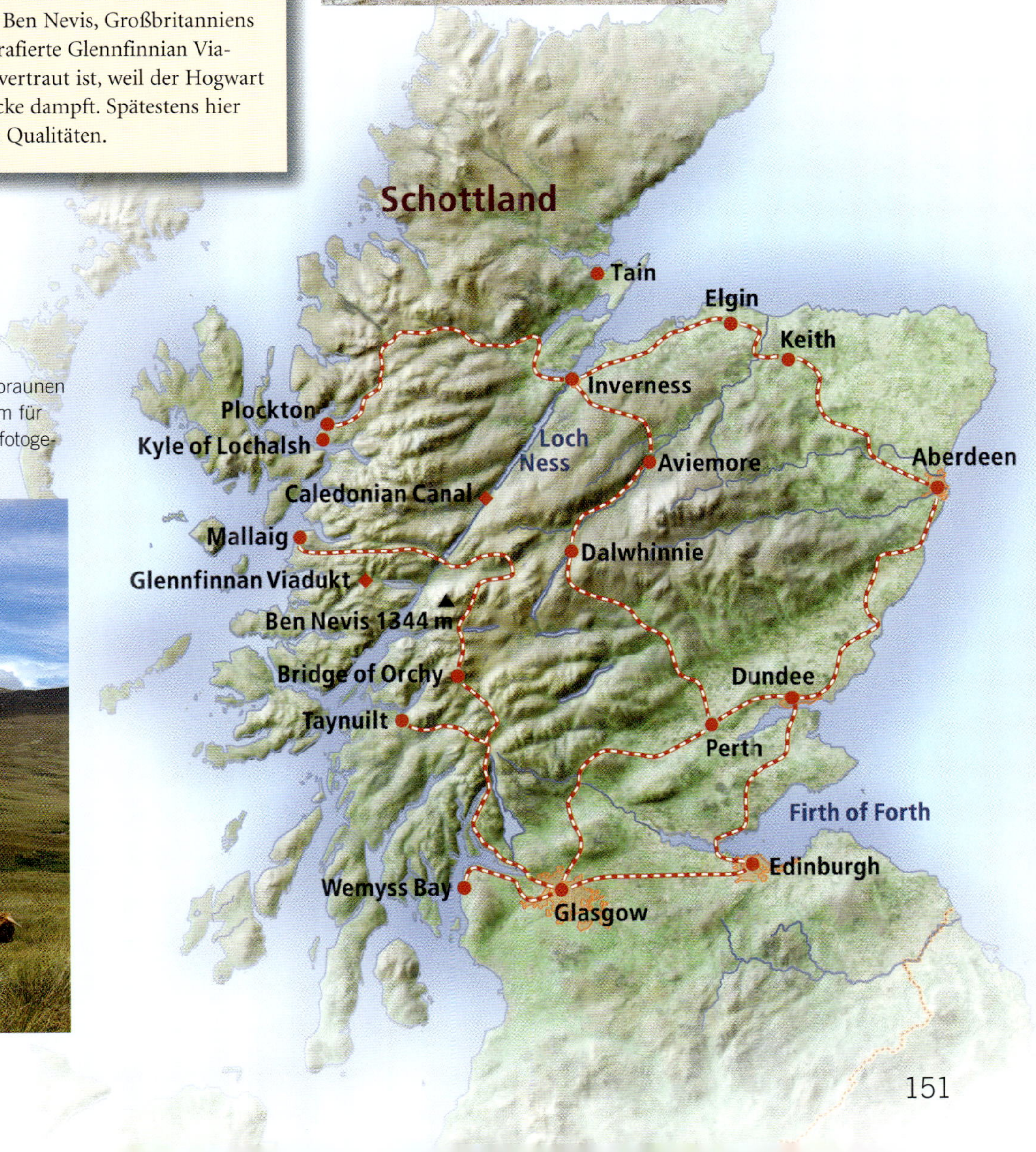

Unten: Zwei Hochlandrinder – die goldbraunen Tiere sind begehrte Fotomotive, vor allem für Nahaufnahmen, weil den Rindern eine fotogene Locke auf der Stirn pendelt.

93

Nebenstrecke der berühmten Bergenbahn

Die spektakuläre Flåmsbahn in Norwegen

Oben: Touristen auf Kutschfahrt am Briksdalbreen, einem Arm des Jostedalsbreen. Er ist mit 487 Quadratkilometern Fläche und 1900 Metern Höhe der größte Festlandsgletscher Europas und Teil des Nationalparks.

Eigentlich sollte die Flåmsbahn um 1960 stillgelegt werden, doch die Proteste der Bürger von Flåm am Aurlandsfjord und ihrer Besucher retteten die 20 Kilometer lange Strecke – eine der attraktivsten Bergrouten Europas. Inzwischen fahren auf ihr jährlich mehr als eine halbe Million Menschen, meist Touristen, die wegen der spektakulären Landschaft kommen, aber auch Bahnenthusiasten. Sie wollen eine Fahrt erleben, die auf 80 Prozent der Strecke 5,5 Prozent Steigung überwindet. Überwiegend in Handarbeit wurden die 20 Tunnel von zusammen knapp sechs Kilometern Länge in den Fels geschlagen, einer als Wendetunnel.

Nordeuropas höchste Eisenbahn

Die Flåmsbahn ist eine Nebenstrecke der nicht minder berühmten Bergenbahn, die über 402 Kilometer Norwegens größte Städte Oslo und Bergen verbindet. Etwa ein Viertel der Strecke verläuft oberhalb der Baumgrenze, der Scheitelpunkt der Fahrt zwischen Oslofjord und Bergenfjord liegt auf 1237 Metern Höhe. 1909 konnte der letzte Abschnitt der 14 Jahre zuvor begonnenen Route in Betrieb genommen werden. Vor allem die 182 Tunnel, die sich auf 73 Kilometer unterirdischer Strecke summieren, und die fast 200 Brückenbauten kosteten viel Zeit. Apropos Zeit: Auch heute noch, im Zeitalter starker Elektroloks, braucht die Bergenbahn rund sechseinhalb Stunden für die Gesamtstrecke. Steigungen und eine wegen der Gebirgslandschaft kurvenreiche Fahrt erlauben kein Expresstempo auf der höchstgelegenen Bahnlinie Nordeuropas. Vielleicht trägt die vergleichsweise gemächliche Fahrt dazu bei, dass Vielreisende wie der amerikanische Reisejournalist Gary Warner die Bergenbahn als »schönste Zugreise der Welt« preisen. Zumindest eine der schönsten, schließlich gibt es noch die Flåmsbahn.

»Nehmen Sie Rücksicht auf das Pferd und gehen Sie den Berg hinauf.«
Schild für die Passagiere der Kutschen am steilsten Abschnitt der Straße, die von der Flåmsbahn abgelöst wurde

Zum Lesen und Klicken

Die Bergenbahn: Oslo–Bergen. DVD
Führerstand-Mitfahrt/Eisenbahn-Kurier
www.flamsbana-museet.no

94

Rebenhänge am Douro

Wo der Portwein herkommt

Der Douro ist zwar auch in Spanien von Weinbergen gesäumt, der berühmteste Wein der Region entsteht jedoch an der Mündung bei Porto. Genau genommen ist es die Schwesterstadt Vila Nova de Gaia am anderen Douro-Ufer, wo der Portwein heranreift und Kellereien besichtigt werden können. Er kommt von den Quintas, den Weingütern an den steilen Talhängen – etwa bis zur spanischen Grenze ist der Douro mit kleinen Booten schiffbar. Einst wurden auf diesen »Rabelos« die Weinfässer transportiert, heute sind einige von ihnen zu kleinen Kreuzfahrtschiffen für Touren durch das Weinland mit Welterbe-Status umgebaut.

Oben: Die speziell für den Weinfässer-Transport konstruierten Boote sind heute nur noch Dekor.

Wie Mönche den Portwein erfanden

Was haben Kabeljau und Portwein gemeinsam? Ein Randkapitel der Geschichte. 1373 schlossen Portugiesen und Briten einen Vertrag: Die Kaufleute von der Insel erhielten Wein aus Porto, die Fischer aus dem Süden durften dafür vor Englands Küsten fischen. Allerdings war der portugiesische Wein meist nur dann schmackhaft, wenn er aus den Klöstern am Douro stammte. Die Mönche hatten nämlich herausgefunden, dass sie die Vergärung des Weins stoppen konnten, indem sie Alkohol, meist Branntwein, hinzufügten. So blieb die Restsüße der Trauben erhalten, und der Wein wurde nicht nur trink-, sondern auch lagerfähig. So wird der Porto – der Name erschien 1678 erstmals – im Prinzip heute noch hergestellt, und die vielen englischen Namen der Port-Hersteller erinnern an die Zeiten, als sich britische Händler in Porto niederließen. Heute sind allerdings die Franzosen die Hauptabnehmer der Spezialität, die es in Rot und in Weiß gibt. Die Briten bleiben indes die besten Kunden für die teuren Port-Sorten, die zwölf Jahre und mehr in Fässern und Flaschen lagern. Und das Douro-Tal, inzwischen ein Touristen-Magnet, erkunden die Besucher per Schiff, Auto oder Bahn, bisweilen sogar nostalgisch hinter einer Dampflok.

»Das Douro-Tal im Norden Portugals ist das spektakulärste Weinanbaugebiet der Welt.«
Stephan Reinhardt 2006 in Spiegel Online

Oben: Die Reben des Weinguts am Douro reichen fast bis zum Fluss, der in kühlen Nächten den Trauben Wärme spendet.

Zum Lesen und Klicken

Paul Grote, Der Portwein-Erbe. Kriminalroman
www.visitportugal.com

95

Wolga und Wodka

Flusskreuzfahrt zwischen Moskau und St. Petersburg

»*Dobro Pashalowatch*« – schon an der Gangway heißt der Kapitän seine rund 200 Passagiere willkommen. Ansonsten hat er zunächst nicht viel zu tun, denn die ersten beiden Nächte liegt das Schiff noch fest. Zeit für Exkursionen durch Moskau. Am dritten Tag geht es los in Richtung St. Petersburg – fast 2000 Kilometer über drei Flüsse, fünf Seen, mehrere Kanäle und durch 18 große Schleusen. Die ersten Kammern sind notwendig, um die 49 Meter hinab zur Wolga zu meistern. Am sechsten Tag ist St. Petersburg erreicht, noch drei Tage in der ehemaligen Zarenmetropole und drei Nächte an Bord, dann ist die beliebteste Kreuzfahrt durch Russland beendet. Darauf einen Wodka: »*Na sdorowje*!«

Die Wolga ist gesäumt von kleinen Klosteranlagen (**oben**) und Dörfern, auf denen zwar auch die Zeit nicht stehen geblieben ist, aber doch dem meist gemächlichen Tempo des Stroms zu folgen scheint. Der längste Fluss Europas – er misst 3530 Kilometer – ist auch der wasserreichste des Kontinents. Er entspringt in nur 228 Metern Höhe und mündet 28 Meter unter dem Meeresspiegel ins Kaspische Meer. Moskau ist mit der Wolga über die Moskwa und die Oka dank Schleusen verbunden; so können die Passagiere per Schiff fast bis zum Roten Platz im Herzen der russischen Hauptstadt gelangen. Die dortige Basilius-Kathedrale (**links**) ist das Wahrzeichen der Stadt. Iwan der Schreckliche ließ sie 1555–60 als Erinnerung an den Sieg über die Tataren errichten.

33 Kuppeln für Christus

Von den sieben Stationen der Kreuzfahrt zwischen den russischen Metropolen können sich vier mit dem Welterbe-Siegel der UNESCO schmücken. Aber auch das Sprichwort: »Die Birke ist der Baum, die Wolga der Fluss und der Wodka das Wässerchen Russlands«, wäre gute Werbung für diese Tour durch das Herzland der Zaren. Nach Moskau mit seinem Kreml oder dem Roten Platz ist Uglitsch, eine der Städte am berühmten »Goldenen Ring« um die Hauptstadt, die erste Station. Hier starb unter nie geklärten Umständen der Sohn von Iwan dem Schrecklichen, Zarewitsch Dmitri. Auch Jaroslawl ist mit mehr als 20 historischen Kirchen ein Juwel im »Goldenen Ring«. In Goritsy beginnt der Ausflug zum Kirillo-Belozerskij-Kloster, einer der Hauptstätten für orthodoxe Christen. Im Onega-See liegt auf einer Insel das Museumsdorf Kishi, dessen Verklärungskirche mit der Maria-Schutz-Kirche und dem gemeinsamen Glockenturm 33 Kuppeln hat – so alt an Jahren wurde Jesus. Im Dorf Mandrogi hat ein Unternehmer Künstler versammelt, die anspruchsvolle Souvenirs fertigen, doch auch das Wodka-Museum zieht viele Besucher an. Weiter geht es über den Ladoga, Europas größten See, und schließlich auf der Newa nach St. Petersburg.

Zum Lesen und Klicken

Pia Thauwald, Russland. Flusskreuzfahrt von Moskau nach St. Petersburg
www.russian-online.net (»Wissenswertes«)

»Vergleicht man die beiden Städte, so kann auch heute an ihrem unterschiedlichen, ja völlig gegensätzlichen Charakter kein Zweifel bestehen. Moskau ist, abgesehen vom Kreml, eine Stadt ohne bewusste architektonische Gestaltung. Sankt Petersburg dagegen sieht in seinem Kern noch heute so aus wie von seinem Gründer geplant.«
Hans-Peter Riese, in: Russland

Oben: Prächtiges St. Petersburg – Blick über die Newa auf das Admiralitätsgebäude und die grüne Fassade des Winterpalasts, der von der Kuppel der Isaakskathedrale überragt wird. Der Winterpalast ist der Haupttrakt der Eremitage, des Kunstmuseums mit mehr als 60 000 Exponaten.

Oben: Die Erlöser-Kathedrale ist neben dem Kreml und dem Kloster Maria Schutz und Fürbitte die größte Sehenswürdigkeit von Uglitsch. Alle drei stammen aus dem 15. Jahrhundert, der größten Zeit der Stadt. Sie gehört zum »Goldenen Ring«, der Hauptsehenswürdigkeit bei Moskau. Uglitsch liegt am Oberlauf der Wolga.

Irlands grosser Strom

Vom Heerweg der Wikinger zum Hausboot-Revier

Der Shannon war einst Irlands Lebensader, manchmal sogar buchstäblich: Wenn die Wikinger plötzlich auftauchten, um zu brandschatzen, blieb oft nur, das nackte Leben zu retten. Ähnlich war es später, als die Normannen – wie sie auch heißen – Irland und England eroberten. Im 17. Jahrhundert diente der Strom mehrfach als Grenze zwischen verfeindeten Heeren. Erst im 18. und 19. Jahrhundert, als Kanäle den Shannon mit Dublin und anderen Landesteilen verbanden, dienten die Wasserstraßen friedlichem Handel – bis die Eisenbahn den Transport übernahm. Es sollte bis in unsere Tage dauern, dass der Shannon wieder eine Funktion hat – als Revier für Hausboot-Urlauber schreibt er heute eine überraschende Erfolgsgeschichte.

Oben: Der Shannon ist zwar mit 340 Kilometern Irlands längster Fluss, aber mancherorts verbreitet er sich zu Seen, etwa am Lough Ree und am Lough Derg. Überall strömt er aber gemächlich dahin, weil er durch Ebenen mit geringem Gefälle fließt. Fast 250 Kilometer sind schiffbar, sie werden aber nur noch von Ausflugs- oder Hausbooten genutzt.

»Wir liefen aus, um ‚Dergys' Existenz ein für alle Mal zu dokumentieren. Deshalb lagen auch auf allen Booten schussbereite Kameras neben den Ferngläsern.«
Klaus Viedebantt in »Good Vibrations auf der Osterinsel« über eine Seeungeheuer-Suche auf dem Shannon

Kultur, Natur und Guinness

Die »Encyclopedia Britannica« gibt ihm 259, der Brockhaus 350 Kilometer, andere etwas mehr oder weniger. Einig sind sich alle darin, dass der Shannon Irlands längster Fluss ist. Und die Freizeit-Kapitäne, die ihn nun bevölkern, messen mit allen Seen und Kanälen sogar fast 800 Kilometer Wasserstraße, mangels Gefälle allenthalben nur gemächlich fließend. Nautische Fähigkeiten sind hier kaum erforderlich. So wurden die Shannon Cruises, die gleich als Mietboote konstruiert wurden, zu einer neuen und schnell beliebten Urlaubsform. Cruiser-Stationen entstanden in mehreren Orten am Fluss – kleine, wirtschaftsschwache Städte wie Carrick-on-Shannon konnten neues Gewerbe entwickeln. Maritimen Laien öffnet sich ein attraktives Fahrgebiet: Entlang des Shannon scheint die Grüne Insel noch grüner als andernorts, und auch hier ist die Insel gesättigt von Geschichte. Das bekannteste Beispiel ist Clonmacnoise, einst eine bedeutende Klostersiedlung, die mehrfach geplündert wurde, erst von Wikingern, zuletzt von Engländern unter Oliver Cromwell. Es blieben Ruinen, die sich eindrucksvoll aus der Uferwiese erheben. Shannon-Fazit: Viel Kultur, viel Natur – und immer ist ein einladendes Pub mit frisch gezapftem Guinness in der Nähe.

Zum Lesen und Klicken

Hartmut Engel/Conrad Stein, Irland – Shannon-Erne
www.shannon-info.de
www.iwai.ie (Inland Waterways Association of Ireland/engl.)

97

Wasserstrasse im Fels

Durch den Kanal von Korinth

Ein altgriechischer Tyrann, Roms Cäsaren und Venedigs Kaufleute haben es nicht geschafft, einen Kanal durch die Landenge von Korinth schlagen zu lassen. Erst 1893 gelang es, die nur 6346 Meter lange Wasserstraße durch den Fels zu treiben. Sie erspart eine 300 bis 400 Kilometer lange Fahrt rund um den Peloponnes. Bis zu 84 Meter tief musste der Fels gesprengt werden, um einen acht Meter tiefen Kanal zu erhalten. Auf Höhe des Wasserspiegels ist er rund 24 Meter breit – zu wenig für die dicken Pötte unserer Tage. So dient der Kanal heute nur noch der Küstenschifffahrt und Touristenfahrten. Die Kanalgesellschaft pendelt mit der »Canal Vista« und maximal 191 Passagieren in 75 Minuten zwischen Ägäis und Ionischem Meer hin und her.

Oben: Wenn nur ein kleiner Schlepper durch den Kanal von Korinth schippert, wirkt die historische Wasserstraße recht geräumig. Bei etwas größeren Schiffen wird es hingegen eng an beiden Seiten der Reling. Der nur 24 Meter breite Durchstich, der eine rund 400 Kilometer lange Fahrt um die Halbinsel Peloponnes erspart, spielt deshalb kaum noch eine Rolle für die kommerzielle Schifffahrt – Touristentouren ausgenommen.

Nach Neros Plan

Anno 602 v. Chr. folgte Periander dem Orakel von Delphi und gab den Plan eines Kanals durch den Isthmus auf. Der Tyrann von Korinth ließ aber einen Diolkos bauen, einen Pfad, auf dem man die Schiffe mit Baumstämmen von Küste zu Küste rollte. 2495 Jahre später fuhren die ersten Schiffe durch die Wasserstraße – auf einer Route; die schon Nero für seinen nie vollendeten Kanal festgelegt hatte. Mit Dampfmaschinen hatten die Kanalbauer zuvor zwölf Millionen Kubikmeter Fels ausgehoben, manchmal wohl mit skeptischem Blick entlang der Steilwände. Gerade hier verläuft eine Bruchkante in der Erdkruste, die sich immer wieder in kleineren Beben bemerkbar macht. Abbrüche an der Kante haben häufig Kanalsperrungen zur Folge.
Die größten Probleme hinterließen aber 1944 die abziehenden deutschen Besatzungstruppen, die Gestein, Waggons und Brückenteile in den Kanal stürzen ließen. Erst nach fünf Jahren war er wieder passierbar. Heute überspannen erneut mehrere Brücken den spektakulären Einschnitt. Die Flachbrücken an beiden Enden des Kanals sind eine technische Besonderheit: Sie werden, wenn ein Schiff passieren will, acht Meter tief auf den Grund des Kanals abgesenkt.

»Am 8. April 2010 übersprang der australische Freestyle-Motocross-Fahrer Robbie Maddison mit seinem Geländemotorrad, einer Honda CR 500, den Kanal von Korinth.«
http://de.wikipedia.org/wiki/Kanal_von_Korinth

Zum Lesen und Klicken

Friedrich Schiller, Die Kraniche des Ibykus
Johann Wolfgang von Goethe, Die Braut von Korinth
www.corinthcanal.com

98

Panoramafenster zum Matterhorn

Unterwegs im Glacier Express

Einen Tag sollte man sich schon gönnen, um den Glacier Express auf seiner Hauptstrecke von St. Moritz nach Zermatt zu erleben. Der »langsamste Schnellzug der Welt«, so die Werbung, braucht rund sieben Stunden für die Fahrt durch die Schweizer Alpen. Mit gutem Grund ist der weltbekannte Touristenzug ausschließlich mit Panorama-Waggons unterwegs, denn es gibt viel zu sehen. Im Sommer ist auch der dritte Nobelort der Schweiz mit im Bund: Ein Zugpaar verbindet Zermatt und Davos. Zu den weiteren Stationen der Gebirgsstrecke gehören Disentis und Andermatt, eine Route führt auch nach Chur. Höhepunkt der Tour ist der Blick auf das Matterhorn, den laut Zermatt »schönsten und meistfotografierten Berg der Welt«.

Oben: Seit 1930 verbindet der Touristenzug Glacier Express die Schweizer Orte St. Moritz und Zermatt, im Sommer auch mit Abzweig nach Davos.

Mit schiefen Gläsern bergauf

1930 fuhr der Glacier Express erstmals quer durch die Alpen, zumindest im Sommer. Im Winter musste der Betrieb eingestellt werden, weil die Strecke über den Furka-Pass durch die Schneemassen unpassierbar war. Das sollte auch für ein halbes Jahrhundert so bleiben, bis 1982 der Tunnel durch das Furka-Massiv eröffnet wurde. Seither ist der Touristenexpress ganzjährig unterwegs und bietet an sonnigen Wintertagen eine Fahrt durch die weiße Bergwelt. Allerdings wird er seinem Namen nun nicht mehr ganz gerecht, denn auf der Furka-Strecke konnten die Passagiere den Rhone-Gletscher, den Namenspatron des Zuges, sehen. Das bietet heute nur noch eine von Freiwilligen betriebene Museumsbahn auf der alten Furka-Strecke, die ihre Dampfloks in den Schneemonaten allerdings im Schuppen lässt.
Kurz nachdem der Glacier Express 2005 seinen 75. Geburtstag gefeiert hatte, gönnten sich die beiden Bahngesellschaften, die den Zug gemeinsam betreiben, neue Waggons. Sie erlauben es nun, den meisten Gästen die Mahlzeiten an ihrem Platz zu servieren – und natürlich auch einen Wein aus schweizerischen Lagen, für die Steilstrecken stilecht serviert in den schiefen Gläsern, die zum Markenzeichen des Zuges wurden.

Zum Lesen und Klicken

Ronald Gohl/Hans-Bernhard Schönborn, Glacier Express. Rund um den langsamsten Schnellzug der Welt
www.glacierexpress.ch
www.furka-bergstrecke.ch

»Für Schweiz-Touristen ist es geradezu ein Muss, mit diesem Zug unterwegs gewesen zu sein.«
Klaus Eckert, in: Glacier Express. Von St. Moritz nach Zermatt

99

Die Küsten-Strassenbahn

Bequem unterwegs an Belgiens Nordsee

Eine Straßenbahn entlang der gesamten Küste eines Landes? Ja, in Belgien. Gewiss, das Königreich ist ein kleines Land mit nur 67 Kilometern Nordseesaum. Doch das reicht für den Titel der längsten Straßenbahnlinie der Welt. Die »Kusttram«, Küstentram, benötigt von Knokke an der niederländischen Grenze bis De Panne an der Grenze zu Frankreich knapp zweieinhalb Stunden, die Schnellbahn (»X-tra«) etwas weniger. An der Strecke liegen naturgemäß nicht nur alle belgischen Seebäder, sondern mit Ostende und Zeebrügge auch zwei der wichtigsten Häfen des Landes. Zwischen Ostende und Middelkerke rollt die Bahn unmittelbar am Strand entlang, sonst durch die Dünen oder die Orte der dicht besiedelten Nordseeküste.

Oben: Der Strand von Knokke bildet den nordöstlichen Endpunkt der belgischen Küstentram. Der Ausblick auf die Nordsee über den Zwölf-Kilometer-Strand ist attraktiver als die Bebauung der Küste in Knokke-Heist mit architektonisch anspruchslosen Apartmenthäusern.

Flämische Sahara

Der erste Teil der Küstentram wurde 1885 eröffnet, der vorerst letzte entstand 1996 bei De Panne. Es gibt indessen weiterreichende Pläne – zum einen für Inlandstrecken, etwa nach Brügge, zum anderen für Verlängerungen nach Breskens in den Niederlanden oder Dünkirchen in Frankreich. Dann wird die Strecke wohl noch populärer, schon jetzt nutzen sie in der Sommersaison mehr als drei Millionen Menschen. Aus flandrischen Städten werden dann zusätzliche Straßenbahn-Waggons herbeigebracht. Belgiens Küste ist zwar ziemlich zugebaut, doch die bis zu 400 Meter breiten feinsandigen Strände sind eine wirkliche Attraktion. Und natürlich die ausgedehnten Dünen an der See. Belgiens größtes Dünenrevier bei De Panne gilt als »flämische Sahara«.
Die Tram spielt eine besondere Rolle, wenn De Haan jeweils Anfang August sein Belle-Époque-Erbe beim Trammelant-Fest feiert. Dann fährt am denkmalgeschützten Art-nouveau-Haltestellenhäuschen eine ältere Straßenbahn vor, der Damen in Pleureusen und Herren im Gehrock entsteigen. Durch die Straßen des hochhausfreien Seebades – eine Seltenheit in Belgien – rollen Oldtimer, Kutschen oder Herren auf Hochrädern … und allenthalben ist Trödelmarkt.

»Flandern mochte ich, weil es England am ähnlichsten ist. Seine Herbergen sind aber ganz anders als die zuhause, viel sauberer und mit besserem Service.«
Die Herzogin von Queensbury 1733 in einem Brief an Jonathan Swift

Zum Lesen und Klicken

Christoph u. Corinna Wendt, Unterwegs an der belgischen Küste
www.kusttram.info

Links: Das Seebad De Haan putzt sich heraus mit bunten Blumenrabatten. Der Ort entstand 1889 durch die drei Jahre zuvor in Betrieb genommene »Kusttram« entlang der Küste.

Ein Name, mehrere Routen

Der »Orient-Express« von Paris nach Istanbul

Der erste »echte« Orient-Express, der durchgehend von Paris nach Istanbul fuhr, startete 1888 am Gare de l'Est und rollte via Budapest, Belgrad und Sofia nach Konstantinopel. Seither fuhr er mal gar nicht, mal über neue Strecken; oft endete er weit vor dem Bosporus, nicht immer war er ein Luxuszug. Auf der klassischen Strecke betrug die Entfernung 3187 Kilometer – fast 70 Stunden Fahrtzeit. 1977 endete die letzte fahrplanmäßige Fahrt zwischen Paris und Istanbul. Es gab noch andere Strecken dieses Namens, doch zwischen Seine und Goldenem Horn verkehrt heute nur noch ein nostalgischer Touristenzug – einmal im Jahr.

Oben: Von der Küste durch die Berge und wieder an die Küste. So könnte man schlicht die Route des »Orient-Express« beschreiben. Das gilt noch heute.

Wiederbelebte Zwanzigerjahre

Die Eröffnung des Bahntunnels unter dem Simplon 1906 – mit knapp 20 Kilometer bis in die Siebzigerjahre der längste Gebirgstunnel der Welt – wurde ein wichtiges Datum für den Orient-Express, nutzte er doch diese kürzere und wintersichere Route durch die Schweiz und Oberitalien auf den Balkan – zeitweise unter dem Namen Simplon-Orient-Express – als Alternative zur gewohnten Streckenführung über Straßburg, Stuttgart und München. In den 1970er-Jahren bröckelte der Ruhm der Orient-Express-Züge; 1977 entdeckte der Schiffsmagnat James B. Sherwood zwei vor sich hin gammelnde Waggons, kaufte sie und machte sie zum Kern einer Flotte von 17 Waggons – einschließlich Bar- und Restaurantwagen –, die im Stil der Zwanzigerjahre wiederhergerichtet wurden. Seither ist der Venice-Simplon-Orient-Express wieder auf Fahrt, diesmal als touristisches Luxusprodukt und meist auf der Strecke London–Venedig. Dabei reisen die Passagiere zwischen London und Adria in historischen Pullmann-Waggons, steigen um in den Zug, der durch den Ärmelkanaltunnel braust, um dann auf der französischen Seite in die blau-goldenen Wagen des Orient-Express umzusteigen. Ein nobles Erlebnis, Jackett und Krawatte gelten als textiler Mindeststandard.

Hercule Poirot: »Sie lächeln niemals, Prinzessin?«
Princess Dragomiroff: »Mein Doktor hat mir davon abgeraten.«
Dialog im Film »Mord im Orient Express«

Oben: Blasmusik zum Zwischenhalt des »Orient-Express« in Budapest. Die ungarische Hauptstadt war ein wichtiger Halt auf der Nordroute via Bukarest an den Bosporus. Möglich war aber auch ein Abzweig nach Belgrad zur Südroute über Sofia.

Unten: Am Bahnhof Sirkeci in Istanbul erinnert eine Original-Lok von Krauss & Co in München an den historischen Orient-Express.

Ableben in Luxus

Weltberühmt wurde der Orient-Express vor allem durch die »Queen of Crime«. Agatha Christie, die 1934 den Zug als Szenerie für einen Mord erkor. Pech für Graham Greene, der zwei Jahre zuvor ebenfalls einen Thriller im Orient-Express angesiedelt hatte, dem Buch aber den weniger zugkräftigen Titel »Stamboul Train« gab. Agatha Christie fordert den grauen Zellen ihres Detektivs Hercule Poirot einiges ab – aber natürlich findet der kleine Belgier die Lösung, ehe der Zug Istanbul erreicht. Schon der Roman war ein Bestseller, doch die Verfilmung von 1974 steigerte den Welterfolg noch einmal. Der Streifen erhielt sechs Oscar-Nominierungen, Ingrid Bergmann konnte den begehrten Preis als beste Nebendarstellerin entgegennehmen. Nun war der Orient-Express als Kulisse für mehrere Film- und TV-Produktionen etabliert. Die bekannteste Szene ist in »Liebesgrüße aus Moskau« eine gewaltige Prügelei zwischen James Bond und einem fiesen Kommunisten, der ihn erdrosseln will. Darauf einen … nein, keinen Martini, weder geschüttelt noch gerührt. Darauf einen Amber Moon. Mit dem Cocktail – Whisky, Tabasco und rohes Ei – wollte Agatha Christies Bösewicht am Morgen geweckt werden. Nächtens zuvor war er allerdings erstochen worden.

Zum Lesen und Klicken

Agatha Christie, Mord im Orientexpress (übersetzt von Otto Bayer)
http://de.wikipedia.org/wiki/Luxuszug

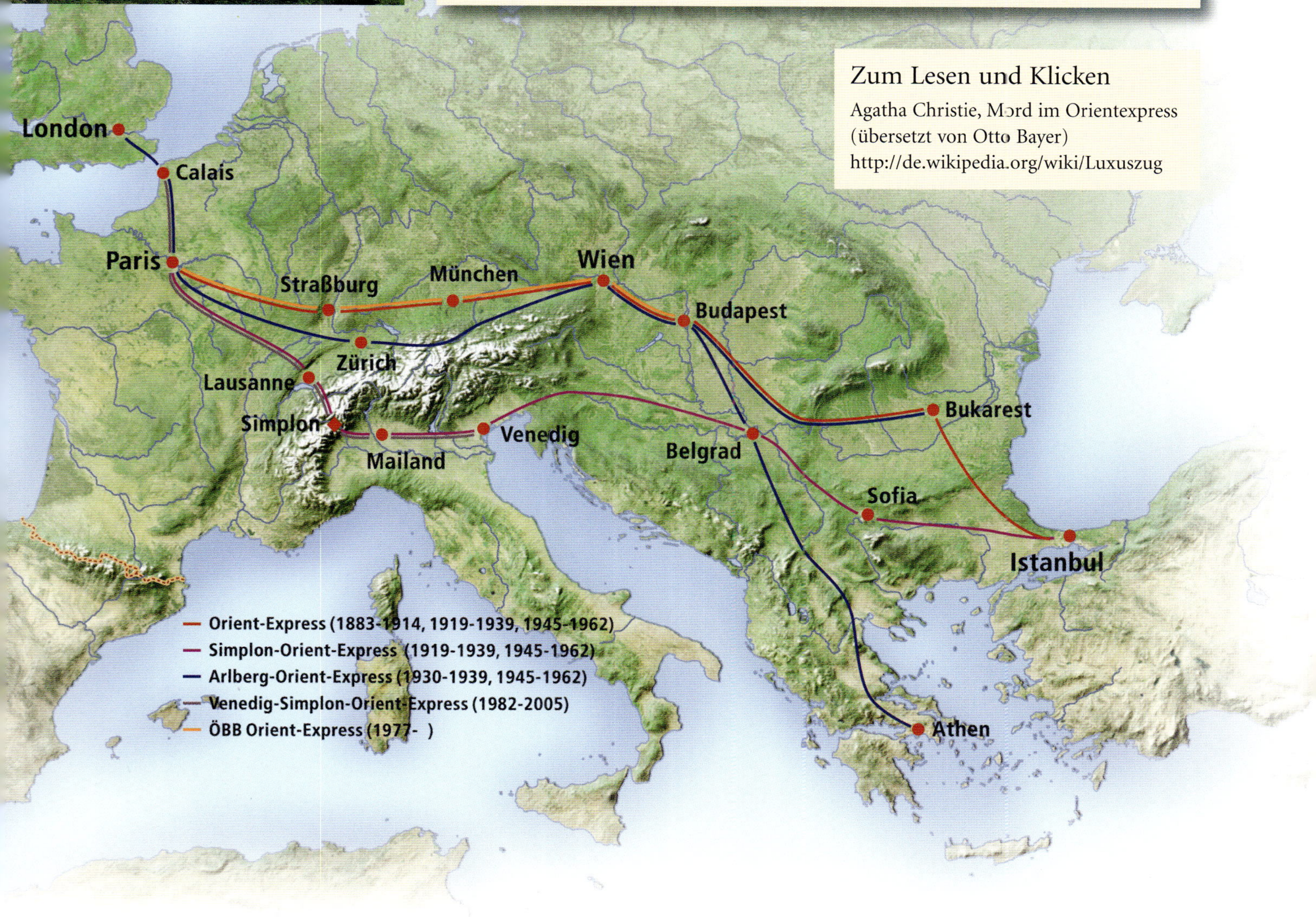

Sachregister

Personen Register

Ebenfalls erhältlich...

ISBN 978-3-7654-5525-4

ISBN 978-3-7654-5206-2

ISBN 978-3-7654-5421-9

ISBN 978-3-7654-5531-5

Das komplette Programm unter www.bruckmann.de

BRUCKMANN

Impressum

Unser komplettes Programm:

www.bruckmann.de

Der Autor:
Klaus Viedebantt, geboren 1943 in Krefeld, Studium der Germanistik, Volkskunde und Soziologie, Promotion. Von 1977 bis 1986 Leiter des Reiseressorts der »Zeit«. Seit 1986 bei der Frankfurter Allgemeinen Zeitung, dort ab 1992 Leitung der Lehrredaktion. Lehrt an der Universität von Perth, Australien. Er ist Verfasser zahlreicher Reisebücher; im Bruckmann Verlag erschienen von ihm jüngst der Band »Über alle sieben Meere – Auf den schönsten Luxuslinern einmal um die ganze Welt«. Heute lebt er als freier Autor in Frankfurt am Main.

Produktmanagement: Joachim Hellmuth
Textlektorat: Thomas Theise, Regensburg
Graphische Gestaltung: graphitecture book, Rosenheim
Kartografie: mapdesign Werner Thieme, München
Herstellung: Bettina Schippel
Repro: Repro Ludwig, Zell am See
Printed in Italy by Printer Trento

Alle Angaben dieses Bandes wurden vom Autor sorgfältig recherchiert und vom Verlag auf Stimmigkeit und Aktualität geprüft. Allerdings kann keine Haftung für die Richtigkeit der Informationen übernommen werden. Für Hinweise und Anregungen sind wir dankbar.

Zuschriften an den:
Bruckmann Verlag,
Produktmanagement,
Postfach 400209, D-80702 München
E-Mail: lektorat@bruckmann.de

Umschlagvorderseite:
Mitte: Florenz
Umschlagrückseite: Sognefjord, Norwegen
Vorsatz: Rom
Nachsatz: Großglockner

pa•picture alliance

Alle Abbildungen des Umschlags und des Innenteils stammen aus dem Archiv der Picture Alliance/dpa, Frankfurt am Main, außer:
Oliver Bolch, Maria Enzersdorf: S. 60 o.r., M.l. und u.l.; Max Galli, St. Moritz: S. 136/137; Bildagentur Huber, Garmisch-Partenkirchen: S. 8 u.r., 12 M.r., 16 M., 18 o.r. und u.r., 24 M.l., 26/27, 26 u., 30 u.l., 32/33, 46 o., 47 u., 61 o., 76 M., 77 o., 80 u., 88 o., 92 u. (2), 95 r., 105 o., 111 o., 121 u., 122 o., 126 M. und u., 138 o., 140o., 142 u., 143 o.l., 146 M., 147 (2), 148 o. und M., 149 o., 158, 159 u.; siepmannH / Pixelio: S. 35 o.r.; Bildpixel / Pixelio: S. 48 u.r.; Matthias Brinker / pixelio: S. 60 u.r.; Kurt Ulrich, Au: S. 154 o.r.;

Die Deutsche Nationalbibliothek verzeichnet diese Publikation in der deutschen Nationalbibliografie; detaillierte bibliografische Daten sind im Internet über http://dnb-nb.de abrufbar.

ISBN 978-3-7654-5438-7